상업의 역사

2

- 일러두기 -

1) 이 책의 주요 시대 배경이 되는 1910~1940년대 식민지 조선에서 통용되던 조선은행권의 단위는 '푼分, 전錢, 원圓'이었다. 그러나 당시 '조선은행'은 식민지 조선에서 형식적인 중앙은행의 기능을 하고 있었을 뿐, 실제로는 일본의 중앙은 행인 '일본은행' 조선의 지점에 지나지 않았다. 따라서 조선의 화폐 '원圓'과 일본의 화폐 '엔圓(흔히 속자'円'으로 사용)'은 조선인과 일본인이 서로 발음만 다르게 했을 뿐 똑 같은 한자를 썼고, 동일한 화폐 가치를 지니고 있었다.

2) 1910~1940년대 당시 1원의 법정평가는 화폐법(명치 30년 3월) 법률 제16호 2조에 의거 금 0.2(0.75g)돈이었다. 예컨대 10원이 금 2돈(7.5g)이었던 것이다. 하지만 당시는 오늘날과 경제 사정이 사뭇 달랐다. 인플레이션도 거의 발생하지 않았을 뿐더러, 물가와 소득수준이 형편없이 낮았다. 또한 경제 규모가 크지 않았기 때문에 오늘날의 화폐 가치와 직접적으로 비교하는 것은 불가능한 일이다. 따라서 이 책 「상업의 역사」에서는 독자의 이해를 돕기 위해 위의 화폐 법정평가에 의거 일괄적으로 당시 '1원'은 지금 돈 '약 10만 원'으로 환산하여 표기할 수 있었다.

3) 1910~1940년대 경성 인구의 시대별 변화표

년도	1914	1920	1924	1928
인구	241,085	250,208	297,465	321,848
년도	1932	1935	1936	1938
인구	374,909	443,876	677,241	737,214
년도	1939	1941	1943	
인구	774,286	974,933	1,078,178	

<손정목, 일제강점기 도시계획연구, 一志社, 1990.>

상업의 역사

②

광복과 한국전쟁의 혼란 속에서
움튼 새로운 기업과 산업 풍경

박상하 지음

주류성

차례

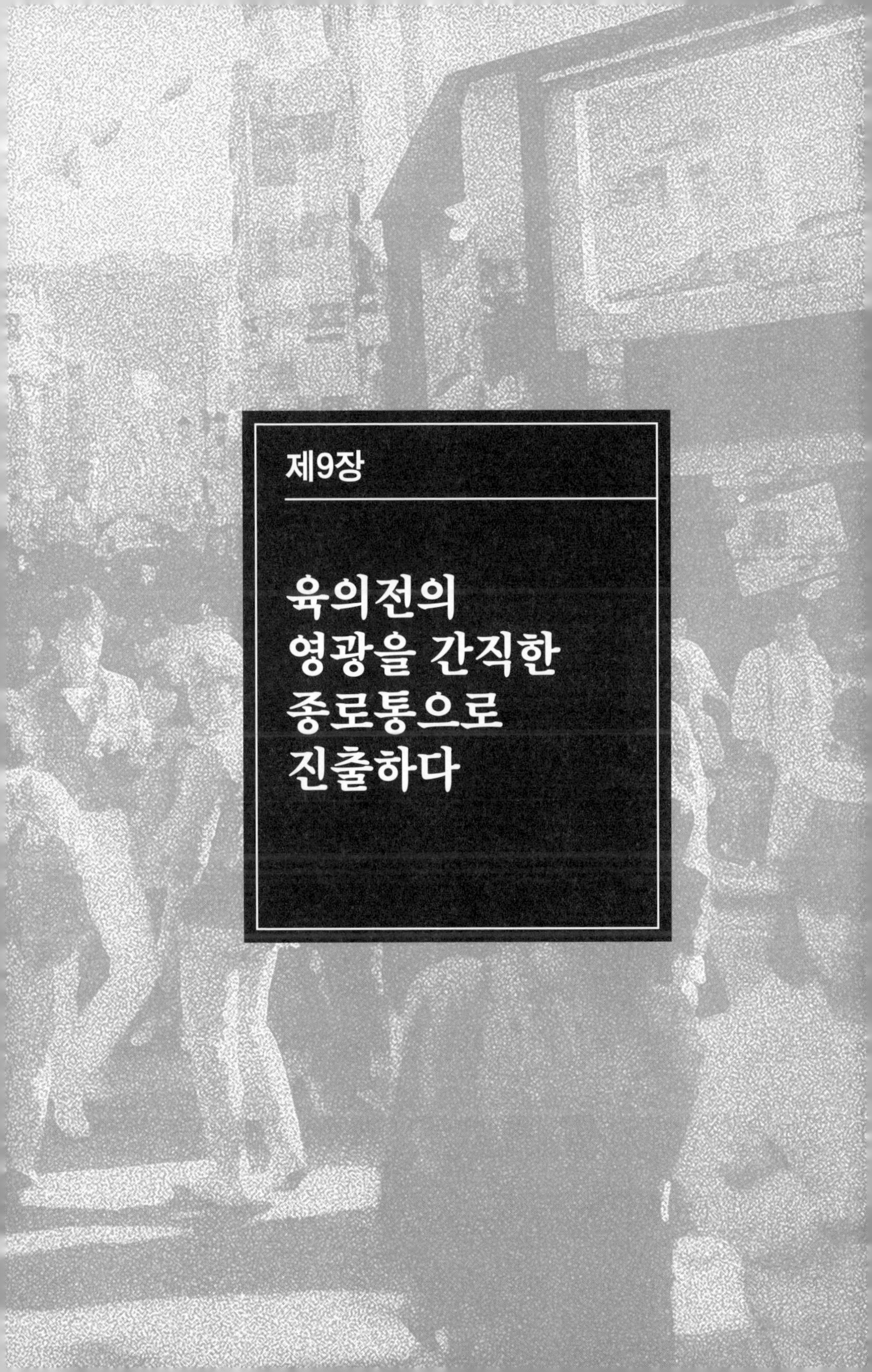

제9장

육의전의
영광을 간직한
종로통으로
진출하다

"
24살 청년, 지물업체 사장으로 입성하다
"

아무리 돈이 많아 지금 돈 수천, 수조 원을 가진 부호라 하더라도 돈
냄새가 난다면 하수도 속이라도 뛰어들게 마련이다. 그즈음 김성수·민
영휘·최창학은 물론 상계의 부호들을 모조리 뛰어넘는 젊은 야심가가
자신의 차례를 기다리고 있었다. 조선의 상계에서 최고를 꿈꾸는 신예
가 정작 따로 있었던 것이다.

그는 1930년대, 인구 70만 명(혼마치 일대 일본인 상주인구 13~15만 명 포
함)의 근대 상업 도시 경성 상계에서, 아직 누구도 가보지 않은 '풍요와
소비의 판타지'를 홀로 꿈꾸었다. 온갖百 상품貨을 진열해 놓은 상점店,
예컨대 조지야·미나카이·히라다·미쓰코시 등 혼마치 거리에 우뚝 선
일본인 소유의 4대 백화점들을 상대로 경성 상계의 자존심인 종로통을
홀로 꿋꿋이 지켜내고 있던 화신백화점和信百貨店의 박흥식이었다.

박흥식은 평안도 용강에서 태어났다(1903). 일본에서 발행한 지폐가
조선 전역에서 강제로 합법적인 지위를 갖고 유통되기 시작한 해였다.

그의 집안은 10대째 내려오는 2,000석지기의 소문난 지주였다. 용강

땅에선 제일가는 부잣집이었다.

하지만 부잣집 아들 박흥식은 우물 안의 개구리처럼 자랐다. 16살이 되던 해 용강 읍내로 나가 쌀장사를 시작할 때까지, 자신의 고향 집을 떠나본 일이라곤 없었다.

학교의 가방끈 또한 고향 땅에 있는 용강보통학교(초등학교) 졸업이 전부였다. 그즈음 웬만하면 대한해협을 건너갔던 일본 유학은 고사하고, 경성에 있는 고등보통학교 문턱조차 가보지 못했다.

왜 그랬을까? 그 정도 집안 환경이라면 청운의 뜻을 품고 한 번쯤 고향 땅을 떠났을 법도 하련만, 그는 왜 학교의 가방끈조차 늘이지 못한 채 줄곧 고향 땅에만 엎드려 있었던 걸까?

박흥식에겐 11살 위인 형 박창식이 있었다. 박창식은 일찍이 평양으로 유학을 떠나, 도산島山 안창호가 설립한 민족학교 대성학교를 다녔다.

한데 한일병합(1910) 당시 대성학교는 일제에 항거하다 폐교되었다. 학생들의 다수는 만주·중국 등지로 뿔뿔이 흩어져 항일 세력의 주축을 이루었다.

일본 경찰이 가만있을 리 없었다. 대성학교의 학생들을 무차별 검거해 강제 투옥하였다. 그때 대성학교 학생이던 박창식 또한 예의 일본 경찰에 체포되었다가 풀려나긴 했다.

하지만 석방된 지 한 달여 만에 숨을 거두었다. 모진 고문의 후유증이 목숨을 앗아간 것이다.

그의 부모는 아들의 죽음을 가슴에 묻었다. 자식 사랑이 유독 남달랐던 집안에서 뜻하지 않은 아들의 죽음은 쉽게 치유될 수 없는 상처였다.

그 때문이었는지 오래지 않아 아버지마저 홀연히 세상을 떴다. 박흥

일제강점기 경성의 황금정 거리. 평안도 용강에서 보다 넓은 무대로 자리를 옮긴 박흥식은, 지금의 을지지통에 '선일지물'을 설립하며 경성의 상계에 자신의 이름을 올리기 시작했다.

식은 속절없이 고향 땅에 주저앉을 수밖엔 없었다. 졸지에 아들과 남편을 잃고서 슬픔에 빠져 있는 홀어머니를 남겨두고 차마 고향을 떠날 수 없었던 것이다.

고향에 남은 박흥식은 홀어머니 곁에서 3년을 아무 불평 없이 보냈다. 그러다 16살이 되자, 좀이 쑤셨다.

용강 읍내에 나가 쌀 장사를 시작했다. 고향 집에서 읍내까지 하루 60여 리(24km) 길을 자전거로 왕복하며 시작한 쌀장사였다.

그렇게 시작한 쌀장사는 그의 운명이 되었다. 어린 나이에 시작한 장사였으나 매번 성공을 거두면서, 기어이 젊음을 내던져 도전해볼 만한 가치가 있다고 생각했다.

22살 때 사업을 보다 확장하였다. 당시로선 신종 사업이랄 수 있는 인쇄소를 경영하기 시작한 데 이어, 용강읍의 철도역이 새로운 화물 집산지로 발달하게 됨에 따라 몇몇 지인과 자본을 한데 모아 물류·운송·금융·창고업을 주업으로 하는 서선산업주식회사(1925)를 설립하기도 했다.

이듬해가 되자 고향을 떠나기로 작정한다. 처음 쌀장사를 시작으로 인쇄소와 물류 등의 사업을 잇따라 벌였던 8년여 동안 나름대로 경영수업을 충분히 쌓았다고 판단한 그는, 좀 더 넓은 무대로 나섰다. 그의 나이 갓 24살 때 마침내 경성의 상계로 진출했다.

경성으로 올라온 박흥식은 황금정 2정목(을지로 2가)에 자리를 잡았다. 그런 뒤 양지洋紙 도매상인 '선일지물주식회사'를 설립한다. 조선에서 제일이라는 뜻으로 선일鮮一이라고 상호를 붙인 이 종이 판매회사는, 경성의 상계에선 조선인 최초로 설립된 양지 도매상이었다. 고향에서 인쇄소를 경영하며 착안한 사업으로 여겨진다.

선일지물을 창업한 박흥식은 무턱대고 바깥으로 뛰쳐나갔다. 경성 시내 조선인 종이 도매상과 인쇄업자, 또 학교를 낀 문방구업자들을 상대로 선일지물을 알리는 데 주력했다. 안내장을 발송하는 것은 물론, 직접 개인 명함을 들고 일일이 지물포들을 찾아다니며 조선인이 경영하는 선일지물을 애용해달라고 민족 감정에 호소했다.

그뿐 아니라 장사수법에서도 차별성을 두었다. '한 푼이라도 값싸게 구입해서, 한 푼이라도 값싸게 판다'라는 선일지물 만의 철칙을 철저하게 지켜갔다.

이 경영전략은 여지없이 적중했다. 얼마 지나지 않아 박흥식의 선일지물이 경성 시내 종이 소매업자들의 상당 부분을 점유케 된 것이다.

1926년 경성의 황금정에 박흥식이 설립한 당시의 선일지물. 조선에서 제일이라는 뜻을 가진 선일지물은 경성의 상계에서 조선인 최초로 설립된 양지 도매상이었다.

　이쯤 되자 박흥식은 일약 경성 상계의 혜성으로 떠올랐다. 일본 경찰의 감시가 뒤따랐음은 물론이다.

　아니 그보다 선일지물에 시장을 빼앗긴 일본인 도매상들이 노골적으로 견제하기 시작했다. 그가 어쩌다 거래처 손님을 모시고 요릿집 명월관이라도 간 다음 날이면, 일본인 수입상의 태도가 달라졌다. 아예 출입을 막아버리거나, ‘종이를 더 달라’고 주문해도 일본인 수입상들은 손부터 내저었다. ‘종이가 없다’, ‘재고가 달린다’라는 핑계를 둘러대며, 물량을 전격 규제하고 나섰다.

　당장 거래 소매상과 인쇄업자들이 아우성을 쳤다. 한데도 종이를 공급해주어야 할 선일지물의 창고 안은 번번이 바닥을 드러낼 수밖에 없었다. 박흥식을 견제하기 위해 일본인 도매상들이 일본인 수입상들에게 자금 공세를 펼치는 수법으로 종이를 선매해버리기 일쑤였다. 아니면 자신들과 별도의 판매 계약을 맺어 박흥식이 종이를 많이 공급받지 못하도록 숨통을 조였다.

박흥식은 다급해졌다. 전부터 안면이 있는 일본인 도매상들을 찾아가 읍소해보기도 했다. 순전히 자신만을 믿고서 거래를 시작한 소매상들에게 신용을 지키기 위해서였다.

그러나 일본인 수입상들은 냉담했다. 박흥식을 끝내 돌아보지도 않았다. 저마다 창고 안에 종이를 가득 쌓아두고서도 하나같이 종이가 없다는 소리만을 늘어놓았을 뿐이다.

앞으로 나아갈 수도 그렇다고 뒤로 물러날 수도 없는 진퇴양난이었다. 무언가 극약 처방을 찾아내지 않고서는 도저히 난국을 헤쳐갈 수 없는 처지였다.

결국 호랑이를 잡기 위해서 호랑이굴로 들어가야 했다. 일본인 수입상들의 협조를 끝내 구하지 못한 채 박흥식은 난생 처음 대한해협을 건너갔다. 종이를 생산하고 있는 일본 왕자제지의 본사를 직접 찾아가, 담판을 벌여서라도 종이를 안정적으로 공급받으려는 생각에서였다.

그러나 현해탄을 건너 도쿄에 도착한 뒤 물어물어 왕자제지 본사까지 찾아갔으나 문전박대만 받았다. 그냥 돌아서야 했다. 러일 전쟁(1904년)을 비롯해 제1차 세계대전(1914년)을 치르면서 일본 국내에서도 신문, 서적, 인쇄물이 범람해 양지의 수요가 폭발적으로 증가하고 있는 마당에 '선일지물 박흥식'이란 명함이 통할 까닭이 없었다.

박흥식은 씁쓸한 기분이 되어 왕자제지에서 물러 나올 수밖에 없었

박흥식이 처음 찾은 당시 일본의 도쿄 거리. 경성 인구 70만의 열 배에 달하는 무려 700만의 도쿄 시내를 거미줄처럼 누비고 다니는 전차며 밤거리를 휘황찬란하게 비추는 가로등, 난생 처음 보는 테니스와 야구, 지하철과 고층 빌딩 숲은 그의 눈에 화려하고 복잡하기 이를 데 없었다.

다. 그렇다고 빈손으로 그냥 돌아갈 수도 없는 처지였다. 며칠째 왕자제지 인근의 여관에 머물면서 어떻게든 왕자제지와의 대화를 다시 시도해보려 애를 썼다.

조선왕조의 마지막 임금 순종이 일본에 의해 독살되고 말자 분노한 민중이 일으킨 6.10만세 시민운동. 일본은 비폭력 시민운동을 칼과 총을 동원하여 잔혹하게 진압하고 말았다.

하지만 왕자제지의 문은 좀처럼 열릴 줄 몰랐다. 들려오는 답변마다 돌아가서 수입상들로부터 공급받으라는 얘기가 전부였다.

소득이 전혀 없었던 것도 아니다. 며칠째 인근의 여관에 머물게 되면서 우연히 엿듣게 된 사소한 정보 하나가 귀를 번쩍 뜨게 만들었다.

양지는 일본만이 아니라 북유럽에서도 생산되고 있으며, 특히 서전瑞典(스웨덴)이 세계 최대의 양지 생산국이라는 얘기였다.

박흥식은 며칠째 문전박대만을 일삼는 왕자제지에 더는 연연하지 않기로 했다. (당시로는)과감히 일본 바깥으로 눈을 돌렸다.

그랬다. 그는 택시를 불러 타고서 도쿄의 도심 한복판에 자리하고 있다는 스웨덴영사관으로 무턱대고 찾아갔다. 그런 뒤 손짓 발짓의 대화로 일본의 왕자제지보다 훨씬 더 저렴한 가격으로 스웨덴에서 양지를 직수입하는 데 성공한다. 세상의 일이라는 게 알고 보면 동전을 뒤집는 것만큼이나 간단한 일이었다.

그렇더라도 아직 문제가 다 해결된 건 아니었다. 우연히 엿들은 사소한 정보를 좇아 생전에 듣도 보도 못한 지구 반대편의 스웨덴에서 종이를 직수입하는 데까지는 성공했으나, 풀어야 할 과제가 하나 더 남아 있었다.

그렇듯 어렵사리 종이를 확보해 놓자 이번에는 거래처가 말썽을 부렸다. 관공서·회사·은행 등은 물론이고, 일본인 지물상점마저 서로 결탁해서 조선인 박흥식의 종이를 사가지 않았다. 일본에서 생산되는 종이보다 가격이 더 저렴함에도 불구하고 누구도 관심을 보이지 않는 것이었다.

흔히 세상살이가 운칠기삼運七技三이라고 말한다. 그처럼 절체절명의 위기에서 그를 구한 건 곧 천운이었다. 하필 그즈음 조선왕조의 마지막 임금인 순종황제가 일본의 독살로 승하했다. 뒤따라 6·10만세(1926)운동이 일어나 정국은 어느 때보다 민족 감정으로 고조되어 있었다. 행운까지 억세게 따라주었던 것이다.

이런 분위기 속에서 그를 가장 먼저 찾아준 이는 동아일보 발행인 인촌仁村 김성수였다. 궁지에 처한 박흥식을 동아일보가 돕겠다고 자청하고 나섰다. 그동안 일본의 도매상에서 구입하던 막대한 신문 용지를 박흥식의 선일지물로 거래처를 바꾸겠다고 약속한 것이다.

이쯤 되자 조선일보의 방응모도 가만있질 못했다. 조선일보 역시 그가 스웨덴에서 들여온 종이로 신문을 찍겠다고 나섰다.

호박이 그냥 넝쿨째 굴러들어 오는 순간이었다. 가만 앉아서 조선 최대의 종이 거래처를 한순간에 확보케 된 것이다.

" 육의전의 영광을 간직한 종로통으로 진출하다 "

순풍에 돛단배였다. 스웨덴에서 종이를 수입해 들여와 막대한 돈방석에 앉게 되자, 젊은 박흥식은 보다 야심을 드러내기 시작한다. 경성 상계의 심장부랄 수 있는 종로통으로의 진입을 시도하고 나섰다.

이때 박흥식의 눈에 들어온 것이 종로 네거리에 자리한 화신상회였다. 당시 화신상회는 신태화가 경영하던 소문난 귀금속 전문점이었다.

신태화는 일찍이 한성의 남촌(청계천의 남쪽) 무반가에서 외독자로 태어났다. 한학을 배우다 가세가 기울자, 어린 나이 때부터 종로 거리의 김봉기 은방에 직공으로 들어가 금은 세공 기술을 익혔다. 19살이 되던 해(1895) 지금의 을지로 입구인 동현에 작업장을 빌려 조그만 풀무 하나를 들여놓고 금은 세공을 시작한 지 20여 년 만에, 종로통에 제법 그럴싸한 규모의 화신상회를 열 수 있었다.

더구나 귀금속을 다루는 솜씨가 빼어났다. 장안의 고관대작들은 물론이고 남촌의 혼마치에 거주하는 일본인들조차 탄복해 단골로 드나들 정도였다.

20   상업의 역사 2

금은 세공 기술을 익힌 지 20여 년 만에 당시 종로통에서 가장 화려한 잡화상점을 열게 된 신태화의 화신상회. 명성에 힘입어 1922년쯤에 양복점도 새로이 입점하는 등 대형 잡화상점으로 자리 잡았다.

이런 화신상회는 당시 종로통에서 가장 화려한 선두주자였다. 또 그런 명성에 힘입어 오래지 않아 화신상회 안에 양복점도 새로 입점하고 (1922), 여러 가지 잡화도 취급하는 대형 잡화점으로서 전성기를 누렸다.

한데 잘 나가던 화신상회가 그만 갑자기 주춤거리기 시작했다. 조선에서 최초로 남촌의 혼마치에 초호화 '미쓰코시백화점'이 들어서면서부터였다(1930).

일본에서도 백화점 1호였던 '(주)미쓰코시고후쿠덴'의 경성지점인 셈이었는데, 초기 미쓰코시는 백화점이라기보단 대형 잡화상점 수준이었다. 더욱이 백화점 1층에는 온통 다다미(일본식 방에 까는 돗자리로 만든 두꺼운 깔개)를 깔아놓아서 고객들의 불편이 여간 큰 것이 아니었다. 신발을 벗고 드나들거나, 덧신을 신어야 만 출입이 가능했다.

때문에 르네상스식 3층 건축물의 미쓰코시백화점을 조선인들은 아예 '다다미 백화점'이라고 홀대했다. 자연스레 혼마치의 일본인들만이 주요 고객이 되었다.

그러나 어느 날부터인지 북촌의 고관대작이나 돈 많은 부호들이 점차이 '다다미 백화점'을 찾기 시작하면서 상황이 급변했다. 다른 무엇보다 미쓰코시백화점의 상품이 상대적으로 더 좋았던 것이다.

당연히 종로통에 자리한 화신상회에 그 불똥이 튀었다. 귀금속점, 양복점, 여러 가지 잡화상점으로 한창 사업의 다각화를 꾀해 나가고 있던 화신상회에 어느 날부터인지 손님의 발길이 눈에 띄게 줄어들었다.

화신상회 역시 귀금속점과 양복점은 물론 여러 가지 잡화까지 한꺼번에 취급했기 때문에, 종류로만 본다면 혼마치의 '다다미 백화점'과 비교해도 거의 손색이 없었다. 그렇더라도 사진에서 보듯 당시 화신상회는 낡은 기와 건물을 한 조선 상점의 티를 벗지 못했다. 거기에다 간판까지 덕지덕지 붙인 모양새라서 르네상스식 3층 건축물인 미쓰코시백화점의 모양새와 비할 바가 아니었다.

손님들의 수준 또한 현격한 차이를 보였다. 화신상회를 찾는 조선인 손님들이 수적으로는 더 많은 듯 보였으나, 경제력이 일본인 손님만큼 크지는 못했다.

따라서 미쓰코시백화점보다 상품의 질이 떨어질 수밖에 없었다. 상품의 구색에서도 새로운 것이 없어, 찾는 손님이 점점 줄 수밖에 없는 구조였다.

젊은 박흥식은 그런 점을 놓치지 않았다. 남촌의 혼마치에 미쓰코시백화점이 생겨나면서 타격을 입기 시작한 화신상회의 신태화 사장을 찾

일제강점기 백화점은 곧 근대성의 상징이기도 했다. 사진의 왼쪽은 경성의 혼마치에 문을 연 미쓰코시 백화점 개관 당일의 모습. 사진의 오른쪽은 미쓰코시백화점 안의 갤러리에서 일본인들이 서양화를 감상하고 있다.

아갔다. '말씀드리기 송구스럽지만, 제가 보기에 경영하는 방식이 다다미 백화점보다 못하신 것 같다'며 은근슬쩍 약을 올렸다. 장사를 할 줄 모르는 것 같다며 비아냥거린 것이다.

새파랗게 젊은 박흥식으로부터 비아냥거림까지 듣게 된 초로의 신태화는 화가 버럭 치밀 만도 했다. 나이도 26살이나 연상인 데다, 한때 경성의 상계에선 터줏대감이란 권위까지 인정받던 그였다.

한데도 신태화는 두 눈을 지그시 감았을 따름이다. 끝내 고개를 끄덕이며 수긍했다. 선일지물을 경영하면서 일본의 상인들에게 조선의 깡다구를 보여준 젊은 박흥식의 수완을 인정하는 눈빛이었다. 그는 박흥식을 보고 나직이 물었다.

"그럼 어떻게 해야만 이 화신상회를 다시 부흥시킬 수 있겠는가?"

뜻밖의 반응이었다. 아무 저항도 없이 꼬리를 내린 채 빤히 바라만 보는 신태화를 보면서 박흥식은 불끈 욕심이 날만도 했다.

하지만 거상의 면모는 흥정을 벌일 때 비로소 드러나는 법. 표정의 변

신태화로부터 화신상회를 손에 넣은 박흥식은 간판을 화신백화점으로 바꾸어 달았다. 기와지붕 위에 얹은 '화신백화점' 간판이 눈에 띈다.

화를 상대가 읽을 정도라면 그는 이미 거상이라 보기 어려웠다.

"…!"

순간 젊은 박흥식의 얼굴 역시 아무런 표정이 없었다. 다만 태연스레 입술을 열어 화신상회를 자신에게 팔게 되면 예전과 같이 부흥할 수 있을 것 같다고 나직이 대답했다. 딱 거기까지였을 뿐이다.

그러자 초로의 신태화는 잠시 멍한 눈길로 바라보았다. 젊은 박흥식의 얼굴을 구석구석 더듬었다.

"…무엇을 하려고?"

초로의 신태화는 속 좁은 상인이 아니었다. 일절 딴소리하는 법 없이 그렇게 물었을 따름이다.

"아, 네…."

젊은 박흥식은 생각할 것도 없이 곧바로 대답했다. 백화점을 하겠다고 한 것이다.

"에끼, 이 사람아! 요 아래에 미쓰코시백화점이 영업하고 있다는 걸 빤히 알면서 그러는가? 왜놈들이 백화점 장사를 버젓이 벌이고 있는데 또 무슨 일을 당하려고 그러는가?"

신태화로부터 화신상회를 손에 넣은 박흥식은, 낡은 기와집을 헐어내고 신축 3층 건물을 산뜻하게
지어 올려 화신상회의 이미지를 변신시켰다.

초로의 신태화는 사색이 되어 손사래 쳤다. 같은 길을 가는 동료요, 동족으로서 염려해주는 기색이 역력했다.

"제가 백화점을 하겠다는 건 세상에 딱 세 사람만이 알고 있습니다. 저하고, 신 사장님, 그리고 하느님뿐입니다."

젊은 박흥식은 한 가지만을 부탁했다. 입단속만 지켜주길 바랐다.

초로의 신태화는 여전히 걱정을 숨기지 못했다. 크게 한숨을 내쉬었다.

"걱정할 것 없습니다. 정히 그런 순간이 온다면 총독하고 싸워야지요, 뭐."

결국 이날의 담판으로 신태화는 화신상회를 박흥식에게 넘기고 만다. 화신상회에 대한 매각 대금 또한 단연 화제였다.

젊은 박흥식은 자신에게 매각 가격을 무조건 맡겨달라고 했다. 초로의 신태화는 또 한 번 놀랐다. 매매자가 가격을 부르지 않고 매수자가 가격을 정하겠다니 기가 찰 만도 했다.

"신 사장님께서도 생각을 해보십시요. 제가 화신상회를 매입하겠다고 한 이상 제가 어찌 그 가치를 파악하지 않았겠습니까?"

며칠 뒤, 젊은 박흥식은 초로의 신태화 앞에 두툼한 흰 봉투를 내밀었다. 신태화는 30만 원(약 300억 원) 미만으론 팔지 않겠노라고 단언했다.

젊은 박흥식은 봉투를 열어보시라며 웃으면서 그대로 돌아갔다. 초로의 신 태화가 나중에 뜯어본 흰 봉투 안에는 35만 원(약 350억 원)이 들어 있었다. 자신의 예상가보다 5만 원(약 50억 원)이 더 많은 액수였다.

화신상회를 인수한 박흥식은 일대 쇄신에 나섰다. 기와집이던 낡은 건물부터 곧바로 헐어냈다. 그런 다음 혼마치의 미쓰코시백화점과 같은 높이인 3층 콘크리트 대형 건물을 산뜻하게 지어 올렸다.

화신상회라는 간판은 예전과 같이 건물의 입구에 새겨 넣었지만, 거기에 그치지 않았다. 화신상회가 곧 백화점임을 알리는 '화신대매출'이란 간판을 3층 옥상에 대문짝만하게 내걸었다. 혼마치의 미쓰코시백화점을 정식으로 겨냥한 선전포고가 다름 아니었다.

종로통이 온통 시끌벅적했다. 박흥식의 나이 이제 갓 29세 때였다 (1931).

그러자 예상했던 대로 이내 훼방을 놓았다. 혼마치의 미쓰코시백화점 측에서 발끈했다. 조선총독부를 동원해서 협박을 가했다. 화신상회가 백화점이 아닌 잡화점으로 인가를 받고서도 백화점임을 알리는 '대매출'이란 대형 간판을 3층 옥상에 내걸었다는 시비였다.

앞서 본 화신상회 신축 건물의 사진과 달리 3층 옥상에 대문짝만한 글씨로 백화점을 연상시키는 '화신대매출'이라는 대형 간판이 눈에 들어온다.

젊은 박흥식은 눈 한 번 꿈쩍하지 않았다. 그 정도의 협박에 순순히 간판을 내릴 배포도 아니었다. 내려라, 못 내린다, 옥신각신 끝에 도리 없이 그가 총독부를 찾아갔다. 우에노 총독을 설득하였다.

"총독 각하께서는 (1차)세계대전으로 일본이 불경기를 겪고 있는 이때 조금이라도 경제에 도움이 되도록 하자면, 조선의 시장을 활성화 해야 된다고 생각지 않으십니까? 그런데 미쓰코시가 시비를 걸고 있으니. 저 이들이 과연 일본인이 맞는지 모르겠습니다."

그것으로 백화점 시비는 일단락되었다. 결코 남을 해치는 말을 하지 않으면서도 자기 자신을 보호하는 말을 골라할 줄 아는, 젊은 박흥식만의 상술 전략이 거둔 위기 돌파였다.

최남, 조선 최초로 백화점을 세우다

…이곳에서 쓰랴는 소위 백화점이란 것도 역시 대자본 횡포의 산물 중 하나이다. 중소상업의 뒷덜미를 눌누고 손님이란 손님의 발길을 모다 끌냐고 하는 것이 곳 백화점의 주안점이다. 이러한 백화점에 조선의 중심지인 경성엔들 안 생길 리가 업다. 생긴지 일천하지만 벌서 일본 상계의 대표라고 볼 미쓰코시오복점五服店이 본정(혼마치) 입구 남편 광장에, 또 이곳에서 멀지 안흔 남대문통 2정목 요로에 조지야丁子屋란 양대 백화점이 호각의 세로 남촌 손님은 물론 북촌의 손님까지 모라드린다. (이것은 지금에 새삼스런 일이 아님으로 긴 말을 안하랴고 한다) 남풍이 시시각각 북으로 북으로 몰녀들어옴으로 북촌의 상계란 것도 잔영좃차 점점 희미해가는 것은 누구나 알고 잇는 현상이다. 이런 실마리의 운명 앞에 잇는 북촌 상계에다가 또 새 위압이 첨가함으로써 북촌의 상계는 말할 수 업는 급속도의 적료寂寥을 정하고 압길이 암담할 뿐이다.

한심하다. 몰녀드는 위세도 크다란 북촌 상계로서 하등의 대책도 업

1931년 종로통에 들어선 '종로삘딩'에 조선인 최초로 동아백화점을 설립한 최남. 건물 1층은 '종로삘 딩'의 소유주인 영보합명회사 민규식(민영휘의 둘째 아들)의 인척들이 금은방을 열었고, 최남은 2층 부터 세를 내어 동아백화점을 열었다. '종로삘딩' 왼쪽에 서있는 3층 건물이 박흥식의 화신상회였다.

고 그날이 그날인 변통무로變通無路의 형상에서 헤매이는 것을 볼 때에 참으로 장탄을 금할 수 업다. 아마도 사이대기死而待己가 아닌가까지 의심한다. 화신상회이니 동아부인상회이니 하는 백화점이 잇스니 이로써 북촌 상계의 체면이라도 다소 보존되는 것으로 생각할가? 아니다. 이런 '얼치기' 백화점은 어떠한 의미로 보아서 돌이혀 우슴을 살 일이다. 그럼으로 화신이나 동아부인상회를 가리켜서 백화점이라고 부를 용기가 안 난다.

　백화점이란 것이 좃고 낫분 것은 별 문제로 하고 어떠튼지 대세가 백화점으로 기울닌 만큼 남촌의 백화점을 대항함에는 적어도 미쓰코시나 조지야에 대등한 진용을 안 가지고는 하나마나가 아닐가 한다….[3]

박흥식이 신태화로부터 지금 돈 약 350억 원을 주고 매입한 화신상회는 분명 백화점이 아니었다. 비록 낡은 기와집을 헐어내고 혼마치의 미쓰코시백화점과 같은 3층 높이의 콘크리트 건물을 새로이 지어 올려 북촌의 종로통에선 가장 큰 규모를 자랑하고 있었으나, 엄밀히 말해 화신상회는 백화점이 아닌 대형 잡화상점이었다. 때문에 한동안 미쓰코시백화점 측으로부터 협박을 받아야 했다.

하지만 다음 문장에서 '절망의 가슴을 부딩켜 안고 무거운 다리를 끌흐면서 동편 북측으로 향한 즉 최신식 대건축(4층)의 공사가 눈에 띄이고, 처음 보는 '동아백화점'이란 간판이 달녀 잇슴을 보앗다'고 덧붙인다. 북촌의 종로 상가에도 마침내 백화점이 들어서게 것이다. 그것도 일본인이 아닌 최남이라는 조선인의 손으로 세워지고 있어 경성의 상계를 들뜨게 만들었다.

최남은 과연 어떤 인물일까? 아직 누구도 가보지 않은 '풍요와 소비의 판타지'를 일찍이 홀로 꿈꾸어 왔던, 신태화로부터 백화점을 하겠다며 화신상회를 인수한 젊은 박흥식보다 한발 앞서 조선 최초로 백화점을 세운 최남은 또 누구란 말인가?

최남은 서울에서 그리 멀지 않은 경기도 양주에서 태어났다(1895). 하지만 그의 인생 여정은 시작부터 순탄치 못했다. 두 살 때 아버지를 잃으면서 청상과부가 된 홀어머니는 어린 최남을 안고 서울 장교동의 친정에 얹혀살았다.

그래도 교육열 하나만은 남달랐던지 찢어지는 가난 속에서도 아들을 보성중학교까지 다니게 했다. 하지만 고생하는 홀어머니의 딱한 모습을 보다 못한 최남은 미련 없이 학교를 그만 두고 말았다.

그렇다고 학업을 아주 포기한 건 아니었다. 스무 살 때 무작정 대한해협을 건너 일본으로 갔던 것도 어떻게든 공부를 계속해 볼 요량에서였다.

그러나 메마른 땅에서 씨앗이 뿌리를 내리지 못한다는 자신의 고백과도 같이 일본에서의 생활은 시련의 연속이었다. 어렵게 들어간 추전秋田광산학교를 중도에 그만 둔 채 끝내 귀국하지 않으면 안 되었다. 입에 풀칠하기조차 어려운 그에게 학교 공부는 사치에 불과했던 것이다.

일본에서 돌아온 최남은 당장 생업전선에 나서야 했다. 다행히 아는 이의 소개를 받아 평안도 수안군에 있는 평원광산의 야외사원野外社員으로 채용되었다. 하지만 말이 좋아 야외사원이지 광부나 조금도 다를 것이 없었다.

최남은 어금니에 금이 가도록 이를 악물었다. 광산 생활이 여간 힘든 것이 아니었으나, 술과 담배를 멀리했다. 15원(약 150만 원) 받는 봉급 가운데서 군말없이 절반을 뚝 떼어내어, 매달 꼬박꼬박 저축해나갔다.

그렇게 40원(약 400만 원)이 모여지자 미련 없이 광산을 떠났다. 배짱과 투기가 판을 치는 광산생활이 자신에겐 결코 맞지 않는다고 생각해 그만 경성으로 돌아온다.

그러나 막상 경성으로 돌아왔지만 무슨 뾰족한 수가 기다리고 있을 리 만무했다. 스물넷의 실직자는 며칠 동안이나 궁리하다 말고, 답답한 심정에 무작정 길거리로 나섰다.

어쩌다 발길 닿은 곳이 황금정(을지로 입구)이었다. 이 시기 황금정은 일본인 상인들이 차마 조선 상계의 심장이랄 수 있는 종로 거리까지는 진출하지 못한 채 하나둘 눌러앉기 시작하면서, 새로운 상업 지구로 변

스물넷의 실직자 최남이 무작정 길거리로 나섰던 일제강점기 황금정 거리. 조선의 상계인 북촌과 일본의 상계인 혼마치의 중간 지대인 황금정은 이때 상업 지구로 변모해가면서 사람들로 북적였다.

모하던 중이었다. 따라서 언제나 많은 사람들로 북적였다.

그런 황금정 거리를 걸어가다 최남은 문득 뭔가에 눈길을 빼앗겼다. 고물상들이 걷어온 보잘것없는 '헌 구두'며 '헌 양복' 따위였다.

당시만 해도 경성의 거리에는 기운 신발이며, 기운 옷을 입지 않은 사람이 거의 없을 정도였다. 무슨 생각을 하였는지. 최남은 그런 고물상들의 흥정판에 자신도 끼어들었다. 헌 구두며, 헌 양복 몇 가지를 사 들고 집으로 돌아왔다.

1930년대 신문에 실린 미국산 중고 양복 판매 광고. '어떤 놈 어느 병자가 입.고 다녔던 것인지도 모르는 중고 양복을 만지작거리며, 지금 돈 약 15만 원에서 25만 원 가격의 '스마트'한 것을 고르느라 눈씨를 키워야 했다.

그것을 누이동생에게 대충 손을 보게 한 뒤, 이튿날 황금정과 종로 사이에 자리한 태평로 쪽으로 들고 나갔다. 태평로 쪽에서 다시 고물상들에게 팔아넘기는 장사를 시작했다. 제법 짭짤한 이윤이 남았다.

…돈 십 원 돈 오 원 한 장을 들고 고물상으로 고물상으로 그 어느 놈이 그 어느 병자가 입고 다니는 것인지도 모르는 양복을 만적거리면서도 그래도 그것이나마 '스마트'한 것을 고르는 것이다.

그것만 입고 나서면 그의 꿈은 다시 이러난다. 아름다운 여자- 탕고- 윌스. 그럿치만 입은 양복에 배고 밴 '나프타린' 내음새가 코를 찌를 때…[4].

누구랄 것도 없이 모두가 그런 시절이었다. 그런 시절에 고물상 장사로 자신감을 얻은 최남은, 황금정과 태평로 쪽을 부지런히 오가며 장사를 계속했다.

반년이 지났을 즈음에는 평원광산에서 모은 돈보다 무려 다섯 배나 더 많은 200여 원(약 2,000만 원)을 모았다. 한낱 고물상을 상대로 한 장사였으나 결코 무시할 게 아니었다.

행운은 다시금 행운을 불러왔다. 이듬해에 모든 젊은이가 선망하는 은행원으로 취직할 수 있었다. 외가의 주선으로 조선상업은행(은행장 박영철) 동대문지점에서 근무하게 된 것이다.

하지만 은행 근무를 하면서도 밤이면 전과 다름이 없었다. 낮 동안에는 어엿한 은행원으로 신사복에 넥타이를 매고 근무를 하다가도, 퇴근 후엔 남루한 작업복으로 갈아입고서 고물 장사를 계속했다. 수입은 은행원의 월급보다 오히려 더 많았다.

바로 이런 점이 상인으로서 남다른 태도라고 볼 수 있었다. 웬만한 젊은이라면 모두가 선망하는 은행원이 되었을 때 우선 생활의 안정부터 찾으려 들었을 게 틀림없다. 또 거기서 그만 안주하고 말았을 법하다.

그러나 최남은 거기에 머물지 않았다. 낮에는 은행원으로, 밤에는 고물장사로, 그렇게 어느 정도 돈이 모여지자 장사를 더욱더 확장하여 나갔다.

돈이 되는 일이라면 집 장사에서부터 은행 창고의 폐품에 이르기까지, 어떤 일도 가리지 않았다. 그처럼 2~3년이 훌쩍 지나자, 당시로는 거액이랄 수 있는 수천 원을 어렵잖게 손에 쥘 수 있었다.

최남은 지금의 종로 2가 인사동 입구에다 조그마한 상점 하나를 얻었다. 잡화를 파는 덕원상점의 시작이었다.

자기 상점을 갖게 된 최남은 마치 가뭄에 물을 만난 물고기였다. 이때부터 상인으로서 천부적인 재능을 유감없이 발휘했다.

무엇보다 고객의 심리를 꿰뚫어 볼 줄 알았다. 한 번이라도 자기 상점을 다녀간 손님은 얼굴을 일일이 기억해 두었다, 다음에 다시 상점을 찾아올 때면 어김없이 친밀하게 반겨 맞았다. 손님들이 기분 좋게 상점을 다시 찾을 수 있도록 하는, 고객과 상점을 밀착시키는 상술로 고객을 불러 모았다.

상품의 진열에도 남다른 재능을 보였다. 상품의 진열을 아주 간단히 바꾸어 놓는 것만으로도 매일 같이 산뜻하고 신선한 분위기로 고객들을 맞이할수 있게 했다.

그러면서 덕원상점에 손님들이 날로 붐비게 되자, 그제야 비로소 은행을 사직했다. 이후로는 오직 상점 경영에만 전념한 끝에 인사동에서 종로통의 큰길가로 새 상점을 얻어 확장 이전할 수 있었다.

자연스레 취급 품목도 늘려나갔다. 확장 이전한 새 상점은 기존의 잡화에서 벗어나 양품, 문방구, 학생용품 등까지 다양하게 구비했다.

더욱이 상운 마저 따라주었다. 인사동에서 종로통의 큰길가로 덕원상점을 확장 이전시킨 이듬해, 마치 상점의 이전을 기다리고 있었다는 듯이 손님들이 꾸역꾸역 밀려들었다.

그해 봄엔 일제의 무단 통치에 항거하여 민족 자결을 외치는 3·1운동이 일어난 해였다(1919). 최남은 3·1운동의 여세를 몰아 덕원상점의 자본금을 두 배로 늘리는 데 성공한다.

그렇다고 3·1운동과 어떤 관련이 있거나 한 것도 아니었다. 다만 때맞

당시만 해도 '에누리 없는 장사가 어디에 있느냐'던 시대였다. 조금은 약삭빠르게 사람을 속여먹는 게 장사의 전형이던 때였다. 오죽하면 어느 상점의 상호가 아예 '믿고 이용할 수 있다'는 신용상회라고 붙였는지 짐작해볼 수 있다.

취 인사동에서 종로통의 큰 길가로 이제 막 상점을 확장 이전했던 것이 전부였다.

한데 3·1운동이 일기 시작하면서 자연스레 반일 의식이 움터 올랐고, 반일 의식은 다시 민족의 결속을 강하게 불러일으켰다. 혼마치·명치정·황금정 거리의 일본인 상점들을 모조리 배격하고, 전통적인 조선의 상계였던 종로 쪽으로 인파가 몰려든 것이었다.

최남은 결코 자신에게 주어진 상운에만 기대지 않았다. 당시에는 획기적이라고밖에는 표현할 길이 없는 '정가 판매'라는 대담한 상술로 다시

한 번 공전의 히트를 쳤다.

하기는 그때만 해도 에누리 없는 장사가 어디에 있느냐고 일컫던 시절이다. 조금은 약삭빠르고 영악한 게 사회 통념처럼 받아들여졌다. 떠벌리기를 잘해 사람 속여먹는 것이 오랫동안 관습처럼 내려오던 게 장사꾼의 전형이었다.

최남은 그 같은 악습을 과감히 도려냈다. 종로통의 큰길가로 확장 이전한 덕원상점은, 때마침 몰려들기 시작한 손님들을 안심케 하는 데 성공했다. 상품의 정가 판매는 물론이고, 상점이 정직하다는 문패를 따로 내걸기까지 한 것이다.

경성 상계에서 최초로 내건 정가 판매의 상술은 이내 효과가 나타났다. 사람에 따라서 또는 따로 흥정을 벌이는 법이 없이 누구나 상품을 믿고 사갈 수 있었다.

이처럼 잇따라 성공을 거둔 최남은 고물 장사부터 시작한 지 8년여 만에 종로통에만 덕원상점을 비롯하여 동아부인상회 등 5개의 상점을 소유하게 되었다. 자본금 20만 원(약 200억 원)에 점원 수만도 40여 명에 달했다.

그럴 무렵 최남의 꿈 역시 박흥식과 다르지 않았다. '나도 백화점을 갖고 싶다'라는 집념에 점점 더 다가서고 있었다.

그러던 1931년, 지금의 종로 1가에 자리한 동아부인상회 자리에 '종로삘딩'이 새로 지어졌다. 한학수의 한청사와 '삘딩' 쟁탈전을 벌이던 민규식의 영보합명회사가 짓기 시작한 5층 높이의 현대식 건물이었다.

최남은 '종로삘딩'을 2층부터 5층까지 통째로 임대해 경성의 상계에선 최초로 백화점을 개점했다. 혼마치의 일본 백화점들에 비해서도 거의 손색이 없는, 4층 규모에 200여 명의 점원이 손님을 맞이하는 '동아백화점'이 그것이었다.

" 개의 시간이 가면 늑대의 시간이 오다 "

  '상점의 왕' 백화점을 갖고 싶다는 꿈은 비단 박흥식과 최남만은 아니었다. 크든 작든 종로통에 상점을 소유한 경성 상계의 상인들이라면 누구나 한 번쯤은 그런 생각을 가질 법했다.

  하지만 좀처럼 엄두가 나지 않았다. 생각은 굴뚝같았으나 백화점 형태의 상점 경영은 결국 실패할 수밖에 없을 것이라는 판단에 선뜻 누구도 나서기 쉽지 않았다. 무엇보다 일본 상인들의 막대한 자본력에 도저히 맞설 수 없는 데다, 더구나 일본에서 상품을 직접 들여올 수 없다는 뚜렷한 한계를 지니고 있었다.

  그도 그럴 것이 일본의 상인들이 중간에 철옹성처럼 벽을 쳐놓은 터였다. 얼토당토않은 일수판매一手販賣 제도를 구축해 놓아, 조선의 상인들은 일본 상인의 도매점에서만 상품을 구입해서 팔아야만 했다. 또 그렇게 해선 도무지 가격 경쟁에서 살아남을 수가 없다고 생각한 것이다.

  최남은 달랐다. 틈만 나면 혼마치의 미쓰코시백화점을 드나들면서 마침내 일본인 점원 와타나베를 덕원상점의 지배인으로 끌어들이는 데 성공한다.

그런 다음 와타나베를 통하여 일본으로부터 상품을 직접 들여왔다. 일본의 상인들이 중간에 철옹성처럼 구축해 놓은 일수판매 제도를 간단히 따돌릴 수 있었다. 뿐 아니라 당시로선 드물게 3대 경영 방침을 세워 원칙으로 삼았다.

첫째, 진열장의 배치를 색다르게 차별화한다.
둘째, 200여 점원 가운데 여점원을 절반으로 한다.
셋째, 점원은 매일 깨끗한 옷을 입고 출근한다.

그러잖아도 동아 백화점 젊은 여점 원들의 인기가 벌 써부터 대단한 화 제거리였다. 당시만 해도 여성들이 상 점에 나와 남자 손 님들에게 물건을 파는 풍경이란 볼 수 없던 시절이다.

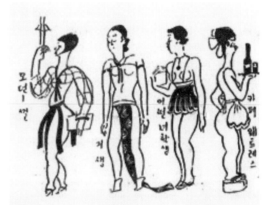

변화하는 상업도시 경성의 세태를 풍자해 그린 안석주의 만문만 화. 왼쪽부터 모던걸, 기생, 어떤 녀학생, 카페 웨이트레스가 모두 다 리를 꺼내놓고 있다. 앞으론 광고를 여자들의 다리에 해도 좋겠다 고 비꼬고 있다.

한데 동아백화점에만 가면 신세계였다. 산뜻하게 차려입은 아가씨들의 얼굴을 얼마든지 쳐다볼 수 있는 데다, 또 대화도 쉽게 걸 수가 있어 뭇 남성들에게 이만저만한 인기였던 게 아니다.

박흥식이 발끈하고 나섰다. 신태화로부터 지금 돈 약 350억 원을 주고 화신상회를 인수한 뒤 낡은 기와집을 헐어내고 3층 높이의 '삘딩'을 지어 올렸으나, 백화점 허가를 총독부에선 차일피일 자꾸 뒤로 미루기만 했다. 궁여지책으로 백화점과 비슷하게 '화신대매출'이란 대문짝만한 간판을 걸었지만, 이번에는 혼마치의 미쓰코시백화점 측이 득달같이 달려와선 협박을 해대니 아직 분이 채 가시지 않은 터였다.

한데도 백화점의 뜻을 굽히지 않자, 혼마치의 일본 백화점들과 우에노 총독이 한통속이 되어 잔머리를 굴리고 있다고 생각했다. 더구나 조선인 소유의 동아백화점 개점을 화신상회 바로 옆 건물에 허가해주어, 같은 조선인끼리 경쟁하도록 고도의 전략을 꾸며낸 흉계라고 미뤄 짐작했다.

또 그렇게 되는 날엔 박흥식의 평소 성격이 돌출될 게 빤했다. 분명 동아백화점보다 우위를 점하려고 출혈 경영도 마다치 않을 테고, 그러다 보면 결국에는 혼마치의 일본 백화점들만 어부지리를 얻게 될 것이라고 판단했다.

물론 이 같은 추측이 사실인지, 아니면 경쟁심리에 빠진 자의 자가당착인지는 확인할 길이 없다. 중요한 것은 그가 그런 덫에 걸려들지 않았다는 사실이다.

마치 비웃기라도 하듯 박흥식은 전연 다른 방법을 선택했다. 상대 진영의 의도대로 휩쓸려 들기는커녕 오히려 자신의 의도대로 물꼬를 돌려놓기에 이른다. 박흥식의 얘기를 들어보자.

"거상은 거짓말을 두 가지만 한다. 본전에 판다는 것과 자본이 달린

다는 소리가 그것이다. 본전에 판다고 할 때에는 이미 수입한 본전을 다 챙긴 다음에 나중에 하는 소리이다. 그리고 자본이 달린다고 하는 얘긴 흔히 상인들 사이에서 오가는 소리인데, 이 역시 사실은 이미 수입할 물건의 오더를 다 사들이고 난 뒤 엄살을 부리는 것이다. 내가 스웨덴에서 신문용지를 수입할 적에도 장안에 자본이 달린다고 소문을 일부러 퍼뜨리곤 했다. 그래야 일본 상인들이 안심하고서 나를 경계하지 않기 때문이다. 하여간에 나는 손해 보는 장사는 하지 않는다. 그런데 내가 무엇 때문에 동아백화점을 상대로 출혈 경영을 하겠는가? 그건 이 박흥식을 모르고 하는 소리다."

박흥식은 곧장 우에노 총독을 찾아갔다. 다짜고짜 이렇게 말했다.
"총독 각하! 제 능력을 저희 조선 상인들뿐 아니라, 일인 상인들에게까지 확인시킬 수 있는 기회를 만들어주셔서 감사합니다. 동아백화점은 제가 1년 안에 반드시 항복을 받아내겠습니다."

우에노 총독 앞에서 호언장담하고 돌아왔지만, 막상 동아백화점의 최남을 분석해 들어가자 생각보다 훨씬 강적이었다. 세간의 이목 또한 여간 신경 쓰이게 하는 대목이 아니었다. 경성 상계의 두 거상이 제대로 맞붙었다며, 과연 누가 승자가 될지 저마다 저울질해 대는 마당이었다.

그렇듯 최남의 동아백화점을 독수리눈으로 연일 주시하고 있던 어느 날이었다. 그의 눈에 확 꽂히는 한 가지 풍경이 있었다. 개점 첫날부터 미모의 젊은 여점원들을 대대적으로 모집해서 매장에 배치하는 거였다. 목적은 명료했다. '숍껄'이라 불렸던 아가씨들을 매장마다 배치한 일종의 미인계였다.

밤이면 동아백화점은 불야성을 이뤘다. 북촌의 또 다른 볼거리였다. 종로통까지 훤하게 비추었던 동아백화점의 야경.

하기는 경성의 상계에서 지금껏 유례를 찾아볼 수 없는 파격적인 발상이 아닐 수 없었다. 난생처음으로 보는 강력한 상술인 데다, 고객의 유치에도 상당한 도움이 될 성싶었다.

박흥식의 참모들은 아연실색했다. 마치 허를 찔리고 만 듯 벌레 씹은 얼굴로 박흥식만을 바라보았다.

"걱정하지 마세요. 찾아보면 길은 반드시 보일 겁니다."

참모들을 안심시켰다. 아니 최남의 미인계를 지켜보면서 속으론 모처럼 활짝 웃었다. 좀처럼 허점이 드러나 보이지 않던 최남에게서 비로소 틈새가 보이기 시작한 것이라고 내심 쾌재를 불렀다.

"사장님께선 속 편한 말씀만 하십니다. 동아백화점 아가씨들 때문에 우리 손님들마저 다 떨어져 나갈 지경인데요."

참모들의 걱정은 공연한 기우만이 아니었다. 동아백화점 '숍껄'들의 인기가 지금으로 치면 인기 가수나 탤런트 못지않은 화젯거리인데다, 그것도 한두 명이 아닌 동아백화점의 전체 점원 가운데 절반이나 되는 100

「사랑은 달다」는 책을 읽고 있는 신여성. 고등교육을 받은 초기세대들로 이전에는 볼 수 없는 새로운 가치와 태도를 추구하는 존재로의 등장을 알리는 안석주의 만문만화.

여 명씩이나 우글거리는 꽃밭이라니 정말 환장할 노릇이었다. 더군다나 동아백화점의 미인계 꽃밭에선 벌써 '로-만스'까지 피어난다는 야릇한 뜬소문마저 그치지 않았으니….

…K라는 청년이 잇섯다. 동경 가서 K대에를 맞추고 나왓다. 그러나 여성이 그리운 년령에 달해옛건만 배필을 구할 길이라고 업섯다. 혹 녀학교의 선생이나 아는 이가 잇스면 그 길수를 알수도 잇겟지만 이성을 만날 긔회라고 업서 번민하엿다. 그러다가 하로는 O백화점에 갓다. 3층 문방구 파는데 올나가니 그의 눈압혜 나이딍겔가치 청초하게 생긴 엇든 어엽분 녀성이 점원옷을 입고 손님을 맞고 잇섯다.

K는 그 순간 크다란 충동과 흥분을 늣겻다. 그래서 별로 필요도 업는 만연필과 공책을 사고 도라왓다. 쓸쓸한 하숙에 오니 악가 그 얌전한 녀성의 모양이 이처지지 안는다. 용모가 저러케 얌전할 때는 교육도 상당하겟거니 용모가 저러케 아름다울 때는 가정도 상당하려니 이러한 공상을 하로밤을 꼽박새면서 한 뒤 이튼날 또 그 백화점으로 갓다. 가서 또 문방귀를 사고 원거리 외짝연애—方戀愛 만을 하면서 도라왓다. 이러기를 사오일 계속하엿다. 물론 말이라고,

"이건 얼마서요."

"네 얼마입니다."

하는 사고파는 흥정 이약이밧게 못하엿다.

K는 참다못하여 자긔 친구를 다리고 또 다시 갓다. 그 친구되는 학생은 마음을 아는지라 그 여자와 물건 흥정하는 김에 악의惡意가 업시 점잔케 일흠을 무러보앗다. 그러나 그 여자는 얼굴이 홱 붉어지며 대답이 업섯다.

다시,

"그러면 어듸 사십니까?

그제야,

"XX동 52번 올시다."

함이엇다. 친구는 곳 그길로 XX동 52번지 부근을 차젓다. 일흠을 대이는 것은 외간 남자에게 경솔한 일이지만 만일 할 말이 잇거든 내집 부모에게 문의하십시오 하드시 자긔집 번지를 가르쳐주는 태도에 상당히 교양잇고 품격잇는 집안의 따님아라고 감격하엿다.

이리하야 그 집을 조사하여보니 마츰 그것이 그 친구가 잘 아는 의

학전문학교 다니는 자긔 친구의 집이라. 그 녀성은 바로 의전학생의 누이동생이엇다. 이리하야 이럭저럭한 절차를 지나서 마츰내 3개월 뒤엔 공회당 너른 홀에서 K와 그 녀성은 결혼하엿다. 결혼하여 지금은 어린아해까지 잇는 행복스러운 가정을 이루고 OO동에서 산다.

나는 K가 그때 점원감독의 눈을 슬슬 피하면서 그 점원(지금은 자긔 안해)에게 러브레타를 비밀히 주든 이약이를 K로부터 드럿지만, 그러고 그 편지도 내 손에 두 석장 드러와 잇지만, 본인의 명여를 위하여 여기에 공개하기를 피한다….

제10장

종로 화신백화점
vs
혼마치 미쓰코시 백화점

"
라이벌 동아백화점 인수 비결은 '미인계'
,,

　박흥식은 자신만만했다. 동아백화점의 '숍껄' 미인계가 당장은 꽤 효과를 거두는 것 같아도, 하지만 그 같은 불안정한 상술은 이내 부메랑이 되어 혹독한 대가를 치르게 될 것이라고 확신하고 있었다.

　때문에 조용히 지켜보며 침묵으로 일관했다. 참모들의 한숨 섞인 우려에도 그저 무관심한 척 신경을 쓰지 않고 가만 내버려 두었다.

　그렇다고 아무런 대응 전략을 세우지 않은 건 아니었다. 최남의 동아백화점을 꺾기 위한 숨은 전략으로 정공법을 택했다. 오래지 않아 식상하고 말 미인계의 서비스보다는, 고객에게 실질적인 서비스 제공을 구상했다. 예컨대 상품의 가격 경쟁에서 라이벌인 동아백화점과 확실한 차별을 두자는 정공법이었다.

　박흥식은 현해탄을 건너갔다. 수년 전 종이 파문 때의 경험을 되살려 일본을 찾았다. 최남의 동아백화점은 물론 경성 상계에 일본 상인들이 철옹성처럼 구축해 놓고 있는 일수판매 제도마저 단숨에 무력화시키기 위해서였다. 누구도 생각지 못한 결단이었다.

우선 그는 일본 오사카에 전진기지를 구축했다. 지하 1층 지상 3층짜리 빌딩부터 임대했다.

그런 뒤 전진기지 이름으로 상품 구매에 나섰다. 갖가지 상품을 제조회사들로부터 직접 공장도 가격으로, 다시 공장도 가격에서 현금 지급으로 이중 삼중으로 할인 구매했다. 조선 상계에서 꿈도 꾸어보지 못할 할인 구매였다. 그리곤 경성으로 가져와 대대적인 사은 대매출의 할인 판매를 펼쳤다.

화신상회가 처음 발행한 20원짜리 상품권. 20원이면 지금 약 200만 원으로, 당시 성행하던 '와이로(뇌물)'를 주고받는 사람들에겐 상품을 구매할 수도, 또 현금으로 바꾸어 쓸 수도 있었다.

이쯤 되자 누구도 당해내지 못했다. 가격 경쟁에서 절대 우위를 점했다.

경성의 상계가 발칵 뒤집혔다. 혼마치의 일본 백화점들은 물론 총독부도 놀라자빠졌다.

박흥식은 보란 듯이 한술 더 떴다. 당시로선 상상조차 할 수 없는, 현금 교환이 가능한 상품권까지 발행하면서 일찌감치 아퀴를 지었다.

참으로 신출귀몰하고 기상천외한 상술이었다. 경성의 상계에서 맨 처음 시도한 상품권 판매는 공전의 히트였다. 당시 공공연히 주고받던 뒷거래 사용으로 대환영이었다. '와이로(뇌물)'를 주고받는 사람들에게 상품을 구매할 수도, 또 현금으로 바꾸어 가질 수도 있는 상품권이야말로 더할 나위 없이 편리했다.

최남의 동아백화점이 아리따운 '숍껄'로 장안의 한량들을 불러 모았다면, 박흥식의 화신상회는 누구도 생각지 못한 신출귀몰한 아이디어로 문전성시를 이뤘다.

이와 달리 화신상회 바로 옆 건물의 동아백화점은 찬바람이 불었다. 화려한 미인계로 기세등등했던 분위기는 어느덧 온데간데 없었다.

개점 초기 최남은 장안의 한량을 모조리 불러 모으는 데까지는 기막히게 적중시켰다. 하지만 그들의 속내는 정작 딴 데 있었다. 숍껄과 한번 눈길이나 맞추려 했을 뿐 애당초 상품을 구매할 의사가 없었다. 그저 숍껄의 손등이나 슬쩍 만져보고 나가버리는 터에 지갑을 열 리 만무했다. 매장은 북적댔지만 알맹이가 없었던 것이다.

더욱이 뼈아팠던 건 참모를 잘못 기용했다. 젊은 여점원을 선발하는 임원이 젊은 여점원 여럿을 농락했다. 뒤늦게 신문 기사가 터지면서 여론의 뭇매를 맞게 된 것이다.

엎친 데 덮친다고, 두 번의 결정타를 허용한 동아백화점은 완전히 그로기 상태에 빠지고 말았다. 일찍이 박흥식이 예언한 그대로였다.

결국 혈전이 끝났음을 판단한 박흥식은 그제야 비로소 최남을 찾아갔다. 최남도 더는 어쩔 수 없었던지 순순히 백기를 들었다. 자신의 동아백화점을 화신상회의 박흥식에게 넘겨주기로 결정한다.

이윽고 둘은 일본 요릿집 남산장에서 정식으로 계약서에 서명했다 (1932). 동아백화점을 개점한 지 불과 6개월여 만이었다.

조선총독부로서도 기가 막힐 노릇이었다. 서로에게 맞불을 놓아 조선 상계의 기세를 한꺼번에 꺾어놓으려던 계획이 이제 갓 서른 남짓한 젊은이에게 도리어 참패를 당하면서, 경성 인구 80%를 점하는 조선인들의 자긍심만 높여준 꼴이 되었다. 총독의 체면이 말이 아니었다.

같은 날, 박흥식은 조선총독부로부터 연락을 받았다. 우가키 총독이 화신상회를 방문하겠다는 거였다. 방문의 이유도, 시간도 따로 밝히지 않은 일방적인 통고였다.

한데 비서를 대동하고 요란스럽게 나타난 우가키 총독은, 화신상회의 입구만을 잠깐 쳐다본 채 매장 안은 돌아보지도 않고 곧바로 사장실로 직행했다. 아무리 조선인이 경영하는 백화점일지라도 첫 방문이었던 만큼 백화점의 상품도 둘러보고 직원들도 격려할 줄 알았다.

우가키 총독은 그러지 않았다. 조선인이 경영하는 백화점에 총독이 관심을 보였다는 정치적인 구설수에 오르지 않으려는 계산인 듯싶었다.

박흥식은 총독의 방문을 영광으로 여겼다. 일본 차를 대접했다. 우가키 총독은 찻잔에 손을 대지도 않고 고압적인 자세로 입을 열었다.

"박군이 내 앞에서 독을 내뿜듯이 1년 안에 반드시 동아백화점의 항

최남의 미인계를 넘어 마침내 박흥식이 동아백화점을 인수한 이후 동아백화점과 화신상회를 하나로 묶은 화신백화점의 야경이다.

복을 받아내겠다고 하더니. 꼭 6개월 만에 그 소원을 성취한 것인가?"

이어 우가키 총독은 짧게 덧붙였다. 이날 자신이 방문한 목적이 어디에 있는가를 보여주는 대목이었다.

"이제 박군의 다음 차례는 혼마치에 있는 미쓰코시백화점이 되겠지? 그렇지 않은가?"

훗날 박흥식은 이렇게 회고했다. '조국을 빼앗긴 상태에서 나는 경성의 상권이라도 보호하고, 힘이 닿는 한 장악까지 해야겠다는 일념밖에 없었다. 이곳이 우리의 조선 땅인데 일본 상인들이 들어와 판을 치는 것이 서글프고, 분하여 내가 백화점을 만들어 그들에게 대항하고 싶었다.'

소식을 전해 들은 경성의 상계도 일제히 환영했다. 화신과 동아가 진흙탕 싸움을 벌이지 않고 뭉쳐 조선 상계의 통합을 이뤄냈다고 호평했다. 혼마치 상권의 종로 진입을 다시금 견제할 수 있게 되었다며, 박흥식과 최남 모두에게 박수를 보냈다.

일제강점기 경성의 상계에 근대성의 상징처럼 등장한 미쓰코시백화점의 옥상 카페. 한복 차림의 조선인 상류층을 비롯하여, 모던보이와 모던걸이 즐겨 찾던 사교의 명소로 떠올랐다. 이상의 단편소설 '날개'의 종반부에 주인공이 독백한 장소로도 유명하다.

「삼천리」잡지도 두 백화점의 통합에 대해 사자후를 토했다. 큰 눈을 뜨고 바라보라며 주문을 요청하고 있다. 화신이 대 백화점으로 웅비하기를 간절히 비는 마음에서 애정 어린 채찍과 당부도 잊지 않았다.

   … 박씨! 그대는 참으로 용기가 잇는 사람이다. 이러케 말하면 추어서 하는 말가트나 그런 말이 아니라 조선인 상계에서 그대와 가티 별여논 사람이 업지 안흔가. 동아백화점이 처음으로 생길 때에 나는 하등 관계가 업스나 속으로 매우 깁엇다.
   그래서 나는 이 동아백화점의 탄생을 이 삼천리 지상을 통하야 경축하고 그의 수명이 길기를 만히도 빌엇다. 그러나 나는 어느 친우인 모

상점 주인에게 이러케 말한 일이 잇다. 동아백화점이 생긴 것만은 좃타만 최남의 힘으로 되는 것이 아닌 즉 그 계속이 의문이며, 돌이혀 조선 사람이 백화점을 경영한다니 말이 되나 하는 말이 내 생각에도 되어 갓스면 하엿다. 이러케 말한지 겨우 1년 만에야 내가 염려하든 바 그대로의 결과를 나타냇다고 그 친우가 말한다.

박씨! 물론 그대는 최씨와 가티 중도에 내여버릴 사람으로 나는 밋지 안는다. 그대의 나희가 젊고 또 그대를 후원하는 큰 힘이 잇는 이상에 조곰도 변함이 업시 잘 생장케 할 줄로 밋는다. 아니 조선 사람 경영의 백화점이 단 하나로 되엿다는 점을 생각하야 그대는 일층의 분투활약을 안하면 안 된다. 압흐로 그대의 책임은 매우 무겁다….

박씨! 나로소 드른 바가 만다. 그 드른 바를 말하고 십지안다. 그런데 전하는 말 중에도 나로서 가장 위구危懼로 갓게 하는 말이 잇스나 냉정히 생각하여 볼 때에는 그대의 수완을 밋고 나는 얼만큼 위안이 된다. 그대가 처음에 화신과 우연한 금전의 00과 관계를 매진 그대의 생각과 가티 맘을 써서는 안된다. 그대가 이 백화점의 경영을 한번 잘못하는 경우는 그 파문이 어듸까지 갓 것인가 함을 생각하야 신중을 거듭할 것이다…[2].

"
미쓰코시·조지야·히라다·미나카이에 도전하다
,,

'리틀 도쿄'라고 불렸던 남촌의 혼마치 거리는 화려했다. 당시 경성에서도 손꼽히는 번화가였다.

도로의 폭은 생각보다 비좁았다. 넓은 곳이라야 6m에 불과했으나, 잘 닦여진 아스팔트 포장도로였다. 아스팔트 포장도로 양측에는 은방울꽃 모양을 한 가로등이 일정한 간격으로 서 있었다. 혼마치의 자랑이었다. 일본인들은 혼마치 거리를 '은방울꽃 거리'라고 불렀다.

혼마치 거리에서 상점이 밀접해 있는 지역은 혼마치 1정목과 2정목이었다. 1936년 당시 상점의 수는 487개 점포(혼마치 1정목에서 4정목까지)였다. 그중92%인 449개의 점포가 일본인 소유였으며, 혼마치 1정목과 2정목은 완전히 일본화된 상점가였다.

상점의 수만 아니었다. 거리를 오가는 인파 역시 가장 많은 지역도 다름 아닌 혼마치였다. 상가의 이용 고객 또한 주로 경성부를 비롯한 인접 지역의 일본인들과 중류층 이상의 조선인들이었다.

이같이 남촌의 혼마치가 일본인들의 거리였다고 한다면, 종로통에서

일본에서 처음으로 상점 안에 에스컬레이터를 설치하면서 백화점 시대를 열었던 미쓰코시백화점의 경성점과 브랜드. 미쓰코시백화점 경성점은 조선에서 백화점의 효시가 된다.

종로 3가까지는 순전히 조선인들의 거리였다. 종로통에서 종로 3가까지 도합 542개의 상점이 있었는데, 93%인 502개의 상점이 조선인 소유였다. 이용 고객은 주로 경성부나 인접한 지역의 조선인들이 많았다. 일본인들은 거의 찾아보기 어려웠다.

이런 상점들은 종로 육의전의 붕괴 이후 1926년에서 1933년 사이 약 10년여에 걸쳐 대부분 개업했다. 특히 조선의 젊은 상인들이 종로통으로 돌아온 1931년 이후 5년여 동안에 64%인 347개의 상점들이 집중적으로 개점했다. 이 같은 상점의 개점은 때마침 만주국이 건국(1932)되면서 조선 상계의 호황과도 무관치 않았던 것으로 보인다.

더군다나 수백 여 년 동안이나 유교적 정신주의 생활 풍조 속에 젖어들어 '(상인)장사는 곧 비천하다'는 상업에 대한 의식이, 이 시기에 접어들며 크게 바뀌었다. '우리도 열심히 장사해서 일본인들 못지않게 벌어보자'는 경쟁 심리가 움튼 것도 그 원인 가운데 하나였다. 조선인 고객들이 굳이 혼마치의 상점가나 미쓰코시, 조지야, 히라다, 마나카이백화점에 가지 않고도 구매하고 싶은 상품을 종로 거리에서 구입할 수 있도록 상가가 정비될 수 있었다.

여기에다 화신백화점이 동아백화점을 인수하여 재개점(1932)하면서 고객 점유율을 비약적으로 높이는 데 일조했다. 북촌의 종로 거리는 경성 제2의 상가로서 남촌의 혼마치에 대항할 수 있는 거점 확보가 비로소 가능해진 것이다.

뿐 아니라 종로 거리에 상점을 개점한 조선 상인들은 전혀 새로운 얼굴들이었다. 기존에 있던 육의전의 후예가 아닌, 어느 정도 일본어까지 구사할 수 있는 지방 양반의 차남이나 3남이 대부분이었다.

상품도 다양했다. 가지야마 도시유키의 「이조잔영李朝殘影」이란 책에 종로 거리엔 온돌방 방바닥에 붙이는 황색 기름종이油紙를 판매하는 지물포, 마른 명태 등을 쌓아 놓고 판매하는 어물전, 문구류를 판매하는 필방, 조선 특유의 곤돌라 모양을 한 나막신과 함께 고무 신발을 진열한 신발가게 등이 새로 개점했다고 기록되어 있다.

그런가 하면 야시장이 열려 새로운 볼거리를 제공했다. 종로 거리에는 추운 한겨울을 제외하고 비가 내리지 않는 날이면 밤에 야시장이 열려 아이들에게 놀이터가 되어주기도 했다. 마치 일본의 야시장처럼 청백색의 '카바이드(탄화칼슘의 속칭)' 등불 아래 구멍 난 냄비 따위를 땜질해주는 땜장이가 등장하기도 하고, 솜사탕·팽이·딱지 따위도 팔았다. 일본의 야시장을 조선 상인들이 종로 거리에 그대로 재현해놓은 것이다.

또한 종로 거리에는 색다른 것도 있었다. 비좁기만 한 혼마치의 은방울꽃 거리(6m)하고는 비교가 되지 않을 정도로 드넓었다. 아스팔트 콘크리트로 포장된 도로 폭이 30m 가까이 되는 데다, 도로 중앙에는 전차

미쓰코시에 이어 경성 상계에 두 번째로 진출한 조지야백화점의
신축 건물. 8.15해방 이후 미도파백화점으로 명성을 이어오다 지
금은 롯데 영플라자로 바뀌었다.

의 복선 궤도가 깔려있었다. 도로 양쪽에도 혼
마치의 인도보다 약간 넓은 5m 넘는 아스팔트
마감으로 포장된 인도가 따로 나 있었다.

　그렇더라도 남촌의 혼마치와 북촌의 종로 거리는 도저히 공존할 수
없는 숙명의 경쟁 관계였다. 또 그처럼 경쟁 관계에 불을 붙인 건 고객
을 불러 모으는 수단에 있었다. 미쓰코시, 조지야, 히라타, 마나카이 등
대형화된 일본의 백화점들이 남촌의 혼마치에 잇따라 개점하기 시작하
면서 집객력에서 현격한 차이를 나타내기 시작하면서부터였다.

　미쓰코시가 일본의 도쿄에서 주식회사 미쓰코시 포목점을 주식회사
미쓰코시로 상호를 바꾼 것은 1914년이다. 도쿄 시내 니혼바시에 위치
한 콘크리트 5층 건물에 일본에선 처음으로 에스컬레이터를 설치하면

미나카이백화점. 처음에는 포목점으로 진출했다가, 곧바로 인근의 토지를 매수하여 지하 1층 지상 6층 높이의 백색 근대 르네상스 양식의 건물을 지어 올리면서 본격적인 경쟁에 뛰어들었다.

서, 본격적인 백화점 시대를 알렸다. 이어 2년 뒤엔 경성의 미나카이 포목점 바로 길 건너편에 3층 건물의 200평을 증설해서 미쓰코시백화점 경성출장소를 개설했다(1916). 조선에서 백화점의 효시가 된 것이다.

조지야는 미쓰코시보다 5년 늦게 진출했다. 주식회사 조지야백화점으로 이름을 바꾸고 경성에 본점을 세웠다(1921).

뒤이어 세 번째로 주식회사 미나카이 포목점이 진출했다(1922). 사장은 가쓰지로였으며, 조선에 근무하지 않고 일본에 머물렀다. 미나카이 주식회사로 개편했지만 알맹이는 포목점 그대로였다.

네 번째로 히라타가 경성의 상계에 진출했다(1926). 미나카이 포목점의 코앞이랄 수 있는 혼마치 1정목에 히라타백화점을 개점하면서, 일본의 4대 백화점 체제를 구축했다.

이들이 자리한 곳은 일본인 거주 구역인 혼마치 일대였다. 미쓰코시백화점은 지금의 신세계백화점 본관 건물 자리 그대로, 조지야백화점은

은방울꽃 거리라고 불렸던 혼마치 입구에 자리한 히라다백화점의 야경. 엄청난 자본력을 앞세워 화려하게 장식한 히라다백화점은 북촌의 화신상회와 동아백화점을 압도했다.

지금의 명동 입구에, 미나카이와 히라다백화점은 충무로 1가에 각기 자리 잡으면서, 사방 200m 안에 저마다 경성에서의 상권을 놓고 경쟁을 벌이게 되었다.

하지만 앞서 얘기했듯 초기 일본 백화점은 1층에 다다미를 깔아놓았다. 일본인들에겐 그렇지 않았으나 조선인들에겐 여간 불편한 게 아니었다. 신발을 벗고 드나들거나, 덧신을 신어야 출입이 가능했다.

따라서 조선 사람들은 미쓰코시백화점을 홀대했다. 3층 근대 르네상스식 백화점을 가리켜 아예 다다미 백화점이라고 외면했다.

미쓰코시백화점도 언제까지 1층 다다미를 고집할 수만은 없는 일이었다. 개점 10년에 접어들어(1925) 단골 고객들에게 엽서를 띄웠다. '앞으로 우리 백화점에는 신발을 신은 상태로 들어오셔도 됩니다. 괜찮으시겠습니까?'

엽서를 받아본 단골 고객들의 반응은 크게 엇갈렸다. 환영과 반대가 반반으로 나뉘어 서로 팽팽했다.

초기 혼마치의 일본 백화점들이 1층에 다다미를 깔아놓았던 건 아무래도 오래도록 몸에 밴 그들의 관습이었던 것 같다. 당시 15% 수준에 그친 일본 도쿄 시내의 도로 포장률 때문일 수도 있겠지만, 그보다는 자신들의 오랜 전통을 무시할 수 없었기 때문으로 보인다.

일본 4대 백화점의 자본력도 엄청났다. 화신백화점(1935)의 자본금이 겨우 100만 원(약 1,000억 원) 수준인 데 반해, 도쿄에 본점을 둔 선두 주자 미쓰코시가 3,000만 원(약 3조 원)으로 무려 서른 배에 달했다[7]. 나머지 조지야, 히라다, 미나카이백화점 역시 화신백화점보다는 수십 배 더 많으면 많았지 결코 적지 않다.

더구나 미쓰코시와 조지야의 아성에 뒤늦게 뛰어든 미나카이의 약진이 두드러졌다. 미쓰코시보다 13년 늦었고, 조지야보다 8년, 히라다에도 3년 뒤늦은 시기에 제일의 백화점을 이루겠다는 야심찬 목표로 새롭게 출범했다.

마침내 박흥식이 동아백화점을 인수하여 화신백화점으로 출범한 2년여 뒤 미나카이백화점 본점의 신·증축이 완성되었다(1933). 4년 전에 완공한 미나카이 포목점 빌딩 인근의 토지를 매수하여, 지하 1층 지상 6층까지 지어 올렸다. 자신감에 넘쳐나는 백색의 근대 르네상스 양식의 건축물이었다. 혼마치 거리를 바라보고 있는 구관의 일본식 2층 건물은 3층 건물로, 뒤쪽의 5층 건물은 6층 건물로 개축되었다. 신관과 구관을 합하여 대지 808평, 연건평 2,504평의 거대 백화점이었다. 백화점의 내부 중앙에는 조선에서 처음으로 2층까지 에스컬레이터가 설치되어 화제가 되기도 했다.

미나카이의 마케팅전략 또한 북촌의 화신백화점과는 비교가 되지 않았다. 미국에서 직수입한 선진기법을 따르고 있었다.

다만 미국에서 들여왔다는 정보 지식을 어떻게 구체화하고, 단계와 방법으로 변화할 것인지에 대해선 실질적인 경험이 부족했다. 상품의 구성과 진열, 인테리어, 판매 기술과 사원 교육, 디자인 계발, 이미지 구축 등 백화점마케팅에 필요한 지식과 경험이 모자랐던 게 사실이다.

따라서 자신들이 갖지 못한 것은 외국에서 도입하거나, 채용하고 모방하는 것으로부터 시작했다. 그렇게 응용하고 혁신하는 것으로 자사의 독자성을 키워나가면서 더욱 학습하고 창조Adept and Invent해 나가는 마케팅의 기술과 노하우의 습득 과정을 영문 이니셜로 'AI의 이전'이라 불렀다.

이 같은 AI의 이전은 창업주 가쓰지로가 미국의 어떤 선진 백화점에서 전수한 것으로 보인다. 또 그렇게 전수한 마케팅 기술과 노하우가 이후 미나카이백화점의 성장에 커다란 동력이 되었을 게 틀림없다.

그런 결과 새롭게 증축 완공된 미나카이는 여러 면에서 미쓰코시나 조지야하고는 달랐다. 미쓰코시와 조지야, 심지어 화신백화점에 이르기까지 각각 대로에 인접한 길모퉁이에 입지하고 있었다. 또한 건물 정면은 마치 가슴을 활짝 편 것처럼 당당하게 일으켜 세웠으며, 좌우로 학의 날개처럼 건물이 펼쳐져 있는 구조였다.

그러나 미나카이의 경우 정면이라고 특정할 수 있는 곳이 따로 없었다. 출입구가 길거리에 몇 개나 열려있었고, 다른 백화점의 정면처럼 일종의 위압감 같은 것도 느낄 수 없었다. 이것은 창업주 가쓰지로가 미국 현지에서 보고 깨달았던, 고객이 접근하기 쉬운 점포가 중요하다는 식견에서 결정된 결과였다.

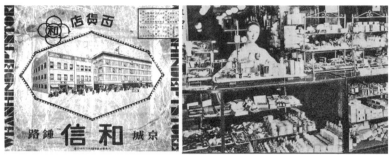

화신상회와 동아백화점을 차례대로 인수하면서 동관과 서관 쌍둥이 건물로 본격 개점한 화신백화점
의 포스터. 아리따운 여점원과 유리 케이스에 상품을 진열하고 매장 전경이다.

야간 조명의 차별성 또한 눈에 띄었다. 혼마치의 밤은 화려하기 그지
없었다. 은방울꽃 모양을 한 가로등이 길거리를 화려하게 밝혔는데, 미
나카이는 한층 더 휘황찬란하게 조명을 밝혀 본점 건물 전체가 마치 어
두운 밤하늘에 둥실 떠오른 듯 보였다. 그 때문에 인근에선 물론이고 경
성 시내 어디서나 6층 높이의 미나카이백화점을 쉽게 알아볼 수 있을
정도였다. '밝고 친근감 있는 점포를 만든다'라는 창업주 가쓰지로의 의
중을 반영한 장식그림illumination이라 할 수 있었다.

백화점의 내부 매장 또한 차별화에 주력했다. 통로는 넓고 천장은 높
았으며, 층 마다 유리 케이스를 이용하여 매장의 내부는 깔끔했다. 상품
은 입체적으로 배치되었으며, 여성 점원 전원이 일본의 전통 복장에 소
매 있는 앞치마의 일종인 갓포기割烹着를 걸쳤다. 남성 점원은 흰 와이셔
츠에 양복을 빼입은 정장 차림이었다.

이를 본 박흥식은 과연 어떤 생각이었을까? 혼마치의 4대 백화점과
숙명적으로 경쟁할 수밖에 없는 화신백화점의 대응 전략은 또 어떤 것

이었을까?

이 시기 화신백화점은 신문광고에 '약진하는 화신', '조선의 백화점' 운운하면서 동포애를 곧잘 호소했다. 백화점을 확장할 때에도, 경영이 위기에 처할 때에도, 민족 백화점인 화신을 살려주어야 한다고 읍소하고는 했다.

그런가 하면 영친왕李垠을 초대하여(1938) 대대적인 행사를 벌였다. 또한 일제 경찰에 의해 갇힌 도산島山 안창호를 병보석으로 석방시키는 데 일조한 것 역시 그와 무관치 않다는 의혹이 일었다.

그럼 박흥식은 민족감정에 호소하는 것 빼고는 무대책이었을까? 지금 돈 약 1,000억 원을 쏟아부어 개점한 화신백화점의 경영전략이라는 게 겨우 민족감정에 기댄 것이었단 말인가?

훗날 박흥식은 자신의 회상록에서 다음과 같은 단서를 남겼다. '화신 백화점은 일본의 백화점 비즈니스에서 배워 조선인이 자력으로 쌓아 올린 민족적 승리였다'라고 주장한다.

이를 뒷받침하듯 화신백화점의 임원 및 간부 리스트를 보면(1942) 몇 명의 일본인 이름이 올라 있다. 전무이사 와다 심페(전 조선총독부), 전무이사 마타니 도시히로(전 조선은행), 사업부장 마에다 다카요시(전 미쓰코시 백화점), 감사역에 경성상공회의소의 회장격인 가다 나오지 등이 그들이다. 그들이 일선에서 지휘하고 박흥식을 지원했다. 이처럼 다수의 일본인들이 화신백화점에서 근무했고, 박흥식과 협력해서 혼마치의 4대 백화점에 뒤지지 않는 경쟁력을 만들어 낼 수 있었다는 것이다.

" 대화재에 휩싸인 화신백화점 "

경성의 상계에서 비상한 관심을 모으며 새롭게 태어난 박흥식의 화신백화점은, 새 단장을 하고 문을 연 개점 초기부터 문전성시를 이뤘다. 동아백화점과의 무혈 통합으로 일단 성공적인 출발을 한 셈이었다.

그런 박흥식에게 너무도 빨리 불운이 찾아들었다. 백화점의 북쪽에 움막을 지어놓고 과일 노점상을 하던 박태섭이라는 이가, 그만 촛불을 켜놓은 채 잠깐 자리를 떴다. 한데 촛불이 바람에 넘어지면서 화신백화점에 옮겨 붙고 말았다. 대형 화재가 일어난 것이다.

동아백화점과 통합한 지 5년여 지난 정월 추위가 기승을 부리던 한밤중이었다. 음력으로 치면 12월 23일로, 설날 명절을 불과 며칠 앞둔 일요일이라 백화점 고객이 어느 때보다 많았다. 백화점에 쌓아둔 상품 또한 엄청났다. 그게 몽땅 붉은 화마에 휩싸여 잿더미로 사라진 것이다.

생각만 해도 정신이 아득해졌다. 경성에 있는 소방차 30대가 총 출동했다. 미나미 총독까지 헐레벌떡 달려 나와 직접 진화 작업을 지휘하는데도 불길은 좀처럼 잡히지 않았다. 한밤인데도 겨울바람이 세차게 불어 육교로 연결되어 있는 백화점의 동관과 서관 건물 2, 3층까지 순식간

사진의 왼쪽 건물이 6층 높이로 중축한 화신상회이고, 오른쪽 건물이 동아백화점이었다. 기상천외한 아이디어로 동아백화점까지 인수한 뒤 양쪽 건물의 중간에 두 건물을 하나로 묶는 '화신' 브랜드가 눈에 띈다.

에 화염에 휩싸였다. 나중에는 소방차의 물이 부족할 정도였다. 4층은 손도 댈 수 없는 지경이었다.

　　화신 대화 당시에 시인詩人과장으로 일흠잇는 주요한 씨가 대활약한 무용담이 잇다. 불이 올라부터 4층 루상의 방방으로부터 빨간 불길이 홰홰 뿌무어 나왔다. 종로 일대는 화광이 충천하고 사면팔방으로부터는 불구경꾼들이 수천 명이 와- 몰려왔다. 유리창이 튀는 소리, 물건을 끄내는 소리, 울고 부르짓는 소리.

　　이때에 손님들을 다 내보내고 불 속에서 점원들이 하나 둘 뛰어나왔다. 그러나 이제는 인명만은 다 구제되엇스리라고 안심하고 잇슴즈음 어대에서 울고 부르짓는 연약한 여자의 단말마소리가 들니지 안는가.

　　이 광경을 보든 시인과장 주요한씨는 겁결에 그저 떨고잇는 여러 사람을 물니치고 단신 그 불 속으로 뛰어드러 4층 루까지 뛰어올나 비명 나는 곳을 차저가 묘령의 녀점원 한 사람을 구하여 내엿다…[12].

시인과장 주요한은 영재들만 입학할 수 있다는 일본 도쿄의 제1고등학교와 상해 후장대학 영문과를 졸업하고 돌아온 수재였다. 작품 '불놀이'를 발표하면서 문단에 명성을 떨친 시인이었다. 훗날 동아일보와 조선일보의 편집국장까지 두루 거친 뒤. 일제 말기에 다시 화신백화점의 중역으로 근무하기도 한 당대 최고 지식인이었다.

한데 시인과장 주요한의 그 같은 무용 때문이었는지 천만다행히도 인명 피해는 없었다. 하지만 다음날 아침 신문에는 대문짝하게 기사가 났다. 도저히 회생이 어려울 정도로 막대한 피해를 입었다는 것이다.

신문을 본 박흥식은 쓴웃음을 지었다. 일본 상인들의 고약한 심보가 알게 모르게 작용한 것이 아니냐며 신문을 와락 덮고 말았다. 신문 기자들이 백화점의 내부 구조를 잘 모르니까 곁에 있던 일본 상인들한테 물었을 터이고, 일본 상인들이 심보를 부려 분위기를 그렇게 몰아갔을 거라는 푸념이었다.

박흥식이 망하게 되었다는 소문이 당장 장안에 죄 돌았다. 자신의 잘못이 아니라지만, 9년여 동안 공들여 쌓은 탑이 하루 저녁에 잿더미로 사라지고 만 것은 돌이킬 수 없는 현실이었다.

그렇대도 혼마치의 일본 상인들이 바라는 것처럼 그대로 주저앉을 수만은 없었다. 다음날 곧바로 선박을 전세 내어 지방의 화신연쇄점에 공급할 상품을 일본에서 긴급 수송해 들여올 수 있게 했다. 저녁에는 요릿집 명월관에서 미나미 총독과 마주앉았다. 미나미 총독에게 대뜸 입을 열었다.

"총독 각하! 제가 백화점을 보수할 때까지 맞은편에 자리하고 있는 종로경찰서 구관을 빌려주십시오."

종로통의 화신상회였던 서관 건물이 화재로 전소되고 만 뒤 서관 건물을 새로이 짓고 있는 공사 현장. 건물 밖으로 얼기설기 튀어나온 철근이 준공을 얼마 남겨두지 않은 전경이다.

미나미 총독은 경악했다. 비록 지금은 일본 순사들이 근무하고 있진 않다하더라도, 주요 서류며 각종 총기가 그대로 보관하고 있는 국가 소유의 공공건물이었다. 그것을 개인의 백화점으로 사용할 수 있도록 빌려달라는 얘기였다.

박흥식은 주장을 굽히지 않았다. 화신백화점이 전소하고 만 데에는 총독 휘하의 소방서 때문이라는 이유도 들었다.

"경성의 인구가 40만 명인데, 소방차가 겨우 30대 밖에 되지 않은 건 문제였습니다. 더구나 30대 중에 사다리차 한 대도 없다는 건 더 큰 문제였습니다. 총독 각하께서도 현장에서 지휘를 하셨지만 화신이 몇 층입니까? 불길이 2, 3, 4층으로 자꾸만 치솟아 올라가는데도 소방 호스는 기껏 1층에서만 맴돌고 있었으니. 결국 그런 결과가 나온 것이라고 생각합니다."

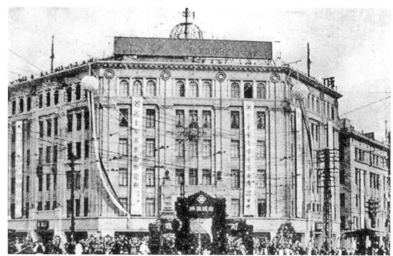

어이없는 대화재 이후 2년여 공사 끝에 마침내 완공되어 1937년 11월 11일 신축 개점한 화신백화점 본관 개점 당일의 전경이다. 신축한 화신백화점의 본관 옆에 보이는 건물이 동아백화점이었던 동관 건물이다.

박흥식은 소방서의 책임을 들먹였다. 아울러 미나미 총독의 무관심으로 화신백화점이 전소된 것이라고 생떼를 부렸다. 그러니 화신백화점 맞은편에 자리하고 있는 종로경찰서(지금의 SC제일은행 본점 자리) 구관을 사용할 수 있게 해달라고 줄기차게 요구했다.

미나미 총독은 말문이 막혔다. 딱히 거절도 승낙도 하지 못한 채 자리를 떴다.

결국 며칠 뒤 낭보가 날아들었다. 종로경찰서 구관 사용을 승인해준 것이다. 언론이 일제히 들고 일어났으나, 오히려 명분이 있다며 총독부가 뒷수습에 나섰다.

그로부터 두 해가 지났다(1937). 드디어 종로통에 새로운 건물이 완공되었다. 연건평 3,011평에 지하 1층 지상 6층 높이의 화신백화점이 화려한 위용을 선보였다. 당시 이 건축물은 혼마치의 미쓰코시, 조지야, 히라다, 미나카이백화점보다도 규모가 더 큰 경성 상계의 최대 백화점을 자랑했다.

> 지하 1층 - 식료품점, 실연장, 사기 일용품점
> 1층 - 양품점, 화장품점, 여행안내점
> 2층 - 신사양품점, 침구점, 주단포목점, 미술품점, 시계점, 귀금속점,
>   안경점, 견본실
> 3층 - 부인자공복점, 완구점, 수공품점, 조화점
> 4층 - 서점, 운동구점, 문서구점, 신사양복점, 점원휴게소
> 5층 - 대형식당, 조선물산점, 모기매장, 사진기재료점
> 6층 - 그랜드 홀, 스포츠 랜드, 전기점, 가구점, 모델 룸
> 옥상 - 상설화랑, 사진점, 미용실, 원경 용품점, 옥상정원

더구나 새로이 태어난 화신백화점은, 그동안 남촌의 혼마치에서나 구경할 수 있던 근대 르네상스식 건축양식으로 구석구석 화려하기 그지없었다. 그것도 모자라 '올라갈 때는 공중에 붕 떠오르는 것 같고, 내려올 때는 공중에서 스르르 떨어지는 것 같아서 누구든지 어지러워했다'라는 엘리베이터와 '곤두박질칠 것 같아서 타기를 꺼려했다'라는 에스컬레이터 시설까지 만들어 놓아 장안 사람들을 설레게 만들었다.

그뿐 아니라 옥상인 7층에는 드넓은 정원까지 꾸며져 있었다. 거기서 아래를 내려다보면 어지러움을 느끼면서도 신기했다.

종로통으로 걸어 나와 화신백화점을 올려다보아도 현기증이 났다. 당시엔 '까맣게 높다'라고 저마다 찬사를 아끼지 않았다.

저녁이 되면 6층 꼭대기에서 반짝이는 '네온사인'이라는 것도 마냥 신기했다. 전구가 촘촘히 꽂힌 높이 1m 길이 10여 m쯤 되는 네온사인 판이 자동적으로 점멸하곤 했다. 불이 꺼졌다 켜졌다를 반복하며 글자가 나타났다 사라져 마치 돌아가는 것처럼 느껴졌다.

…요사히 종로 네거리를 지나는 사람이면 으레히 6층의 건물로 샛하얀 신장을 차린 화신백화점의 위용을 한 번씩은 가는 발을 멈추고 처다보고 간다….

화신 본관의 6층 누상에는 높히 '화신'의 표를 그린 붉은 깃대가 창천에 높히 훨훨 휘날니고 잇고, 신관 정면으로는 울긋불긋한 커다란 꽃다발 두 개가 달녀 잇서 이른 아츰부터 말숙하게 차리고 거리로 흘너 단이는 수만흔 사람들의 시선을 한 군데로 집중 식히고 잇다…[13].

" 한국 자본주의 메카, 종로통 상가의 풍경 "

같은 시기 「삼천리」잡지는 경성 상계의 자존심이랄 수 있는 종로통의 상가 풍경을 산책하면서 비교적 생생하게 그려내고 있다. 신식 대형 건물의 상점들이 날로 늘어가면서 계속 발전해 간다면, 머지않아 남촌의 혼마치 상가가 종로 상가의 뒤에 서게 될지도 모른다는 다소 희망 섞인 흥분도 감추지 않는다. 하지만 이런 희망 섞인 흥분도 겉으로 드러난 풍경만을 보고 느낀 것일 뿐, 이면의 실상을 들여다보면 깊은 우려를 하지 않을 수 없다고도 솔직하게 고백한다.

이유는 명백했다. 종로 상가에서 조선 상인들이 소유하고 있는 점포가 과연 얼마나 되는지 의문을 품는다. 종로 상가 일대의 점포 소유권이 조선 상인들의 손을 떠나 일본의 자본가에 넘어가 있는 곳이 많고, 또 앞으로도 수가 늘어갈 것으로 추정된다며 한숨짓기도 한다.

그러면서 종로 상가의 대표주자인 화신백화점의 분투를 덮어놓고 빌어본다. 박흥식에게 동아백화점을 넘기고 만 최남의 재기도 촉구한다.

또 같은 시기를 통과해가고 있는 황금광의 열풍(1930~1939)에 대해서도 빼놓지 않는다. 금과 은의 매입상이 종로(3가 일대) 상가에 격증한 것이 이채롭다고 지적하고 있다.

끝으로 산책자는 진정한 실력이 뒷받침된 종로 거리의 상가를 간절히 바란다. 그런 상가의 봄을 간절히 기다리는 것으로 산책을 마친다.

…이와 가치 종로 상가 일대는 거트로 발전되어 간다고 하지만 실제에 잇서 그 이면을 가지고 생각한다면 그 발전의 그대로만 긍정하고서 기쁜 맘을 갖기가 어렵다. 그런데 오늘에 잇서 종로 상가 일대의 진용이 근년에 얼마만 한 변천을 보고 잇는가. 이에 대하야 주요한 상업별로 드러서 살피면 다음과 같다.

첫재로 종로 상가의 외아들 격인 화신백화점을 보자. 미쓰코시, 조지야, 히라타 등의 백화점도 그 경영이 어려운 처지에 잇는데 이것을 대항하는 지위에서 고난분투하는 화신의 용약은 종로 상가로서 자랑거리다. 나는 이 화신에 대하야 말하고 십은 바가 업지 안흐나 이곳에서는 그것을 피하고 또는 다소 불비不備의 점이 잇다고 하더라도 종로 상가의 번영을 위하야 더퍼놓고 그 성장을 빌 수밖에 업다….

화신을 말한 끝으로 생각나는 것은 동아백화점을 한때 경영하엿든 최남 씨에 대한 소식이다. 그는 동아백화점을 화신에 넘기고 다시 동아부인상회와 견포상인 동순덕東順德 지배인으로 하여금 경영케 하는 정도에 끄치고 그 이상의 활약을 한다는 말이 안 들닌다. 간혹 남선북마로 광맥을 차지러 단기는 것을 보앗다는 소식이 전할 뿐이다. 종로 상가를 위하야 유위有爲한 청년실업가인 최 씨의 재활약을 바라고 십

종로 육의전의 5백년 전통을 이어 한국 자본주의 메카로 떠오른 종로통의 상가 풍경. 사진의 왼쪽부터 화신백화점의 본관과 서관, 길 건너편에 유창상회와 종각이 눈에 들어온다.

다….

　다음에 견포 도매상이 만히 늘흔 것이 눈에 띄인다. 이것은 만보산 (만주사변) 사건 이후 화상華商의 철거로 이곳에 조선 상인이 늘게 되엇고 또 그 뒤 물가등귀로 만흔 이익을 본 모양이다. 그러나 이들 중 대부분은 무정견無定見의 경영 방침을 가지고 나아가는 사람인 것은 귀감된 점이다.

　그리고 잡화상에 잇서는 덕영상점이 상당한 활약을 하는 모양이다. 그러나 이것은 한때 최남 씨가 쓰든 솜씨 그대로 종로 일대에 지점을 만히 두는 것은 그다지 새로운 맛이 잇서 보히지 안는다.

　끄트로 새로운 것을 차진다고 하면 나는 두 가지를 들고 십다. 첫재로 전화상이 만히 느른 것, 둘재로는 광산열로 광업상담소 또는 금은 매입상이 격증한 것이 최근 종로 상가의 이채가 아닐는지 생각한다.

지금까지 말한 것은 적확한 수자적 증명을 들지 못한 만큼 다만 추상적 또는 단편적 소감에 끄친 것을 스사로 사罪하는 바이다. 그러나 오늘에 잇서 종로 상가 일대의 실정만은 그 테안에서 헤매이고 잇는 것이 거의 사실일 것으로 밋는 동시에 실력이 상반되는 종로 상가의 봄다운 봄이 오는 발전이 잇기를 빌고 비는 바이다…[14].

이어 「삼천리」잡지는 혼마치의 일본 백화점들과 종로 화신백화점의 연중 고객 수를 집계하면서, 나름대로 백화점의 서열을 공개하기도 했다. 그 결과 연중 미쓰코시백화점이 12만6,000명, 화신백화점이 11만7,000명, 조지야백화점이 9만5,000명, 이어 미나카이와 히라다백화점이 뒤를 잇고 있는 것으로 나타났다. 경성의 인구수가 40만 명 남짓인 것을 감안하면 얼마나 많은 사람들이 백화점을 찾는지 짐작해볼 수 있다. 또 이 같은 백화점의 서열은 8·15해방(1945)을 맞이할 때까지 별다른 변동이 없이 그대로 이어진 것으로 전해진다.

제11장

상업자본에서 산업자본으로의 진화

"

해외에서 맨손으로 일궈낸 근대 기업가들

"

한일병합(1910) 이전까지만 하여도 일본에 거주하는 조선인은 불과 얼마 되지 않았다. 유학생을 포함하여 고작 790여명 정도였다. 그러다 일본으로의 이주가 시작된 건 한일병합 이후부터였다. 일본에서 외국인 노동자 입국 제한이 조선인에게는 적용되지 않게 됨에 따라 조선인들의 일본 이주가 본격적으로 시작되었다.

한편 한일병합을 계기로 일본의 식민지 정책이 본격화되면서 일본인들의 조선 이주도 봇물을 이뤘다. 「조선총독부 통계 연보」에 따르면 한일병합 직후 17만여명에 달하던 재선 일본인이 1920년에는 34만명을 넘어선데 이어, 1930년에는 50만명 이상으로 급증했다.

이렇게 보면 재일 조선인의 증가는 이 같은 일본인들의 조선 이주와도 무관치 않아 보인다. 일본에서 자국민이 빠져나간 노동력의 부족을 메우는 동시에, 값싼 노동력을 필요로 하는 상황 때문에 적극적으로 이루어졌다고 밖에 볼 수 없다.

더욱이 조선인들의 일본 이주는 그 경위가 다양했다. 강제 연행으로

1930년대 오사카 거리. 한일병합 이후 조선인들의 일본 이주는 그 경유가 다양했으나, 유난히 오사카에 많은 이들이 정착해 살기 시작한 건 오사카가 손쉽게 정착할 수 있는 상업도시였던 탓도 컸다.

끌려간 이가 대다수를 차지했으나, 유학이나 취업을 목적으로 현해탄을 운항하는 관부연락선에 몸을 실은 이들 또한 적지 않았다. 또 그들 가운데는 일본에 눌러앉은 이도 많았다. 일본사회에서 어느 정도 생활 기반이 조성되었기 때문에 가능한 일이었다.

그렇더라도 모든 게 낯설기만 한 이국에서, 그것도 차별과 편견이 심한 일본사회에서 뿌리를 내린다는 건 결코 쉽지 않았다. 시작부터 말할 수 없는 역경에 처할 수밖에 없었고, 차별과 편견이 심한 사회 환경 속에서 생존하기 위해서 갖은 노력과 인내가 필요하지 않으면 안 되었다.

더구나 일본에서 대학을 졸업해도 대부분 취직이 되지 않았다. 생계유지를 위해서 자영업에 뛰어들 수밖에는 없었다. 그것도 일본인들이 기피하는 이른바 3D 업종이 대부분이었다.

하지만 어려운 환경과 처지에 내몰렸기에 더 강했다. 의지를 가질 수 있었으며, 도전정신을 잃지 않으면서 꿈을 키워나갔다.

그 같은 과정 속에서 마침내 자신의 활로를 스스로 개척하여 성공한 이들 또한 없지 않았다. 심지어 공장 근로자로 오랫동안 고생하면서 어깨 너머로 기술을 습득해서 차별과 편견이 심한 일본사회에서 기업을 일궈낸 이들마저 생겨나기에 이르렀다.

대표적인 인물이 '코오롱그룹'의 창업자 이원만이다. 이원만은 28세가 되던 1932년 단신으로 일본에 건너갔다. 신문팔이를 시작으로 알루미늄 공장에서 일을 하며 푼푼이 돈을 모아, '아사히공예'라는 광고용 모자 가게를 개업했다. 모자 가게를 시작으로 태평양전쟁(1941) 중에는 소규모 피복 생산 공장을 경영케 되었는데, 때마침 전쟁 특수 경기를 누리면서 꽤 재산을 모았다. 코오롱그룹의 씨앗이 그렇게 뿌려지기 시작한 것이다[1].

'기아자동차'의 창업자 김철호 역시 빼놓을 수 없는 재일 조선인 기업가였다. 가난한 농촌에서 태어난 김철호는 18세가 되던 1923년 관부연락선을 타고 일본으로 건너갔다. 오사카에 정착한 그는 처음 한동안 막노동을 했다. 그러다 얼마 지나지 않아 성실성을 인정받아 직장 책임자의 소개로 철공소 직공이 되었다. 물론 그가 기계에 흥미를 가진 덕택이었다.

김철호는 7년여 동안 철공소에서 묵묵히 일하며 익힌 기술과 노하우를 밑천삼아 독립했다. '삼화제작소'(1930)라는 자전거 부품 및 볼트 너트를 만드는 작은 공장이었다.

'류타오거우 사건'은 일본의 관동군이 중국의 만주를 침략하기 위해 벌인 자작극이었다. 사건 발생 이후 일본 측이 제시한 이른바 물증이라는 게 고작 동북군의 군모, 소총, 불에 탄 철도 침목이 전부였다.

때맞춰 행운마저 따라주었다. 당시 일본은 만주사변(1931)을 일으키면서 본격적인 대륙 침략에 나서던 시기였다. 때문에 전쟁 특수 경기를 톡톡히 누리면서 적잖은 재산을 모을 수 있었다. 8.15해방 직전인 1944년 여름에 금의환향한 뒤 오래지 않아 기아자동차를 창업케 되었다[2].

'한일합섬'의 창업주 김한수 또한 재일 기업가였다. 경남 김해에서 태어난 김한수는, 1935년 부산에서 시모노세키행 관부연락선에 몸을 실었다. 오사카에 정착하게 된 그는, 야간에는 고노하나상업학교에서 주경야독을 하며 포목상점을 경영하는 기업가로 성장해나갔다. 해방 직전인 1944년에 귀국하였을 때 1,500엔이라는 당시로선 거액을 들고 들어와 '경남모직'을 설립했다[3].

경남 울주에서 태어난 신격호는, 학업 성적이 뛰어나 농업학교를 졸

태평양전쟁에서 일본의 패전이 짙어가는 가운데 일본 본토에 대한 미군의 공습이 잦아졌다. 사진은 일본의 패망을 재촉하는 오사카에 대한 미군의 공습이 있은 이후 처참한 거리의 풍경이다.

업한 뒤 종축 기사로 취직할 수 있었다. 하지만 보다 나은 삶을 위해서 상급학교에 진학해 학업을 계속해야 한다고 생각한 그는, 1940년 일본으로 유학을 떠나게 된다.

하지만 말이 좋아 유학이지 학비는 스스로 벌어야만 했다. 새벽에 일어나 우유배달을 하면서 와세다고등공학교에 진학할 수 있었다.

한데 재학 중에 누군가 자신에게 출자해준 이가 있어 창업을 했다. 결과는 실패였다. 공습을 받아 공장이 모두 불타버리고 말았다. 그렇대도 이때의 경험은 그가 훗날 기업가로 성장하는데 귀중한 밑거름이 될 수 있었다.

아무렇든 이때 떠안게 된 부채가 발목을 잡았다. 태평양전쟁에서 일본이 패망하며 조국은 해방을 맞이하였지만, 끝내 그는 귀국하지 못한 채 일본에 남을 수밖에 없었다.

하지만 해방 이듬해 와세다고등공학교를 졸업한 신격호는, 또다시 '하카리특수과학연구소'를 세웠다. 비누, 포마드 등 간단한 화장품을 만드는 회사를 설립하면서 짧은 기간 안에 큰 성공을 거두었다.

그러나 과잉 경쟁이 다시 발목을 잡았다. 사업의 수익성이 떨어지자, 이번에는 업종을 바꾸었다. 화장품 대신 '롯데제과'를 설립해 껌을 제조해서 판매하기 시작했다.

결과는 대성공이었다. 누구도 예상치 못한 공전의 히트를 기록하며 롯데제과를 일본에서 내놓으라 하는 종합 제과 회사로 키워냈다[4].

제주도 출신의 안재호는 보통학교(초등학교)를 졸업한 뒤, 13세 때 어머니를 따라 일본으로 건너갔다. 제주도민이 밀집해 있는 오사카에 정착하면서 죠토상업학교를 졸업했다.

더 이상 학업을 계속할 형편이 되지 않아, 16세 되던 해에 오사카합성수지화학연구소에 취직했다. 거기서 4년여 동안 기술을 익혔다.

그는 이 연구소에서 익힌 기술을 토대로 20세 때 후토화학공업의 전신인 대동라이트에 입사했다. 거기서 일하며 틈틈이 익힌 배운 안재호는, 다시 5년 뒤 퇴사하여 자기 회사를 설립하고 나섰다.

같은 해 오카사에서 '야스모토화학공업소'를 창업하면서 합성수지공업을 시작했다. 1947년에는 주식회사로 법인화한 뒤 사장에 취임함과 동시에, 대구모 합성수지 기업으로 도약하며 재일 한국인 기업으로서 이름을 올렸다[5].

경남 김해에서 태어난 김상호는 어렸을 때 부모를 따라 현해탄을 건

사진 왼쪽부터 코오롱그룹 창업자 이원만, 기아자동차 창업자 김철호, 한일합섬 창업자 김한수, 롯데
그룹 창업자 신격호, 오사카방직 창업자 서갑호 등이다.

넜다. 그의 부모는 건설 현장 등지에서 일용직으로 일하며 일본 각지를
떠돌았다.그러다 시가현에 정착해 땔감을 팔아 생활하게 된 것은 그가
14살 때였다.

　궁핍한 생활 속에서도 아이들 교육에 열심이었던 그의 부모는 김상호
를 고베고등공업학교에 진학시켰다. 졸업 후 그는 프레스 제조 공장에
취직했으나, 2년 뒤 일본이 패망하면서 그만 퇴사했다.

　하지만 일찍부터 비즈니스에 눈을 뜬 김상호는 좌절하지 않았다. 오
쓰시에서 산림업을 개업해 땔감을 팔기 시작했다. 그러다 생활 패턴의
변화로 땔감이 팔리지 않자 과감히 업종을 바꾸었다. 건설회사 건물을
매입하여 '가네하라유리공업소'를 창업했다. 한때 오사카역에서 파는
우유병이며, 밀크·커피병을 전부 몽땅 다 수주할 만큼 성공을 거두었다
6).

　경남 함양의 벽촌에서 태어난 박병헌은, 12살 때 보통학교를 중퇴하
고 형들을 따라 부산에서 관부연락선을 탔다. 도쿄에 정착하게 된 그는,
집 근처에 있는 혼무라소학교 야간부에 진학했다. 낮에는 펄프공장에서
일을 했다.

한쪽 다리를 심하게 절어 지팡이 짚고 선 일본 외무대신 마모루 시게미수가 도쿄만에 정박 중인 미군 전함 미조리함에서 천황을 대신하여 항복문서에 서명하기 위해 삐딱하게 선 채 기다리고 있다.

어린 나이에 공장에서 힘든 일을 해가며 저녁에는 다시 학교에 다녀야 했던 주경야독은, 그에게 학습과 단련이라는 소중한 기회를 만들어 주었다. 그가 훗날 여러 난관을 스스로 헤쳐 나가야 했을 때 결코 굴복하지 않는 힘이 되어준 것이다.

그렇더라도 종일 뼈가 부서지도록 일을 보았자 국수 한 그릇밖에 되지 않은 일당은, 결국 그에게 새로운 일자리를 찾아보도록 떠밀었다. 그렇게 옮긴 일자리가 후카자와제작소였다. 나사못을 만드는 공장이었는데, 아침 6시에 일어나 공장으로 향하면 밤늦도록 일을 해야 했다.

한데도 주경야독은 그만 둘 수 없었다. 어린 나이에 변변히 먹지도 못해 공장 일은 더욱 힘들 수밖에 없었다.

그래도 힘들게 일한 보람은 있었다. 태평양전쟁이 한창일 무렵에 형과 둘이서 도르래를 만드는 공장을 시작할 수 있었다. 그리고 미리 예측한 것은 아니지만, 때마침 전쟁 특수 경기를 타며 공장 운영은 그런대로 괜찮았다.

재일 거류민단 창단 10주년을 행사를 마친 뒤 한자리에 모였다. 박병헌은 민단 출범 때부터 활약하여 상임 고문 등을 맡았으나, 끝내 일본에 귀화하지 않은 민단계 재일동포들의 정신적 지주로 추앙받았다.

하지만 불행하게도 공습으로 인해 피땀으로 일군 공장이 순식간에 잿더미로 변하고 말았다. 목숨을 잃지 않은 것만으로 다행으로 여겨야 했다.

해방과 더불어 전문학교를 졸업하게 된 박병헌은, 고심 끝에 결국 일본에 잔류키로 결심한다. 일본에 잔류하며 동포 청년들과 함께 조선거류민단(이하 민단으로 표기) 결성에 힘을 쏟았다. 1973년에는 형과 함께 서울 구로공단에 전기 전자 부품회사인 '대성전기'를 설립하면서 국내 전기산업 발전에 뛰어들었다[7].

앞에서 잠시 언급했지만, 오사카방직의 서갑호(제2장 종로 육의전 마지막 후예, '대창무역'편 참조) 또한 유력한 재일 기업가였다. 그는 14세 어린 나이에 단신으로 관부연락선을 타고 현해탄을 건너가 오사카에 정착했다. 오사카에 자리한 포목 상점의 심부름꾼으로 들어가 포목 짜는 기술을 처음 접하게 되었다.

포목 짜는 기술을 익힌 그는 상점을 그만 두게 된다. 이후 사탕 판매, 폐품 회수, 타월 공장 등지에서 기계에 기름 치는 일 등 다양한 직업을 전전했다.

그러던 서갑호에게 전쟁은 예기치 않은 행운을 가져다주었다. 그동안 틈틈이 모아둔 돈으로 군수물자를 매매하며 기회를 잡아가던 그는, 종전 직후 폐기 처분된 방적기를 사모아 33세 되던 1948년 '판본방적'을 설립했다. 하나의 문을 열자 그 다음의 문은 쉽사리 열렸다. 곧이어 '오사카방직', '히타치방적' 등을 잇달아 매수하여 몸집을 불려나가며, 일본 방적업계의 기린아로 떠올랐다.

그 밖에도 재일 한국인들과는 이주 지역과 이주 이유가 다르긴 하다지만, '한국유리공업'의 최태섭 또한 빼놓을 수 없다. 1910년 평북 정주에서 태어난 그는, 오산학교를 졸업한 뒤 친구 아버지의 회사인 기선권농에 취직했다.

하지만 보다 큰 꿈을 안고 만주로 향했다. 당시 상업도시로 이름난 심양에서 새로운 일자리를 찾던 그에게 눈에 띄었던 것은 콩과 콩기름을 이용한 가공업이었다. 거기에 착안한 그는 폐기름을 이용하여 세탁비누를 만드는 '동화공창'이라는 작은 공장을 세웠다.

동화공창에서 만든 세탁비누는 이내 심양에서 가장 인기 있는 상품으로 팔려나갔다. 10평 정도에 불과하던 공장도 자꾸 커져가 수백 평에 달할 정도가 되었다.

이런 성공에 자신감을 얻은 최태섭은 자신이 중국어와 일본어에도 능통한 점을 살려 '삼홍상회'를 설립했다. 무역업으로 눈길을 돌렸다.

회사는 별반 크지 않았으나 만주에 진출해 있던 일본의 미쓰이, 미쓰비시, 조선질소와 같은 대기업과 거래를 했다. 이들 회사가 만주에서 콩이나 콩기름을 대량으로 수거한 것을 다시 매입하여 소매로 판매하는 중개무역으로 상당한 기반을 닦았다[8].

이처럼 유학이나 취업을 목적으로 어린 나이에 고국을 떠나 일본에서 혹은 중국 등지에서, 차별과 편견의 싸늘한 시선을 딛고 스스로 일어서기까지는 실로 눈물겨운 것이었다. 더구나 맨손으로 근대 기업을 일궈나가는 과정 속에서 스스로 학습하고 단련했던 이들의 경험은 참으로 유의미한 것이 아닐 수 없었다.

게다가 해방 직후 이들은 대부분 고국을 찾아 돌아왔다. 일본의 산업이 썰물처럼 빠져나간 폐허와 공허의 현장을 상당 부분 메울 수 있었다. 그때 축적한 자본과 경험을 토대로 본격적인 기업경영에 나서면서, '상계의 역사'를 중단 없이 써나가는 주역이 되는데 마다하지 않았다.

조선 최고 부자 민영휘의 최후

20세기 초 경성의 거리는 아직 누구도 경험하지 못한 혼란과 암울 그리고 경이의 연속이었다. '저녁에 솟헤 너흘 쌀이 업서' 어쩔 수 없이 고리사채업자에게 돈을 빌려 썼다가 미처 갚지 못해 '쥐 잡는 약을 먹고 죽어나는 이들'이 있는가하면, 지금 돈 약 10억 원이 넘는 유선형 자가용 승용차가 '아스팔트 우으로 쏘단이면서 시정인들의 말쑥말쑥한 옷자락에 몬지를 피우는' 시대였다.

이 시기 경성의 상계에 새로이 등장하게 된 상인들 가운데는 '뿌리 깊은 나무 바람에 흔들리지 않는다'라는 전통적인 지주경영자도 다수 포함되어 있었다. 대표적인 인물이 민영휘였다.

앞서 살펴본 것처럼 「삼천리」잡지는(1930년 11월호) 그를 가리켜 '조선에서 제일가는 부자가 누구이냐 하면 어른이나 아해이나 이구동성으로 민혜당(면영휘를 일컬음)이라고 똑가티 대답' 한다고 지목한다.

또 그의 부력을 말할 때면 재산의 출처를 놓고서 세상 사람들이 시비를 말한다는 것도 빼놓지 않는다. 아닌 게 아니라 '민씨의 재산에 대하야 출처를 차저서 말한다'라면 얼마든지 시비가 나올 법도 하다고 덧붙인다.

한데도 '조선에는 조선 사람을 위하야 할 일이 너무도 만허 갈피를 차리기 어려웁다. 이런 때인 까닭에 무엇보다도 사업가가 필요한 터이다. X(똥)무든 돈이라고 내어바리고 깨끗한 돈만 찾고 잇슬 때인 조선 사회가 아니라고 생각한다'라고 밝힌다.

그러나 민영휘는 이미 팔순의 고령이었다. 벌써 뒷전에 물러나 있는

조선 제일의 부자 민영휘. 휘문고등보통학교, 조선제사회사, 조선한일은행 등을 비롯해서 지금 돈으로 약 6,000억 원~7,000억 원 상당의 토지, 약 1,000억 원 상당의 부동산, 약 1,000억 원 상당의 주식 등 그가 남긴 재산은 약 1조4,000억 원 안팎에 달하는 것으로 알려졌다.

상태였다. 장성한 두 아들 민대식과 민규식이 고령의 아버지를 대신해서 경영을 도맡았다.

조선에서 가장 돈 많은 민영휘는 일찍이 영국의 검교대학(케임브리지대학)에서 경제학과를 유학하고 돌아온 장남 민대식에게 조선한일은행의 경영을 맡겼다. 민대식은 다시 이를 호서은행과 인수 합병시켜 자본금 400만 원(약 4,000억 원) 규모의 동일은행으로 재출범했다. 당시 경성의 상계에서 조선인이 경영하는 은행으로는 민대식의 동일은행을 비롯하여, 박영철의 조선상업은행과 김연수의 해동은행 단 세 곳 뿐이었다.

막내아들 민규식에게는 자동차회사를 맡겼다. 민규식의 자동차회사는 처음 한동안 순풍에 돛을 달고 순항했다. 하지만 혜성처럼 나타난 함

경도 북청의 시골뜨기 방의석에게 밀려 그만 택시회사를 접어야 했다. 이후 경성의 상계에서 민규식의 종적은 한동안 찾아보기 어려웠다. 자동차 업계에서는 물론 그 어디에서도 찾을 수 없었다.

그러나 민규식이 누구이던가. 조선 천지에서 가장 돈 많은 민영휘의 막내아들이 아닌가.

민규식이 다시금 경성의 상계에 모습을 드러낸 건 1930년대 중엽이었다. 경성 시내에 때 아닌 '삘딍' 건설 붐이 요란하던 시기였다.

그 무렵 경성의 양대 건설회사는 '한청사'와 '영보합명회사'였다. '종로통을 가노라면 반듯이 길 양편으로 하늘을 찌를 듯이 높히 솟아 제 키를 하늘에 자랑하듯 하는 두 삘딍을 볼 수 있으니' 한 쪽은 영보합명회사의 '종로삘딍'이고, 다른 한 쪽은 한청사의 '한청삘딍'이었다. 한청사는 장안의 대부호 한학수 소유였고, 영보합명회사는 민규식 소유였다.

하지만 민영휘의 두 아들은 기업경영에 별로 신통치 못했던 것 같다. 막내아들 민규식은 개항장을 통해 들여온 택시회사에 이어 막대한 자본력을 앞세워 영보합명회사에서 지은 '종로삘딍'을 최남에게 '동아백화점'으로 임대해주며 재기를 노렸으나, 끝내 뚜렷한 성과를 거두지 못한 채 이후 경성의 상계에서 잊혀져갔다.

장남인 동일은행장(조선한일은행+호서은행) 민대식 또한 다르지 않았다. 동일은행으로 합병하기 이전인 1930년까지만 해도 두 은행의 수익률은 8.0%(조선한일은행)와 9.6%(호서은행)로 비교적 양호했다. 한데 두 은행을 합병한 이듬해부턴 6.0%로 떨어진데 이어, 해마다 곤두박질쳐 결국 5.1%까지 하락했다(1936). 같은 해 경성합동은행이 10.9%, 호남은행이 14.3%, 조선상업은행이 6.4%, 한성은행이 6.6%를 기록한 전체 평균

민영휘의 장남 민대식은 일찍이 케임브리지대학에서 경제학을 공부하고 돌아와 조선한일은행 경영을 맡은 당대 최고 지식인이었다. 그는 조선의 요릿집보다 혼마치의 일본 요릿집을 더 즐겨 찾았다.

7.8% 수준에도 한참 못 미치는 저조한 수익률에 그쳤다.

그럼에도 민대식은 달라지지 않았다. 은행장으로서 교제하는 범위가 특수하기 때문인지, 아니면 자신의 취향 탓인지 확인할 길은 없다. 다만 확실한 것은 여전히 '명월관'이나 '식도원' 같은 조신요릿집을 내버려두고, 굳이 남촌의 혼마치 거리에 자리한 일본요릿집 '화월'이나 '그 별장' 등을 찾는 경우가 잦았다. 또 그런 일본요릿집에서 으레 고주망태가 되어 대개 밤 11시나 자정이 돼서야, 자가용으로 귀가한다는 소문이 당시 기록에도 나타나고 있을 따름이었다.

물론 수익률이 악화된 은행 경영 말고 이후 또 다른 사업에 투자했다거나 벌였다는 소문은 들리지 않았다. 사치와 향락, 돈 쓰는 일 말고는 눈에 띄는 활약상을 찾을 수 없었다.

더구나 이땐 세계가 대공황에 접어드는 시점이었다. 전통적으로 토지를 많이 소유한 지주경영 또한 수익이 현저히 줄어들었다. 때문에 토지를 붙잡는 대신 무언가 제2차 산업을 서둘러 찾아야만 했다.

이 같은 중요한 시기에 민영휘가 향년 83세를 일기로 세상을 떴다. 세간의 관심은 그가 남긴 막대한 유산에 쏠렸다. 이럭저럭 합산해도 4,000만 원(약 4조4,000억 원)에 달한다는 유산 말고도, 중국 상하이 모 외국계 은행에 적립시켜 놓은 것만도 수천만 원에 달한다는 소문이 끊이지 않은 터였다[9].

하지만 모 상하이은행에 적립시켜 둔 돈은 민영휘의 명의로 국가에서 공금을 맡겨놓았던 것으로 밝혀지면서, 그가 남긴 유산은 1,200~1,300만 원(약 1조3,200억 원~1조4,300억 원) 정도인 것으로 알려졌다. 두 아들의 잇따른 사업 실패로 말미암아 과거에 비하면 재산이 반 이상 줄어든 액수였다.

민영휘의 유산은 아들들에게 골고루 분배되었다. 장남인 민대식에게 4만 석지기 토지에 현금 수백만 원이 돌아갔고, 둘째아들 민천식(이미 사망하여 미망인의 몫)에게는 4만 석지기의 토지와 현금 수만 원이, 막내아들 민규식에게는 3만 석지기 토지와 현금 수만 원이 나누어졌다.

그러나 이후 동일은행의 민대식도, 영보합명회사의 민규식도 경성의 상계에서 이름을 슬그머니 감추고 만다. 다만 태평양전쟁 말기(1944)에 민대식의 이름이 잠깐 비췄다. 화신백화점의 박흥식이 주동이 되어 경성 상계의 유력 기업인들과 공동으로 조선비행기공업주식회사를 설립했을 때 이사 명단에 이름을 올린 것이 마지막이었다.

동방의 파리로 불렸던 반짝반짝 빛나는 중국 상하이 거리. 민영휘는 상하이의 모 외국계 은행에 적립시켜 둔 재산만도 어마어마했던 것으로 알려졌다.

이듬해 곧바로 8.15해방이 되면서 기업인들에게 또다시 황금기(?)가 찾아왔을 적에도 그는 보이지 않았다. 태평양전쟁을 패배하면서 일본인들이 한국에 남겨두고 떠난 숱한 공장이며 산업시설, 기업체 등의 적산기업을 사실상 국내 기업인들에게 거저 나누어주다시피 한 명단에서조차 그들 형제의 이름은 끝내 찾아볼 수 없었다.

다시 말해 전환기의 역사 속에서 기업의 몸집을 불리는데 실패했다는 건 이미 경쟁력을 상실하고 만 채 일찌감치 뒷전으로 밀려났음을 반증했다. '부자 3대 가기 어렵다'는 옛말은 당대 최고의 부자였던 천만장자 민영휘와 그의 아들들에게도 예외가 아니었던 셈이다.

"
김연수, '산업의 아버지'가 되다
"

일제강점기 수당秀堂 김연수와 경성방직(이하 경방)은 「상계의 역사」에서 매우 뜻 깊은 의미를 갖는다. 그는 우선 당대에 흔치 않게 대학에서 정규교육을 받은 첫 세대였으며, 전통적인 지주에서 부르주아화 한 기업가였다. 또한 개인 회사에서 주식회사로 기업을 진화해나가는데 장벽이 높기만 했던 일제 강점기에, 근대 기업의 한계와 굴레를 뛰어넘어 대기업으로까지 발돋움시켜낸 첫 사례라는 점에서 주목된다.

더욱이 그가 경성방직을 일본의 선진 기업들과 견줄만한 대규모 산업으로 성장시켜나간 과정은 곧 한국 자본주의의 성장과 단련의 과정이기도 했다. 뿐 아니라 그런 기업적 학습과 단련은 오늘날의 삼성 · 현대 · SK · LG 등과 같은 글로벌 대기업을 낳은 첫 시작점이었다는 점에서, 김연수의 경방은 근대 산업을 대표하는 역사성마저 갖는다.

김연수는 호남 대지주의 둘째아들로 태어났다(1896). 16살 때 일본으로 유학을 떠나, 아자부중→교토 제3고→교토대학 경제학과를 졸업한 뒤 26세에 귀국한다.

이보다 앞서 일본 유학을 마치고 돌아온 맏형 인촌仁村 김성수 (제2대 부통령)는 이미 민족교육(보성전문→고려대)과 민족언론(동아일보) 사업으로 분주한 나날을 보내고 있었다. 그러던 어느 날 조선인들이 옷을 만들어 입기 위해 일본에

경성의 포목업자와 자본가들이 합자로 설립한(1910) 경성직뉴는 당대 조선인 공업회사 가운데 규모가 가장 컸다. 김성수가 이를 인수하여 민족기업 경성방직의 모태로 삼았다.

서 들여오는 광목 값으로 한 해 2,700만 원(약 2조7,000억 원)이 새어나간다는 얘길 우연히 전해 듣게 된다.

그는 결심한다. 우리의 옷은 우리가 만들어 입기 위해서라도 반드시 민족 산업을 일으켜야한다는 일념으로, 경영난에 빠져있던 경성직뉴를 인수했다.

하지만 경성직뉴의 빈약한 생산시설만으론 밀려드는 일본산 광목과 경쟁이 되지 못했다. 보다 근대적 대규모 생산시설을 갖춘 직포회사를 설립하지 않으면 안 되었다. 그렇게 시작된 것이 경성직뉴를 확대시켜 설립한 민족 기업이 경성방직이었다.

모든 시작이 그렇듯 첫 출범은 힘겨웠다. 무엇보다 100만 원(약 1,000억원)이라는 막대한 자본금을 모으는 일이 쉽지 않았다. 일본 미쓰이물산이 부산에 세운 조선방직의 자본금이 500만 원(약 5,000억 원)이었던

것에 비하면 턱없이 작은 액수였으나, 당시의 경제 형편으로 볼 때 가히 천문학적인 거금이었다.

한데도 김성수는 경방의 자본금 100만 원을 몇몇 유력 부호들에게 손쉽게 충당할 생각이 전혀 없었다. 경방의 설립 취지에서 밝히고 있는 것처럼 '1인1주'의 주식 공모에 뜻을 두었다. 1주당 50원(약 500만 원)씩 모두 2만 주를 발행할 계획이었다. 경방이 어느 개인이나 몇몇 소수의 회사가 아닌 민족 기업, 민족의 산업이 되기를 희망했다.

김성수는 전국을 돌아다녔다. 각 지방의 유지들로부터 직접 주식을 공모하고 나섰다.

하지만 고리사채나 토지투자 등으로 단기적 이익을 올리는데 재미를 붙이고 있던 지방의 유지들은 냉담했다. 성공의 여부조차 아직 불투명하기만 한 방직공장 설립에 선뜻 투자하겠다는 이는 많지 않았다. 그나마 민족교육과 민족언론에 뜻을 세운 젊은 선각자라는 명망이 있었기에 주식공모가 겨우 가능한 일이었다.

그렇듯 어렵사리 주식공모가 이루어져 출범하게 된 경방의 주요 발기인, 임원, 주주들의 분포는 폭 넓었다. 지금의 북한 지역에서부터 서울·경기·충청·호남 및 영남을 포함하고 있을 뿐더러 직업 또한 다양했다. 전통적인 양반과 대지주에서부터 은행가, 일반 상인 등에 이르기까지 전국 각지의 뜻있는 자들을 망라했다.

주식공모에 이어 경방은 황금정 1정목(지금의 을지로 1가)에 사옥 부지를 매입했다. 사옥 건설에 들어가는 한편 영등포에 공장용지 1만6,000평을 매입했다. 마침내 영등포 공장이 준공되자(1923) 제품 생산에 들어갔다. 종업원은 모두 조선인이었으며, 공장의 정문에다 아예 '우리 공장은

'1인 1주' 공모로 민족 기업 설립에 취지를 두고서 출범한 경성방직의 영등포공장 건설 현장.

조선인만 채용합니다'라고 써 붙이기조차 했다.

출범 당시 조직의 체계는 명망 높은 사회 원로를 경영진에 모신다는 원칙에 따랐다. 철종(25대) 임금의 사위로 갑신정변(1884)의 주역이었던 박영효를 초대 사장으로 추대한다. 전무에 박용희, 지배인에 이강현, 서무에 김성집, 회계에 이희승 등으로 구성되었다. 대부분 일본에서 정규 대학 교육을 받은 당대 엘리트들이었다.

그렇더라도 기업경영에 있어서는 모두 풋내기일 수밖에 없었다. 당시 김성수는 28세, 박용희는 34세, 이강현은 31세에 불과했으며, 사회활동 경력이 채 10년도 되지 않은 청년들이었다. 더구나 기업을 경영해본 경험이라야 고작 2~3년이 전부였다.

일천한 경험은 경방의 출범과 함께 곧바로 불거져 나왔다. 경방 출범 첫 해 말(1919)과 이듬해 정월 사이, 단기 이익을 노려 여유 자금을 잘못

경방은 민족 기업답게 사회 원로들을 경영진에 참여시켰다. 사진의 오른쪽은 철종의 사위였던 박영효, 사진의 왼쪽은 회계를 맡은 이희승. 이희승은 훗날 딸깍발이 국어학자로 활약했다.

투자했다가 위기에 내몰렸다. 경방의 초보 경영진은 이 시기 면제품 가격의 급등세에 그만 현혹되어, 영등포공장 건립 자금으로 면제품 투기거래에 나섰다 총 13만2,550원(약 132억5,500만 원)의 손실을 입고 말았다. 회사 설립 이후 불과 반년여 만에 자본금의 절반가량을 날리고 만 것이다.

경방의 초보 경영진은 중역회의를 열고 회사의 해산까지 논의하기에 이른다. 가뜩이나 경제불황의 한복판에서 막대한 사업자금까지 날리고 말았으니, 이젠 꼼짝없이 회사 문을 닫을 수밖에 없다고 결론지었다.

창업주 김성수의 생각은 달랐다. 3·1운동(1919) 이후 고조된 민족의식의 소용돌이 속에 출범하며 민족에게 한가닥 희망을 안겨주었던 경방의 문을 결코 닫을 수 없었다.

그는 우선 공장 건립과 설비 도입을 중단 없이 추진해나가는 한편 시급한 추가적 자금문제 해결에 발 벗고 나섰다. 집안의 토지를 담보로 식산은행으로부터 자금을 차입한데 이어, 주주들에게 추가 납입을 호소했다.

하지만 주주들은 손사래 쳤다. 더 이상 가망이 없어 보인다며 모두가 외면했다. 결국 혼자서 경방의 지분을 떠안지 않으면 안 되었다.

결국 김성수는 일본 유학에서 돌아온 동생 김연수를 불러들였다. 위

일본 유학시절 맏형 김성수(왼쪽)와 동생 김연수(오른쪽). 김성수는 와세다대학 정치경제학부를 김연수는 교토대학 경제학과를 졸업한, 당대에 흔치 않게 대학에서 정규 교육을 받은 1세대 기업가였다. 맏형 김성수는 동아일보와 고려대학교를, (오른쪽 사진)김연수는 경성방직과 삼양사의 경영을 맡았다.

기에 처한 경방의 경영을 동생 김연수에게 맡기고, 자신은 민족교육과 민족언론 사업에만 전념코자 했다.

김연수도 맏형의 권유에 따랐다. 일본을 오갈 때마다 도처에 즐비하게 늘어서 있는 공장의 굴뚝들을 목격하면서, 산업을 일으켜 민족경제의 자립에 뜻을 둔 그였다. 일본 유학을 마치고 귀국한 이듬해(1920), 경방의 총 주식 2만주 가운데 절반에 가까운 9,274주를 인수하면서 경영에 뛰어들게 된다.

경방은 김연수를 중심으로 새롭게 진용을 짰다. 다시 설비를 들여오고 기술자와 직공을 훈련시켜 마침내 제품 생산에 들어갔다. 이 같은 준비 과정은 지금껏 보지 못한 사전 문법이었다. 초기 기업인들과는 전혀 다른 면모를 보여주었다.

첫째, 사업에 대한 확고한 의지가 있었다. 비록 최초 납입 자본금의 절반가량을 까먹는 치명적인 실수를 범하기도 하였으나, 주주와 임원들을 설득하고 자신의 부모를 이해시켜 사업을 계속하는 끈질긴 면모를 보였다.

둘째, 경방의 재무구조를 탄탄한 기초 위에 올려놓았다. 종래의 조선인 회사들은 흔히 과도한 고액 배당으로 회사의 자금을 빼내어가곤 하였으나, 이들은 사업에 필요한 자본금의 추가 차입을 통해서 필요 자금을 충당해나갔다.

셋째, 당대 최고의 젊은 지식인 그룹이었다. 비록 기업경영의 경험이 일천하다는 것만 뺀다면, 경제학·정치학·법학·공학 전공의 다양한 지식 배경을 지녔다. 아울러 실천의지와 책임의식이 여느 기업가들보다 뚜렷했다.

넷째, 선진 기술을 학습 받았다. 경방은 출범과 동시에 조선과 일본에서 공업고등학교 졸업자들을 대거 확보하고, 또 그들을 일본에 파견하여 선진 기술을 연수받았다.

다섯째, 정부에 대한 교섭력은 물론 사회여론까지 형성할 수 있는 역량을 갖추었다. 이들에게 원군 역할을 하는 김성수의 동아일보 등을 통해서 자신들의 요청을 총독부에 전하고, 또 일반 사회에도 직접 호소할 수 있었다. 때문에 제품을 생산하기 시작하면서 생존 테스트에 들어갔을 때 보이지 않는 배경이 될 수 있었다.

사실 이런 내용들은 당대 다른 조선인 기업에선 찾아보기 어려웠다. 설령 찾는다하더라도 극히 제한적이거나 부분적일 따름이었다.

그런 결과 경방은 초기 위기에서 벗어나자마자 해마다 생산량을 늘려갈 수 있었다. 출범 첫 해(1923)에 3만8,652필이던 포목 생산량이 6년

(1929)이 지났을 땐 19만9,351필로 5배 이상 늘었다. 그렇더라도 1920년대 말까지 경방은 전체 포목 시장에서 아주 작은 비중을 차지하고 있을 뿐이었다.

무엇보다 제품을 판매하기 위해서는 제품을 취급해줄 판매점이 필요했다. 판매점의 확보 없이 시장진입이 불가능했던 것이다.

당시 경방보다 한발 앞서 생산을 시작한 미쓰이물산의 조선방직은 일본의 도요면화에 판매를 위탁했다. 도요면화는 면화 및 면사포의 국내외 유통망

김성수와 김연수 형제가 세운 민족교육 보성전문(고려대)과 민족기업 경성방직. 경방은 상업자본의 시대에서 산업자본의 시대로 상계의 역사를 연 첫 주춧돌로 기록되고 있다.

을 장악한 전문 판매상사였다. 이에 따라 조선방직은 판로 개척에서부터 판매 대금 회수에 이르기까지 별다른 어려움이 없었다.

그에 반해 경방은 그런 조건이 되지 못했다. 도요면화와 같은 거대 판매상사는 물론 각 지역의 유력한 조선인 면사포 상인들조차 경방의 제품을 거의 취급하지 않았다.

이유는 간단했다. 국내 주요 면사포상점을 독점하고 있는 일본인들은 경방이 조선인 기업이라며 거들떠보지도 않았다. 또한 각 지역의 조선인 면사포 상인들조차 경방의 인지도가 일본 방직회사의 브랜드에 비해

경방 영등포공장의 사무동. 100년의 세월이 지나면서 지금은 경방의 타임스퀘어 카페로 이용되고 있다. 역사적 산업적 가치가 높은 등록 문화재 135호로 지정된 근대 건축물이다.

현저히 뒤져 판매상 실익이 적다는 점에서였다.

경방의 젊은 경영진은 이 같은 문제를 타개할 세 가지 전략을 수립했다. 첫째, 경성을 비롯한 중심부 시장을 공략할 수 없는 상황에서 주변부 시장부터 착실히 파들어 간다는 거였다. 둘째, 경방이 민족 기업이라는 민족 정서에 적극 호소한다는 거였다. 마지막으로 조선인 기호에 알맞은 맞춤식 제품을 생산하는 거였다.

예기치 않은 행운마저 경방의 손을 들어주었다. 일본이 경제 불황으로 인한 사회적 불안을 이기지 못해 만주에서 전쟁을 일으켰다. 꼭두각시 국가인 만주국(1931)을 세웠다.

만주국이 세워지면서 전에 없이 급속한 공업화와 도시화, 그로 인한 경제 성장으로 이어졌다. 일본이 중국 대륙으로 세력을 확장시켜 나가는 가운데 조선 상계의 경제 또한 급속한 확장의 기회를 맞게 된 것이다[10].

경방의 경영진은 조선의 면방직시장에서 수입대체 여지가 크다고 판단했다. 이에 따라 증설 투자에 나섰다. 자본 차입을 통해서 설비를 대폭 확장시켰다. 일본의 대규모 방적 기업에 뒤지지 않는 속도였다.

하지만 김연수의 경방은 깊은 고민에서 헤어날 줄 몰랐다. 설비 증설로 생산량이 크게 늘었으나 시장 환경은 여전히 요지부동이었다. 방직공업의 눈부신 성장에도 불구하고 시장의 수익성은 저조하기만 했다.

고뇌 끝에 찾은 답안이 몸집을 보다 늘려 방적공장까지 겸하자는 거였다. 방직공장만으로는 수익성이 낮아 일본의 대규모 방적 기업에 맞서 경쟁할 수 없다고 판단한 것이다.

결국 경방은 방적공장 건설에 경성방직의 자본금보다 많은 174만원 (약 1,740억원)을 대거 투자했다. 이에 따라 경방은 방적기 2만5,600추와 방직기 896대를 갖추게 되면서, 1930년대 조선 상계의 공업화를 이끌었던 미쓰이물산의 조선방직·도요방적·가네가후지방적과 함께 '조선 4대방大紡' 체제의 일원으로 당당히 어깨를 나란히 할 수 있었다.

이처럼 체질을 강화한 경방은 조면·제사·직포·염색 가공에 이르는, 모든 공정을 일관 처리할 수 있는 종합 면방직기업으로 거듭 탄생했다. 자본·설비·기술·경쟁·조직 면에서 비로소 근대기업의 한계를 뛰어넘을 수 있었다. 일본의 산업과 조금이라도 경쟁이 된다 싶으면 철저히 봉쇄당하면서 자본금 100만원대 이상의 민족기업을 찾아볼 수 없는 가운데, 경방의 자본금은 무려 1,000만 원(약 1조 원)까지 늘어났다(1942).

경방의 수익성 또한 민족 기업 가운데 단연 으뜸이었다. 같은 시기 경방이 매분기 70만 원(약 700억 원)대의 순이익을 올린 데 반해, 경성 상계

30여 년 동안 농업, 광업, 광업, 임업 등 하는 일마다 실패를 거듭하다 29번의 도전 끝에 53세 때 노다지를 캐내면서 마침내 팔자를 고친 금광왕 이종만. 1938년 이종만은 대동광업, 대동광산조합, 대동농촌, 대동출판, 대동전문학교 등 5개 거대 사업체를 이끌었다.

의 대표기업이랄 수 있는 박흥식의 화신백화점이 8~18만 원(약 80억 원~180억 원), 금광왕 이종만의 대동광업이 12~17만 원(약 120억 원~170억 원), 6대 은행 가운데 민규식의 동일은행(현 우리은행)이 13~17만 원(약 130억 원~170억 원), 한상룡의 조선생명보험이 4~5만원(약 40억 원~50억 원) 수준이었다[11].

하지만 '조선 제일의 기업가'로 부상한 김연수의 경방은 국내에서 더 이상 성장하기 어려웠다. 전시 통제 아래에서 '공정 가격제'로 어느 정도 수익성의 안정을 찾긴 하였으나, 그건 단지 기업 활동을 통제받는 데서 얻은 반대급부였다.

일본의 대기업과 견주어도 손색이 없는 거대 산업자본으로 성장한 경방은, 이제 무언가 새로운 경제 영토를 찾지 않으면 안 되었다. 마침내 조선 바깥으로 눈을 돌리기에 이른다. 국내에서 더 이상 성장이 어려워진 조선 상계의 대표기업 경방이 조선 밖의 만주에서 새로운 도전을 모색하기 시작한 것은 너무도 당연한 일이었다[12].

" 해외 진출 1호, 조선 최고의 대기업 '경성방직' "

경성방직은 출범 초기의 시련을 끝내 이겨내며 학습과 단련 끝에 마침내 미쓰이물산의 조선방직·도요방적·가네가후지방적과 함께 조선의 4대 방직회사로 발돋움했다. 그러나 국내에서 더 이상 성장하는데 한계점에 다다랐다. 경방을 더욱 성장시키기 위해서는 새로운 경제영토를 찾아 나서야 했다. 눈길을 조선의 바깥으로 돌려 해외 진출을 모색해야 했던 것이다.

그렇잖아도 경방에서 생산한 광목 제품 '불로초'가 만주 대륙에서 꾸준히 인기를 얻던 중이었다. 경방의 경영진은 만주 봉천에 출장소를 개설했다(1934). 만주 일대의 판매망 관리와 만주 진출을 위한 교두보를 마련하기 위해서였다. 더욱이 경쟁사인 미쓰이물산의 조선방직이 선수를 쳤다. 만주의 잉커우방직을 인수하여(1934) 사업을 만주 대륙으로 확장시켜 나가는 것을 지켜보면서, 경방 또한 만주 진출을 본격적으로 검토하기에 이른다. 김연수의 회고이다.

'일본군이 파죽지세로 난징, 상하이 등지를 점령하자 그곳의 중국인 방직공장들이 거의 폐문 상태에서 직포난이 날로 격심해져 갔다. 이 무렵부터 민주에서 인기를 끌고 있던 우리의 '불로초'표 광목이 이번에는 화북 일대로 그 세력을 뻗쳐 경방이 크게 신장하게 되었다. 그것은 중국인들이 적대 국가인 일본 제품을 기피하는 데서 발생한 현상이었다. 이처럼 뜻하지 않게 국제무대에서 각광을 받으면서부터 경방은 이제 조선의 경방이 아니라 동양의 경방이 되는 날도 그리 멀지 않을 것 같았다…'

결국 김연수를 비롯한 경방의 경영진은 용단을 내린다. 만주 대륙에 방적회사를 설립하기로 한다. 조선의 경방이 아니라 동양의 경방이라는 새로운 도전에 나선 것이다.

그렇게 남만방적을 설립했다(1939). 총 자본금 1,000만 원(약 1조 원)으로 경방이 전액 출자하는 방식이었다.

이듬해 곧바로 공장을 착공했다. 봉천 근교 27만 평의 드넓은 대지 위에 10만 평은 도로 개설을 위해 공제하고, 나머지 17만 평의 대지 위에 7,800여 평의 공장과 1만여 평에 달하는 남녀 기숙사·강당·식당·사택·창고 등의 건물이 잇달아 신축되었다. 경방 영등포공장의 무려 6배에 달하는 규모였다. 실로 대규모 사업이었다.

하지만 태평양전쟁의 영향으로 당장 건설 자재난이 심각했다. 목재의 수급은 만주 현지에서 어느 정도 가능했지만, 철재와 시멘트를 구하기가 하늘에서 별따기였다. 만주 당국이 공장건설 허가를 내어줄 때 건설 자재 일체를 조선에서 자체 조달하도록 했던 것도 그런 현실을 고려했기 때문이다.

다행히 경기도 시흥에다 방적
공장을 지으려고 15만 평의 부지
를 마련하면서 그 전에 확보해
놓은 철재가 있었다. 철재를 만
주 봉천으로 옮겨갔다.

문제는 시멘트였다. 영등포 방
적공장을 짓고 남은 것이 조금
있었으나, 그것만으론 태부족이
었다. 백방으로 알아보았으나 시
멘트를 구할 길은 없었다.

김연수는 총독부를 찾았다. 몇
해 전 시흥에 방적공장을 지으려
했을 때 한사코 허가를 거부하던
책임자와 담판을 짓기 위해서였
다. 그때 그는 "만주에 짓는다면
몰라도…"라며, 비아냥대는 말
투로 단서를 단 적이 있었다. 당
황해 하는 책임자를 김연수는 끈
질기게 물고 늘어졌다.

일제가 세운 만주국의 수도 신킹 철도역, 지금
의 장춘역이다. 일본이 설립한 남만철도는 만주
대륙을 달리는 철도사업을 중심으로 광업, 임
업, 제조업 등 광범위한 분야에 걸쳐 만주를 식
민화하는 중핵기관이었다.

경방이 지금 돈 약 1조원을 들여 만주 봉천 근
교 27만평의 대지 위에 설립한 남만방적. 경방
영등포공장의 6배에 달하는 대규모였다.

"그때 그러지 않았습니까? 시
흥에 방적공장을 짓겠다고 했을 때 조선에선 불가능하나 만주에 공장을
짓는다면 도와주겠다고 분명 말하지 않았습니까?"

결국 총독부의 허가를 이끌어냈다. 시멘트 5,000톤을 확보할 수 있었다. 1,500톤짜리 선박 3척을 빌려 만주로 시멘트를 실어 나르는데 성공했다.

이윽고 대규모 방적공장이 건설되자, 경방의 현장사원들을 만주 현지로 파견하는 한편 조선에서도 현장사원을 모집하고 나섰다. 그것으로 인력이 충원되지 않자 만주 현지에서 조선인 자녀들까지 채용했다. 종업원 수는 약 1,300여 명 수준이었다.

우리 민족이 무엇보다 중요한 가치로 여기는 학교 설립도 빼놓지 않았다. 인력 확보의 방편으로 공장 안에 공장학교를 부설한 것이다.

초등학부와 중등학부 과정을 각기 설치한 남만방적은, 하루 4시간씩 야간수업을 했다. 2시간의 수업 시간은 하루 근로시간 12시간에서 10시간으로 줄여주는 배려를 아끼지 않았으며, 나머지 2시간은 개인 시간을 내도록 했다.

교사는 경방에서 파견된 관리사원들이 겸했다. 그들은 대학이나 고등공업학교를 졸업한 터라, 교사 역할을 하는데 아무 어려움이 없었다. 오히려 관리사원과 현장사원 간의 관계가 사제지간으로 맺어지며 노무관리에도 도움이 되었다. 훗날 우리나라 고도 성장기에 현장사원들이 주간에는 공장에서 일을 하고 야간에는 학교에서 학업을 이수케 한 산업계 병설학교를 그때 이미 실시한 것이다.

김연수는 남만방적을 경영하면서 해외 진출 1호 기업이라는 민족적 자긍심을 지키려 애썼다. 공장 안에 의료시설을 갖추어 김두종(훗날 숙명여대 총장)을 책임자로 두는가 하면, 사원들의 사택(아파트)은 당시 만주에 거주하던 일본 관리들의 집보다 좋게 지었다.

사진의 왼쪽은 삼양사가 설립한 남만방적의 기숙사 아파트. 지금도 승합자동차 공장의 사원 아파트로 사용되고 있다. 사진의 오른쪽은 주경야독을 했던 남만방적의 공장학교 교사.

또한 전시통제로 식량 사정이 악화되어 배급제가 강화되자, 2,000여 종업원들의 식량 자급을 위해 만주 빈강성 다봉둔에 농장을 만들었다. 같은 해 가을 벼 450톤, 수수 18톤을 수확하여 종업원들에게 공급케 했다.

이때 김연수는 누가 보아도 기업가로서 절정에 달해 있었다. 활동 범위가 한반도를 넘어 만주와 중국 대륙에까지 뻗쳐 있었으며, 재력과 경력 그리고 신뢰도에 이르는 모든 면에서 그와 필적할 만한 기업인은 없었다.

이런 그의 위상을 말해주는 사례가 당시 금융기관의 신용도였다. 이 시기 김연수는 조선식산은행으로부터 3,000만 원, 만주 흥업은행으로부터 1,200만 원, 도합 4,200만 원(약 4조2,000억 원)의 융자를 얻어냈다. 이처럼 천문학적 금액의 은행 융자를 얻어낸 이는 조선과 일본을 통틀어 오직 김연수뿐이었다.

그런 그가 대륙에 진출해서 남만방적의 설립에만 머물러 있을 수 없었다. 경방에 이어 자신이 설립한 주식회사 삼양사를 통해 만주 대륙에서 대규모 농장 사업을 개척해나갔다. 일제에 나라를 빼앗기면서 떠밀

사진의 왼쪽은 삼양사 만주 봉천사무소. 봉천사무소는 만주대륙 개척의 전조기지 역할을 맡았다. 사진의 오른쪽은 삼양사가 만주대륙에서 대규모 농장 개척을 하면서 경제 영토를 확대하고 나섰을 때 마이허커우 지역의 매하농장 사무소. 앞줄 가운데가 창업주 김연수의 장남 김상홍(전 삼양그룹 회장)이다.

리다시피 만주 대륙으로 흘러들어와, 궁핍한 생활로 정처 없이 유랑하는 동포들에게 안정된 일자리를 만들어주어 정착시키기 위한 프로젝트였다.

한데 기후가 문제였다. 만주는 땅이 넓고 비옥하였으나, 겨울이 길고 여름이 짧아 농사를 짓기에 어려움이 많았다. 동포들이 정착하면서 벼농사를 짓기 위해 물을 끌어들이기에 적합한 땅은 그리 많지 않았다.

다행히 요하의 물이 요동만으로 흘러드는 잉커우 지방에 서울 여의도 면적의 8배에 달하는 약 5,400만 평의 개간할 땅을 찾아냈다. 그 정도의 땅이면 6,000세대 약 3만 명의 동포를 정착시킬 수 있었다. 세대 별로 정착 자금으로 최소 1,000원(약 1억 원)씩만 지급한다 해도 당장 600만 원(약 6,000억 원)이 소요되는 예산도 문제였으나, 그보다 꽁꽁 얼어붙은 동토 위에서 할 수 있는 것은 아무 것도 없었다.

김연수는 결단을 내렸다. 새해가 되자마자(1937) 개척에 나섰다. 만주

일제 강점기 압록강 하류 풍경. 상류 지역에서 벌채된 원목들이 뗏목으로 만들어져 압록강을 따라 하류까지 옮겨 졌다. 삼양사는 만주대륙에서 원시림 9천만 평의 산림개간 사업에도 손을 댔다.

잉커우 지방에 빼곡히 숲을 이룬 원시림을 도끼로 찍어대기 시작했다. 꽁꽁 얼어붙은 동토 위에 울려 퍼지는 도끼 소리는 대륙 진출을 알리는 의지의 신호였다. 잉커우 지방의 삼양사 천일농장이었다.

이어 하이룬 지역의 반석농장, 마이허커우 지역의 매하농장, 휘난 지역의 교하농장, 지린성 하구대의 구대농장을 차례대로 개척하였다. 정처 없이 만주대륙을 유랑하던 궁핍한 동포들을 정착시켜 나갔다.

이처럼 남만방적의 진출과 삼양사의 광활한 농장 개척 등으로 김연수의 명성은 만주 일대에 널리 퍼져나갔다. 그에게 이런저런 청탁을 하러 찾아오는 동포들 또한 많아졌다. 특히 기업을 경영하다 도산의 위기에 처한 이들이 적지 않았다. 물론 그들의 부탁을 일일이 다 들어줄 수는 없었다.

그렇대도 친구의 부탁만은 외면할 수 없었다. 삼척기업을 인수해달라는 간절한 부탁을 차마 모른 척하지 못했다.

삼척기업은 동포 기업이었다. 북간도 지역에 여의도 면적의 약 12배 규모인 원시림 9,000만 평을 불하받아 개간하려고 설립되었다. 한데 방대한 규모의 산림을 개간하기에는 아무래도 자본과 기술이 턱없이 모자랐다.

김연수 역시 산림개간 사업만은 선뜻 용기가 나지 않았다. 농장 개척의 경험과는 또 다른 세계였다. 기술적으로 많은 난관이 예상되는 것은 물론 투자 가치 또한 별반 높아 보이지 않았다.

하지만 광활한 삼림개간을 통해 얻을 수 있는 두 가지 효과에 주목했다. 개간사업에 동원될 동포 근로자와 그 가족의 생계를 보장해줄 수 있다는 점과 장기적으로 국내 목재난에 대비할 수 있다는 점이었다. 결국 삼척기업을 인수하기로 한 것이다.

그 밖에도 김연수는 하얼빈의 오리엔탈비어를 인수했다. 오리엔탈비어의 공장은 대지 1,000평에 건평 300평 규모였다. 한 달에 4홉들이 맥주 15만 병을 하얼빈 일대에 공급하고 있었다.

한데 이 맥주회사 역시 동포가 경영하다 어려움에 처하게 되었다. 맥주 제조업이 낯설긴 했지만, 평소 식품산업에 관심이 많았던 터라 동포의 인수 간청을 외면하지 못했다.

그런가 하면 교육 방면에도 눈길을 주었다. 재정 부족과 비정규 학교의 기피로 인해 어려움에 빠진 동포 교육기관인 동광학교를 인수했다. 그런 뒤 학교 시설과 교원을 확충시켜 정규학교인 동광중학교로 승격시켰다. 동광중학교는 인근에 위치한 구대농장에 기부했다.

이처럼 김연수는 발해만의 교통 요지인 잉커우항구에서 출발하여 철

삼양사가 재단법인을 만들어 만주에 설립한 동광중학교. 만주대륙을 유랑하던 우리 동포의 인재 양성에 힘을 기울였다. 지금은 4층 건물로 증축되어 제28중학교가 되어 있다.

도를 따라 점점 더 내륙 속으로 깊숙이 진출해 들어갔다. 초기에는 주로 남만주 일대에서 사업을 벌였으나, 나중에는 만주국의 중심부인 수도 신킹 너머 북쪽 깊숙한 지역으로까지 세력을 확장시켜 나갔다.

그러면서 김연수는 만주에서의 기업경영에 대해 어느 때보다 확신에 차 있었다. 자신은 물론이고 조선인들의 만주 진출에 대해 추호도 의심하지 않았다.

'인내력이 풍부한 정신과 그 저항력이 강한 체력과 기후 풍토가 근사한 점 등으로 보아 조선인의 만주국 진출은 장래 더욱 유망하다고 생각되며, 일만日滿 양국 정부에서도 만주국 제諸 민족 화합의 핵심이

1945년 9월 2일, 일본 도쿄만에 정박한 미국 전함 미주리호 선상에서 연합군 총사령관 맥아더 장군에게 일본 외무대신 시게미츠 마모루가 태평양전쟁의 항복 조인식을 거행하기 위해 대기 중이다. 선수에 16인치 주포 3문씩 6문이나 장착된 미주리 전함의 포탑이 인상적이다.

될 일본 내지인에 준하여 조선인을 취급하게 된 오늘에 이르러 그 전도는 더욱 양양하다고 할 수 있다…¹³⁾.'

조선 제일의 기업가 김연수에게 일제 말기 수년 동안은 그야말로 절정기였다. 자신이 표현하고 있는 것처럼 '가장 보람차고 다사다망한 시기'였다. 오늘은 조선의 경방에서, 내일은 만주의 삼양사 관할 광활한 농장에서, 모레는 다시 남만방적에서, 그리고 또다시 일본으로 중국으로 동분서주했다.

그런 분주한 나날 속에서 그는 기업가로서 자신의 존재와 가치를 발견하고 있었다.

하지만 김연수의 만주 진출에 대해 맏형 김성수는 회의적이었다. 굳이 일본인들을 따라다니며 사업을 할 필요가 있느냐고 했다.

맏형의 우려에도 김연수는 사업에 대해 한창 자신이 붙었을 때였다. 사업에 대한 의욕이 왕성한 때라 김성수의 우려를 귀담아 듣지 않았다. 더욱이 조선에선 총독부가 더 이상 신규 사업을 허가해주지 않는 상황에서 딴은 만주로 진출을 꾀할 수밖에 없기도 했다.

그러나 누가 알았으랴. 역사적 사건이란 누구도 의도치 않은 방향으로 진행을 바꾸어 놓는 성질이 있음을.

8·15해방(1945) 또한 다르지 않았다. 누구도 예상치 못한 일본의 갑작스런 패망이었다. 그토록 모두가 바라던 해방이 어느 날 뜬금없이 바람처럼 찾아왔다.

역설적이게도 일본의 패망과 함께 김연수 역시 낭패를 보아야 했다. 일본의 패망은 곧 제국 전역에 걸친 그의 사업제국 또한 붕괴되는 것을 뜻했다. 일본군이 중국 대륙에서 철수하는 것을 뒤따라 그 역시 발길을 돌려야만 했다.

거대한 남만방적도, 삼양사의 대규모 6개 농장도, 오리엔탈맥주회사와 광활한 삼림개발에 나섰던 삼척기업도, 고스란히 놔둘 수밖에 없었다. 그만 빈손으로 돌아서야 했다. 만주에 뿌리를 둔 자신의 전 재산을 상실하지 않으면 안 되었다.

　더구나 조국에 남아있던 시설들 역시 온전한 것이 없었다. 경방의 양평동 공장과 의정부 공장, 쌍림동 공장, 그리고 시흥의 염색공장마저 해방 공간의 혼돈에서 헤어나지 못하고 있었다. 원료난과 화재 등으로 공장 문을 닫아야 하거나, 규모가 터무니없이 축소되어야 했다. 조선 제일의 기업가 김연수에게 남은 것은 이제 경방의 영등포 공장뿐이었다[14].

'라초이' 접고 미국에서 돌아온 유한양행의 유일한

유일한은 지금도 가장 존경받는 기업인, 일제강점기 나라 안에서 혹은 일본과 중국 등지에서 등장하는 수많은 기업인들 가운데 '상업의 역사'에서 좀처럼 찾아보기 어려운 특이한 이력을 가진 인물이다. 우선 그는 전통적인 토지 자본가가 아니면 그저 가진 것은 맨주먹인 서민 출신의 기업인이 고작이었던 근대에 보기 드문 미국 유학파였다.

더욱이 유일한은 미국 최고 기업 가운데 하나인 제너럴 일렉트릭GE의 동양인 1호 사원이었다. 또한 그 자신이 기업을 일으켜 성공한 기업인이기도 했다.

그런 그가 돌연 고국으로 돌아왔다. 일제강점기이던 시기에 고국으로 돌아와 '상계의 역사'에서 또 다른 지평을 열어 보여준 것이다.

유일한은 1895년 평양 출신이다. 이때 중국과 일본이 한반도에서 독점적 지배권을 차지하기 위해 일으킨 청·일전쟁과 동학혁명, 갑오경장(1894) 등으로 나라 안팎이 급격한 변화의 소용돌이로 치닫고 있었다.

그의 아버지 유기연은 전통적 관습에 얽매이는 것을 싫어했다. 일

유한양행의 창업자 유일한 박사와 미국 최초의 여성 노벨문학상 수상 작가 펄 벅(1960). 그녀는 유일한과 손을 잡고 한국펄벅재단을 설립하여 혼혈아 돕기에 나섰다.

찍이 서양 문물을 받아들여 세계적인 브랜드인 싱거 Singer 재봉틀대리점을 운영했다. 그뿐 아니라 조선에 왔던 미 북장로회의 새뮤얼 모펫(숭실대 설립자)에게 세례를 받은 몇 안 되는 사람 중 하나일 만큼 일찍 기독교를 받아들였다.

유기연은 교육열도 대단했다. 9남매 가운데 차남은 러시아, 3남은 중국, 5남은 일본으로 유학 보낼 정도였다. 장남 유일한을 9살 어린 나이에 미국으로 유학을 보낸 것도 그런 교육열 때문이었다. 더구나 당시는 독립협회를 비롯한 애국 계몽단체들이 '아는 것이 힘이다, 배워야 산다'라며 목소리를 높일 때였다. 이런 시대적 분위기와 선교사들의 권유에 힘입어 유기연은 어린 맏아들을 멀리 미국으로 보내게 된 것이다.

1904년 미국 중앙부에 해당하는 네브라스카주의 농촌 도시 커니에 도착한 것은 9살 꼬마 유일한은, 침례교회의 소개로 독실한 신자 집에 맡겨졌다. 프로테스탄티즘의 영향을 받은 그 집에서 유일한을 그냥 놓아두지 않았다. 자질구레한 집안 청소는 물론 물을 긷고 땔감용 장작을 패야 했다. 연료용 석탄을 나르고 난롯불도 그의 몫이었다.

평양 부잣집의 맏아들로 태어나 고생이라곤 해보지 않았으나, 유일한은 새로운 생활에 이내 적응해나갔다. 어렸을 적부터 아버지로부터 배운 강인한 의지 때문이었다.

커니에서 초등학교와 중학교를 마친 유
일한은 운동에도 남다른 소질을 보였다. 미
국의 또래 아이들에 비해 체구는 작았지만,
신문배달 일을 하면서 새벽길에 다져진 체
력은 누구에게도 뒤지지 않았다.

고등학교에 진학하면서 정들었던 커니
를 떠나야 했다. 미식축구 선수로 장학금을
받아 진학하게 된 고등학교가 헤스팅스에
있었기 때문이다.

유일한(오른쪽)은 9살 어린 나이
에 독립운동가 박용만(왼쪽)의
도움을 받아 머나먼 미국 유학길
에 올랐다(1904).

하지만 그런 사실을 아버지에게 자랑하려고 알렸다가 되레 질책만 들
었다. 공부에 열중해야지 무슨 운동이냐고 한 것이다. 유일한은 아버지
에게 '미국에서는 성적이 우수해야 운동을 할 수 있으며, 장학생이라야
선수로 뽑힐 수 있다'라고 설명을 한 뒤에야 운동을 계속할 수 있었다.

실제로 그는 다방면에서 두각을 나타냈다. 학교 미식축구팀의 주전선
수였을 뿐더러 웅변도 뛰어났고, 리더십 또한 남달랐다.

유일한이 미시간대학 경영학과에 진학할 수 있었던 것도 모든 면에서
우수했기 때문이다. 당시만 해도 고교 졸업생 대부분이 대학에 가지 못
했고, 몇몇 뛰어난 학생들만이 대학에 갔다. 하지만 대학생활은 만만
치 않았다. 무엇보다 그를 괴롭혔던 것은 학비 문제였다. 공부를 하면서
학비는 물론 생활비까지 벌기란 쉬운 일이 아니었다.

그럴 때 어떤 아이디어가 불현듯 떠올랐다. 평소 이따금 중국음식점
을 찾곤 했었는데, 중국인들이 머나먼 타국에서 향수를 달래기 위해 고

유일한(가운데)은 고교 시절 미식축구부에서 활약했을 만큼 뛰어난 신체적 능력을 보였으나, 미시간대학교에 진학한 이후 학업에만 매진하여 동양인 최초로 뉴욕에 자리한 GE에 취직했다(1920).

국에서 가져온 물건을 끔찍이 여기는 걸 보았다. 더구나 주위에는 대륙 횡단철도 건설노동자로 중국 이민자들이 넘쳐나고 있었다.

'중국인들의 향수를 이용하여 장사를 한다면 잘 될 수 있잖을까?'

등록금을 내고 남은 돈을 죄다 털었다. 중국에서 건너온 물건들을 사 모았다. 남자보다는 여자들이 두고 온 가족이며 고국을 더 그리워할 것이라고 생각해 여자들이 선호할 물건들을 골랐다. 비단으로 짠 손수건, 인형, 장신구며 일상용품, 심지어 중국카펫까지 구해다 강의가 없는 날이면 팔기 시작했다.

장사는 잘 됐다. 처음엔 별 신통치 않게 여기던 중국인들도 고국에서 건너온 물건을 보고 마음이 바뀌어 너도나도 샀다.

이럴 무렵 유일한은 중국 여성 호미리를 평생 반려자로 만났다. 재미 중국인 사회에서는 저명한 집안의 딸로, 그녀의 아버지는 미국 서부철도건설회사 중책이었다. 재산과 덕망을 갖춘 인사였다.

하지만 미시간대학을 졸업하자마자 두 사람은 잠깐 떨어져 지내야만 했다. 호미리가 미시간대학의 학부를 끝내고 다시 의학을 전공하기 위해 동북부의 코넬대학으로 진학했다. 코넬대학은 미국 최고 명문 중 하나였다.

대학 졸업 후 유일한의 행보도 흥미롭다. 그녀를 코넬대학으로 떠나보낸 유일한은 잠시 미시간중앙철도회사에서 회계사로 근무하다, 뉴욕으로 자리를 옮겨 GE에 취직했다(1920). 당시 GE에 동양인이라곤 그뿐이었다. 처음엔 낯설었으나 점차 업무 능력을 인정받으면서 생활도 안정되어 갔다. 호미리 역시 동양 여성으로는 처음으로 소아과 전문의자격을 획득했다.

두 사람은 1925년 결혼했다. 장래가 촉망되는 두 젊은이의 결합이었다.

그러나 GE에 입사하여 안정된 생활을 누리던 그는 점차 회의에 빠져들게 된다. 일제의 압박에 시달리는 조국과 민족을 위해 큰일을 하라고 미국까지 유학을 보낸 아버지의 뜻이 젊은 그를 짓눌렀다.

결국 GE에 사직서를 제출했다. 당시 GE는 중국을 비롯한 동양시장에 진출하기로 하고, 유일한에게 동양 지역의 총지배인을 맡길 예정이었으나 끝내 그는 거절했다.

'회사에서 중책을 맡게 되면 결실을 얻을 때까지는 그 일을 계속해야 한다. 하지만 나는 언젠가 고국으로 돌아가야 할 몸이 아니던가. 인연이 더 깊어지기 전에 이쯤에서 그만 두는 게 옳은 일이다.'

GE를 사직한 뒤 유일한은 숙주나물 사업을 시작했다. 그가 첫 사업으로 숙주나물을 택한 데에는 이유가 있었다.

두 사람이 결혼하기 전에 호미리가 그의 집을 찾아와 만두를 만들어준 적이 있었는데, 맛이 어린 시절 어머니가 빚어주는 것만 못했다. 호미리는 만두 속에 숙주나물이 들어가지 않아서 제 맛이 나지 않은 것이라고 설명했다.

순간 그의 뇌를 빠르게 스쳐지나가는 생각이 있었다. 숙주나물은 비

유일한이 설립한 숙주나물 통조림 제조회사 라초이식품회사 전경(1922). 라초이식품이 성공하자 자신감을 얻은 유일한은 질병으로 고생하는 조국의 동포들을 위해 미국 의약품을 수출할 계획도 세운다.

단 만두 뿐만 아니라 중국 요리에 반드시 들어가야 하는 재료였다. 한데 당시 미국에선 숙주나물의 원료인 녹두가 흔치 않아서 맛없는 만두를 먹어야 했던 것이다. 신선한 숙주나물만 공급된다면 시장은 얼마든지 있을 거라는 생각이 들었다.

하지만 녹두를 구하는 게 난제였다. 오하이오주에서 필라델피아까지 먼 길을 여행하며 녹두를 어렵사리 모아야 했다. 그런 뒤 신선한 상태로 숙주나물을 공급하기 위해 투명한 유리병에 담아야 했다.

그러나 공급이 쉽지만 않았다. 숙주나물을 유리병에 일일이 담아야 했기 때문에 일손이 많이 갔다. 더구나 유리병에 담긴 숙주나물의 신선도가 오래 가지 못했을 뿐 아니라, 유리병의 파손율도 높았다. 무언가 포장 방법을 새로이 하지 않으면 안 되었다.

그래서 생각해낸 것이 숙주나물을 깡통에 담아보자는 거였다. 숱한 실패 끝에 결국 숙주나물 통조림을 개발하는데 성공한 그는, 디트로이트에서 식료품상을 하고 있던 대학 동창과 함께 숙주나물을 판매하는 '라초이식품회사'를 설립했다(1922).

숙주나물 통조림은 반응이 좋았다. 인근 도시에서 주문이 쇄도했다. 회사 설립 4년 만에 50만 달러 이상의 수익을 달성하며 대단한 실적을 올렸다. 이처럼 사업의 규모가 날로 커져 미국에서 구하는 녹두만으로는 주문량을 댈 수 없어 중국으로 출장을 떠났다(1924). 녹두를 안정적으로 확보하기 위해서였다. 그리고 돌아오는 길에 고국을 방문했다. 가족과 재회했다. 9살 어린 나이에 미국으로 유학을 떠난 이래 첫 귀국이었다.

중국 출장에서 돌아온 유일한은 서재필 박사 등과 함께 조선, 중국, 러시아 등지의 토산물을 취급하는 '유한주식회사'를 설립했다. 회사의 자본금은 재미 동포들이 투자하여 설립되었으며, 질병으로 고생하는 고국의 동포들을 위해 미국의 약품을 수출할 계획도 세웠다.

이럴 무렵 고국에서 또 독촉장이 날아들었다. 그가 고국을 찾았을 때 연희전문학교의 에비슨 학장은 교수를 맡아달라고 제의했었다. 그의 아내 호미리 역시 세브란스병원의 소아과장으로 초빙되었다.

유일한은 고민에 빠졌다. 한창 잘 나가는 라초이식품회사와 유한주식회사를 계속 키울 것인지, 고국으로 돌아갈 것인지의 갈림길에서 망설이지 않을 수 없었다.

결국 유일한은 라초이식품회사의 지분을 정리하고 받은 25만 달러를 갖고 귀국했다(1926). 하지만 에비슨 학장의 제의는 받아들이지 못했다. 교수가 되는 것보다는 자신의 경험을 십분 살려 민족의 자산을 지키고 키워서, 일제의 수탈과 압제에서 신음하는 동포들을 살리는 일이 급선무라고 판단했기 때문이다.

때문에 귀국하던 그해 자본금 50만 원(약 500억 원)으로 지금의 '유한양행'을 설립하면서 제약 사업에 뛰어들었다[9]. 그가 제약 사업에 뛰어들었던 건 식민 지배를 받는 고국의 열악한 의료 현실을 목격하면서였다. 약만 있으면 고칠 수 있는 사소한 질병인데도 약이 없어 죽어가는 이가 너무도 많았던 것이다.

유한양행은 유일한의 부인 호미리가 의사여서 약품을 대량으로 수입하여 공급하였지만, 약품 외에도 취급 품목이 다양했다. 창립 초기에는 비누 · 화장지 · 생리대 · 치약 등의 위생용품을 비롯해서, 화장품과 껌 · 초콜릿 등도 수입해 들여왔다. 심지어 농기구와 염료 · 페인트도 수입했다.

제약 사업을 한다던 유일한이 이처럼 갖가지 상품을 수입해 들여왔던 건 의약품 판매를 확장하기 위해 전국을 돌면서 목격한 농촌의 낙후 때문이었다. 효율적으로 농사를 짓기 위해서는 보다 편리한 농기구가 필요하다고 생각되어 값싸게 보급한 것이다.

유한양행의 신문광고 또한 특이했다. 당시만 해도 제약회사들은 서로 자기 제품이 최고며 진짜라고 허위 · 비방 광고로 이전투구를 벌이기 일쑤였다. 하지만 유한양행의 광고는 확연히 달랐다. 광고에 회사 상표인 '버들표'를 복판에 넣고 약품의 효능만을 명시했다. 아울러 의학박사인 부인 호미리와 책임 제약사의 이름과 회사 전화번호를 싣는데 그쳤을 따름이다. 그 밖에도 유한양행은 일본 우편선회사와 캐나다 정부의 철도, 도쿄의 해상화재보험회사, 미국의 생명보험회사와 선박회사 대리점도 운영하며 사세를 더욱 늘려나갔다.

만주사변(1931) 이후에는 만주 대륙으로까지 진출했다. 일본 제약회사들이 만주 시장을 독점하는 것을 수수방관할 수 없는데다, 기업의 성장을 통해 민족자본을 형성해야 한다는 결심에서였다.

1936년에는 유한양행을 주식회사 체제로 전환했다. 제약업계에서는 처음 있는 획기적인 일로, 당시 민족계 제약업계가 모두 33개사였는데, 유한양행은 자본금 규모가 그 전체의 절반을 차지할 정도였다.

그러나 승승장구하던 유한양행의 행진에 갑작스레 제동이 걸렸다. 태평양전쟁(1941)이 시작되

고민 끝에 미국에서 귀국한(1926) 유일한은, 한국인의 건강을 위한 의약품을 미국에서 들여와 판매하는 유한양행을 설립한다. 사진은 유한양행이 자리했던 돈의문 터 건물로, 지금도 보존되고 있다.

면서 약품 배급은 일제의 통제 아래 놓였으며, 심각한 원료 부족으로 제약업계는 명맥조차 잇기 어렵게 되었다.

더군다나 미국과 전쟁을 시작한 일본은 걸핏하면 유한양행을 미국계 기업으로 몰아 갖은 핍박을 가했다. 의약품의 통제는 업무 수행이 불가능할 만큼 심했고, 진주만 공습 직후에는 유한양행의 임원들을 전원 종로경찰서로 연행하기조차 했다. 이때 유일한은 미국에 머물고 있어 화를 모면할 수 있었다. 유럽과 남북미의 제약업계를 두루 돌아보면서, 유한양행의 약품과 한국 특산물을 수출해보기 위해 떠났다가 그만 발이 묶인 것이다[10].

고국으로 돌아올 수 없게 된 그는 정세를 관망하는 한편, 훗날을 기약하며 미 남가주대학 경영학 석사 과정에 들어가 공부를 다시 시작했다. 공부를 계속하면서 위기를 돌파할 수 있는 방법을 궁리하는 가운데 마침내 8.15해방(1945)을 맞이하게 된다.

제12장

걸음마를 시작한
10대 기업의 풍경

8 · 15해방 전, 걸음마를 시작한 10대 기업의 풍경

"

한국 제일의 기업가 김연수의 경성방직은 우리의 숨은 역량을 유감없이 보여주었다. 학습과 단련을 통하여 일본의 대기업과 견줄만한 성장을 이뤘고, 최초로 해외 진출까지 나서 승승장구했다. 그러나 일제의 패망과 함께 아이러니하게도 그의 경방 또한 허무하게 붕괴되고 말았다. 또 그런 경방의 붕괴는 한국 산업 1세대의 종식을 뜻했다.

하지만 꽃잎이 진 자리에 씨앗이 맺기 마련. 이듬해 봄이 되면 씨앗은 또 다른 새싹을 틔워낸다. 소설가 춘원春園 이광수는 그 씨앗을 놓치지 않았다. 일제의 폭력 앞에 나라마저 빼앗기고 만 절망과 한탄의 시대에 놀랍게도 우리의 미래를 꿰뚫어 본다. 1935년 4월 14일자 「조선일보」의 '실업과 정신수양'이란 기고문에서, '…경성방직의 확장·발전은 결코 한낱 사실만이 아니요, 뒤에 오는 대군大軍의 척후斥候임이 확실하다'라고 쓰고 있다[1]. 김연수의 경방을 가리켜 훗날 만개할 한국 산업의 척후일 따름이라고 그때 이미 감지하고 예언한 것이다.

그럼 김연수의 경방이 한낱 척후에 지나지 않을 뿐, 그 '뒤에 오는 대군'이란 대체 어떤 누구란 말인가? 8·15 해방(1945) 전 그들은 과연 어떤 모습이고, 또 어디쯤 오고 있었단 말인가?

8·15해방 전 오늘날 삼성그룹의 창업주 이병철(35세)은 경남 의령의 고향 집에 머물고 있었다. 이른바 '성전聖戰 수행'을 외치던 일본 관료들마저 생활 주변에서 곧잘 어려움을 호소하는 절박한 상황을 지켜보며, 일본의 패망을 직감했다. 대구 근교에 1만 평 남짓한 과수원을 사들여 닥쳐올 식량난에 대비했다. 그 다음엔 대구에 벌여놓은 '주식회사 삼성상회'와 '주식회사 조선양조'의 경영 일체를 관리인에게 맡긴 뒤 낙향했다.

이병철은 해방을 맞이하기 10여 년 전부터 벌써 부단히 사업을 벌여온 터였다. 학교 공부에는 그다지 흥미를 느끼지 못하였어도 비교적 조숙한 편이었던 그는, 일본 와세다대학 전문부 정치경제학과를 중퇴한 뒤 돌아와 26살이 되던 해(1936) 마산에서 정미업을 시작으로 상계에 뛰어들었다.

하지만 아버지로부터 물려받은 6백 석지기의 토지만으로는 사업 자금이 턱없이 모자랐다. 자금을 좀 더 끌어 모으지 않으면 안 되었다. 결국 지인 둘을 만나 각자 1만 원(약 10억 원)씩 세 사람이 투자해서 협동정미소를 시작했다.

그러나 당초 목표로 삼은 마산에서 규모가 가장 큰 정미소를 만드는 데는 합자금 3만 원(약 30억 원)으로 부족했다. 이병철은 은행 융자를 얻기로 하고 조선식산은행 마산지점 일본인 지점장을 찾았다.

담보도 충분했다. 사업 계획도 하자가 없었기 때문에 어려울 것이 없을 줄 알았다.

한데 일본인 지점장은 여러 가지 질문을 늘어 놓기 시작했다. 곡물 가격이 변동하고 있는 원인이 무엇인지, 일본 곡물시장의 동향을 어떻게 보는지 하는 따위였다. 마치 시험을 치르는 것 같아 불쾌하기도 했으나

일제 강점기 문학가, 언론인, 애국 계몽운동가였던 춘원 이광수. 1917년 매일신보에 연재되었던 「무정」은 최초의 근대 장편소설로 한국 리얼리즘문학을 열었다는 평가를 받는다.

꾹 참았다. 이병철은 아는 대로 성실히 답변했다.

그러자 일본인 지점장은 다소 과장된 몸짓으로 만족스런 표정을 지었다. 융자를 약속했다. 이병철의 첫 사업은 이처럼 지인들을 끌어들여 부족한 자금을 늘리고, 다시 은행 융자를 더해 마침내 실현될 수 있었다.

정미사업은 생각보다 단순했다. 한계 또한 뚜렷했다.

당시 곡물 가격은 인천에 자리한 미두취인소에서 결정되었다. 경성 등 큰 도시에서 인천의 시세 거래를 내다보면서, 업자 간의 신용 선물 거래가 성행했다. 사업 경험이 일천했던 이병철은 그 같은 외부 환경에 미처 눈을 돌리지 못한 채 그저 도정 기계가 멈추지 않도록 미곡을 확보하는 데에만 전력을 다했다. 그러면서 한 해만에 자본의 3분지 2를 까먹는 참담한 결과를 낳고 말았다.

상심한 동업자들이 당장 해산을 종용했다. 이병철은 동업자들을 설득시켰다. 해산의 위기를 가까스로 무마한 뒤 손해 부분에 대한 원인 분석에 들어갔다.

마땅한 산업이 따로 없었던 일제강점기에 미곡을 가공하는 정미업은 어느 정도 자본을 갖고서 도전해 볼만한 사업이었다. 그러나 이병철은 지인들과 자본을 합자해서라도 마산 지역에서 으뜸가는 정미소로 시작했다는 남다른 스케일을 보여주고 있다.

그 결과 이듬해엔 정반대 전술로 나섰다. 또 그런 전술은 보기 좋게 적중했다. 상당한 이익을 올릴 수 있었다.

하지만 적자를 뛰어넘어 상당한 이익까지 났음에도, 도정 사업의 한계 또한 명확해졌다. 도정 이외에 다른 것에도 눈을 돌리지 않으면 안 되었다.

당시 마산 지역에는 물자 운송 수단이 크게 부족했다. 우마차로는 더디어 시간이 많이 소요되었고, 트럭 운임은 너무 비싸 엄두를 내지 못할 실정이었다.

이병철과 동업자들은 그 점에 주목했다. 마산 지역에서 규모가 가장 큰 협동정미소의 쌀을 안정적으로 운송하는 것은 물론, 다른 물자도 운송하는 독립된 운송 사업을 해보는 것도 괜찮겠다는 생각이 들었다.

때마침 일본인이 경영하던 마산 일출자동차회사가 매물로 나와 있었다. 이병철과 동업자들은 트럭 10대를 보유하고 있는 이 회사를 인수했다. 새로이 트럭 10대를 더해, 도합 20대의 트럭을 가진 운송회사를 소유하게 되었다. 당시 트럭 1대 값이 요즘의 비행기 1대 값과 맞먹는 것이어서 실로 모험에 가까운 대규모 투자였다.

하지만 이병철의 생각은 옳았다. 정미소와 운송회사가 상호 보완 작용을 하며 시너지 효과를 낳았다.

그때부터 기고만장해도 좋을 만큼 사업이 술술 잘 풀렸다. 미처 주체하지 못할 정도로 많은 돈을 벌어들였다.

이병철은 세 번째 사업으로 토지를 사들이기 시작했다. 이번에는 동업이 아니었다. 자기 혼자서 벌인 독자 사업이었다. 미곡을 취급하면서 자연스레 지가의 동향에도 관심을 가졌던 게 계기였다.

토지 가격은 평당 25전(약 2만5,000원)이었다. 논 한 마지기(200평) 쌀 생산량은 15원(약 150만 원) 수준이었다. 여기에다 관리비 1원(약 10만 원), 지세 1원, 기타 잡비 1원을 뺀 실수입은 12원(약 120만 원) 정도였다. 따라서 지가가 50원(약 500만 원) 하는 논 한 마지기에서 은행 이자 연 7분3리의 3원65전(약 36만5,000원)을 공제한다 해도, 투자액의 16%인 8원35전(약 83만5,000원)씩의 연간 순수익을 얻을 수 있다는 계산이 나왔다.

이병철은 마산에서 가까운 김해평야로 나갔다. 경작이 가능한 전답은 모조리 사들이기로 작정한 뒤 매물로 나와 있는 토지부터 조사해 나갔다. 때마침 40만 평에 달하는 논을 일본인이 처분하려 한다는 소식이 들리자, 곧바로 계약을 체결했다. 착수금으로 우선 1만원(약 10억 원)을 지불했다.

이튿날 이병철은 조선식산은행 마산지점을 찾았다. 전날 계약한 토지를 은행에서 감정한 결과 평당 38전(약 3만8,000원)을 쳤다. 38전 가운데 80% 수준인 평당 27전(약 2만7,000원)씩의 대출이 가능했다. 총액 11만원(약 110억 원)을 융자받을 수 있게 된 것이다.

이병철은 은행 융자만으로 토지 매입 대금을 전액 지불하고 남았다. 땅 짚고 헤엄치기가 따로 없었다.

조선총독부가 농업생산을 극대화하기 위해 설립한 조선식산은행 본점. 이병철은 자기자본 투자 없이 순전히 거액의 은행 대출만으로 대규모 토지 투자에 나섰다.

한 해가 지났을 땐 어느덧 200만 평의 대지주가 되어 있었다. 가을 추수가 끝나면 소작료까지 한꺼번에 들어올 수 있어 자금 사정조차 원활했다.

한데 너무 쉽게 보았던 걸까? 전혀 뜻하지 않은 사태가 불거졌다. 나라 밖에서 벌어진 중일전쟁(1937)의 불똥이 멀리 떨어져 있는 그에게까지 튀었다.

총독부가 부랴부랴 나섰다. 비상조치를 취하면서 토지 담보 대출을 일체 중단한다는 통고에 이어, 덩달아 토지 시세까지 폭락하기 시작했다.

결국 시가보다 싸게 토지를 팔아야 했다. 그뿐 아니라 정미소도, 운송

회사도, 죄다 남의 손에 넘겨주고 나서야 겨우 부채를 청산할 수 있었다. 한순간에 모든 것이 다시 원점으로 돌아갔다.

참담한 실패를 겪게 되면서 이별청은 그때 비로소 경영의 어려움을 깨닫게 되었다고 한다. 그때의 실패가 이후의 사업에 적잖은 영향을 끼쳤음을 자신의 「호암자전」에 이렇게 적고 있다.

'…사업은 반드시 시기와 정세에 맞춰야 한다. 이것부터 우선 인식할 일이다. 사업을 운영할 때는 국내외 정세 변동을 정확하게 통찰해야 하며, 과욕을 버리고 자기 능력과 한계를 냉철하게 판단해야 한다. 투기는 절대 피해야 하며, 직관력의 연마를 중시하는 한편 항상 제2, 제3의 대비책을 강구하여 실패라고 판단이 서면 깨끗이 청산하고 자신의 길을 택해야 한다는 것을 절감했다[2].

하지만 실의에 빠져있기에는 피 끓는 청춘이었다. 새 출발을 다짐한 그는 새로운 사업 구상을 위해 장거리 기차여행에 올랐다. 서울→평양→신의주를 지나 대륙으로 들어서 창춘→ 펑톈 등 만주의 여러 도시를 거쳐, 베이징→ 칭다오→상하이에 이르는 기나긴 대륙 여행길을 계속했다.

이윽고 머나먼 대륙 여행에서 돌아온 이병철은, 자본금 3만 원(약 30억원) 규모의 상점을 대구에 열었다(1938). 대구와 포항 일대에서 생산되는 청과물과 건어물을 만주에 수출하는 '주식회사 삼성상회'였다.

1년여가 지나자 어느 정도 자리를 잡았다. 자금의 여유마저 생기자 무언가 새로운 투자 대상을 찾았다. 그러다 마산에서 실패한 쓰라린 전철

토지 투자 실패 이후 이병철이 대륙 기차 여행에서 돌아와 대구 지역에 설립한 삼성상회. 그때 성행하고 있던 인근 지역에서 생산되는 청과물과 건어물 따위를 만주에 수출하는 무역회사였다.

을 다시 밟지 않기 위해서라도 판매만을 고집할 것이 아니라, 제조를 겸하는 것이 좋겠다고 생각한다. 때마침 일본인이 경영하던 청주 양조장 '주식회사 조선양조'가 매물로 나왔다. 대구에서 첫째, 둘째를 다툰다는 큰 규모의 양조장이었기때문에 매입가만 무려 10만 원(약 100억 원)을 호가했다. 이병철은 두 말 않고 인수했다. 그러면서 어느덧 대구 지역에서 알아주는 굴지의 고액 납세자로 부상해가고 있었다.

그러나 태평양전쟁(1941) 이후 일본인 관료들마저 어려움을 호소하는 절박한 상황을 지켜보면서 낙향을 결심한다. 일본의 패망을 직감한 이병철은, 머지않아 도래할 새로운 세상을 맞이하기 위한 칩거에 들어간 것이다[3].

젊은 시절 고된 농사일이 싫어 무작정 상경한 뒤 쌀가게 복흥상회에서 쌀 배달원으로 일한지 4년여가 지난 1934년, 쌀가게를 사글세로 인수한 정주영과 복흥상회 주인 아주머니(왼쪽). 복흥상회를 인수한 뒤 상호를 경일상회로 바꾼 신당동 일대 전경.

8·15해방 전 오늘날 현대그룹의 창업주 정주영(30세)은 잠시 하는 일 없이 빈둥대는 백수였다. 찢어지게 가난한 농촌 생활이 싫어 20살 때 무작정 상경한 그는, 안암동 고려대학교 신축 공사장에서 막노동을 하며 경성에 정착했다.

그 뒤 용산역 근처에 자리한 풍전엿공장(지금의 오리온제과)에 잔심부름꾼으로 들어갔다. 장래가 보이지 않았다. 다시금 경성 거리를 쏘다니다 쌀가게 복흥상회의 배달원으로 취직하게 된 건 행운이었다. 점심과 저녁을 먹여주고 월급으로 쌀 한가마니씩 받을 수 있었기 때문이다.

아버지로부터 부지런함을 물려받은 정주영은 전심전력을 다했다. 2년 뒤에는 쌀가게 주인이 될 수 있었다. 난봉꾼 아들 때문에 골머리를 앓던 쌀가게 주인이 성실한 정주영에게 쌀가게를 넘겨주기로 한 것이다.

하지만 가진 거라곤 불알 두 쪽뿐이었다. 서울여자상업고등학교 기숙사식당 등 굵직굵직한 단골 거래처를 그대로 물려받고, 쌀값은 월말에 계산한다는 정미소의 약속을 얻어낸 뒤라야, 비로소 쌀가게를 사글세로 인수할 수 있었다. 24살이 되던 해였다(1938).

한데 좋은 일에 으레 좀 나쁜 일도 끼어들기 마련. 중일전쟁 이후 갑자기 전시체제로 들어가더니, 쌀 배급제에 이어 전국의 쌀가게가 일제히 문을 닫아야 했다. 정주영 역시 예외일 수 없었다.

수중에 가진 돈은 7, 8백 원(약 8,000만 원)쯤 되었다. 이를 종잣돈 삼아 할 만한 사업이 없을까 궁리하던 중에, 평소 알고 지내던 엔진 기술자 이을학을 만났다. 자동차 수리공장을 인수하면 어떻겠느냐고 제의를 받았다.

가진 돈을 다 털었으나 인수 금액보다 모자랐다. 쌀가게를 할 때 신용을 쌓은 사채업자에게 빚을 얻어 자동차 수리공장을 인수할 수 있었다. 오늘날 현대자동차의 모태가 되는 자동차 수리공장 아도서비스였다 (1940). 26살이던 해였다.

새로운 일거리를 찾자 정주영은 밤잠도 자지 않으면서 신명나게 일했다. 이을학이 워낙 소문난 기술자라 손님도 끊이지 않았다.

한데 잔금을 치른 지 겨우 닷새 만에 공장에 불이 나 전소되고 말았다. 고객이 맡겨둔 고급 승용차까지 몽땅 불타버렸다. 정주영은 또다시 사채업자를 찾아가 속절없이 무릎을 꿇어야 했다. 3,500원(약 3억5,000만 원)이라는 적지 않은 사채를 다시금 빌릴 수 있었다.

이번에는 신설동 근처에 빈 터를 얻었다. 무허가로 아도서비스를 다시 시작했다. 당시 허가를 받는다는 건 불가능했기 때문이다.

산더미 같은 빚 속에서 그것도 무허가로 자동차 수리공장을 한다는 건 하루하루가 마치 지옥 같았다. 걸핏하면 동대문경찰서에서 순사가 찾아와 당장 걷어치우지 않으면 철장에 가두겠다고 으름장을 놓았다.

하지만 포기할 수 없었다. 매일같이 이른 아침이면 동대문경찰서 곤

정주영이 인수한 자동차 수리공장 아도서비스. 하지만 잔금을 치른 지 겨우 닷새 만에 공장이 화재로 전소되면서, 신설동 빈터에서 무허가 수리공장을 다시 시작하지 않으면 안 되었다.

도 보안계장의 집을 찾아가 통사정을 했다. 그러길 한 달여. 마침내 보안계장이 두 손을 들었다. 대로변에서 공장이 보이지 않도록 판자로 울타리를 둘러친 뒤 숨어서 하라고 눈감아 주었다.

당시 경성에는 자동차 수리공장이 몇 군데 되지 않았다. 더구나 대부분의 자동차 수리공장에서 바가지 씌우기가 일쑤였다. 별 고장이 아닌데도 큰 고장이라도 난 것처럼 수리 기간을 늘리고 비용을 부풀려 받아내고는 했다.

정주영은 그런 치사한 방법을 쓰지 않았다. 기간을 서둘러 단축해주되 그만큼 높은 수리비를 청구하는 방법을 택했다. 자동차를 타는 사람들이 수리비가 다소 높더라도 빨리 고쳐주는 걸 원한다는데 착안한 것이다.

그의 착안은 옳았다. 무허가 수리공장인데도 고장 난 자동차들이 꾸역꾸역 몰려들었다. 돈도 꽤 벌어 사채업자에게 빌린 돈도 모두 갚게 되었다.

시국은 여전히 불투명했다. 일본이 급기야 태평양전쟁(1941)을 일으키면서 동시에 기업정비령이 내려졌다. 정주영의 아도서비스는 일진공작소로 강제 합병되었다.

그 뒤 정주영은 잠시 운송 사업에 뛰어든다. 황해도 수안군에 자리한 홀동광산에서 광석을 싣고 평양까지 운반하는 하청계약을 맺을 수 있게 되었다.

하지만 말이 하청이지 트럭 30대가 동원되어야 하는 만만찮은 규모의 운송사업이었다. 보증금 3만 원(약30억 원)을 털어 광산에 굴러다니는 중고 트럭 10대와 새 트럭 20대를 마련해서 운송 일을 시작했다.

그러나 130km가 넘는 긴 운송 거리에다, 포장이 되지 않은 산악지대의 노면까지 아슬아슬해서 자동차의 고장이 잦았다. 하루 한 번 오가는 것도 힘에 부쳤다.

더구나 홀동광산의 소장과 동기생인 관리책임자의 적대감에 가까운 생트집이 이만저만 아니었다. '굴러온 돌' 정주영을 밀어내고 자기 동생을 그 자리에 끌어들이고 싶어 안달이었다.

결국 참는 데도 한계가 있었다. 2년여 정도가 지난 1945년 여름, 정주영은 그만 관리책임자에게 하청계약을 넘겨주고 말았다. 보증금 3만 원과 하청계약을 넘기면서 얹어 받은 2만 원을 합쳐 5만 원(약 50억 원)을 들고 홀동광산을 미련 없이 떠났다. 이익을 본 것도, 손해를 입은 것도 없는 상태였다. 그렇게 본의 아닌 백수 생활에 들어간 지 불과 석 달여 뒤, 감격스런 8·15 해방을 맞았다[4].

8·15해방 전 오늘날 LG그룹의 창업주 구인회(39세)는 진주 지역에서 한창 사업에 열중이었다. 경성에서 중앙고보를 중퇴한 구인회가, 큰일을 해보겠다며 상계에 뛰어든 건 25살이 되던 해였다(1931). 아버지

구인회가 진주 시내에 연 포목을 전문으로 하는 구인회상점. 대홍수로 상점이 온통 물에 잠기는 시련을 겪으면서도 오히려 상점의 규모를 늘려나가는 굳은 신념을 보여주었다.

가 내놓은 2,000원(약 2억 원)과 큰집의 양자로 들어간 아래동생 구철회가 마련한 1,800원을 보탠 3,800원(약 3억8,000만 원)으로, 포목을 전문으로 하는 구인회상점을 진주 시내에 열었다.

하지만 연말에 결산해보니 500원(약 5,000만 원)이나 결손이 발생했다. 구인회는 자본을 좀 더 마련해서 보다 큰 사업을 해보겠다는 일념으로 동양척식 진주지점을 찾았다. 아버지의 땅문서를 담보로 8,000원(약 8억 원)을 융자받았다. 상점은 다시 좋은 물건들로 가득 채워졌다. 좋은 물건들로 가득 채워지자 상점이 유명세를 탔다. 찾는 손님 또한 그만큼 늘었다.

한데 이듬해 여름 우기에 대홍수가 발생했다. 남강이 범람하면서 진주 시내가 물바다로 변하고 말았다. 구인회상점도 온통 물속에 잠겼다.

재기를 다짐한 구인회는 진주에서 부자로 소문난 원창약방의 원준옥

을 찾아가 간청했다. 원준옥은 젊은 구인회를 믿고 1만원(약 10억 원)의 거금을 선뜻 빌려주었다.

다시 재기한 구인회상점은 사업의 범위를 보다 확대시켰다. 김연수의 경방에서 생산하는 광목을 대량으로 취급했다. 다양한 포목을 구입하기 위해 직접 일본까지 드나들었다.

일본을 드나들면서 구인회는 생각이 많아졌다. 자신이 우물 안의 개구리라는 사실을 뼈저리게 깨달았다.

마침내 33살이 되던 해 여름(1940), 그는 상호와 조직을 개편하기로 작정한다. 기존의 상점을 주식회사 구인회상점으로 판을 크게 늘렸다.

또 기존의 포목상 말고 다른 분야에도 눈길을 돌렸다. 삼천포에서 친척이 운영하던 수산업에도 투자를 했다.

그런가 하면 고향 진양에서부터 하동, 고성 등지에 이르는 광활한 토지를 사들여 오래지 않아 만석꾼이 되었다. 진주 시내에서 포목상을 시작한지 12년여 만이었다.

사업확장은 거기에 머물지 않았다. 경남도청에서 화물자동차를 불하한다는 소식을 듣고 트럭 30대를 곧바로 인수했다(1944). 비록 지방의 작은 도시이긴 하지만 포목상과 수산업, 대규모 토지 경영에 이어 운송사업에까지 손을 뻗쳐나갔다.

그러다 이듬해에 8·15해방을 맞았다. 39살의 구인회에게 새로운 세상이 열린 것이다[5].

8·15해방 전 오늘날 SK그룹의 창업주 최종건(19세)은 일본인이 경영하던 선경직물의 기술자였다. 그는 일제강점기에 수원에서 태어났다 (1926). 아버지는 대성상회를 열었다. 수원의 잠업시장에 볏짚과 왕겨를

경성의 이화동 낙산 기슭(지금의 동숭동)에 설립된 경성직업학교. 2년제 수업을 했던 전문 직업학교 기계과에서 최종건은 현장 기술을 익혔다.

납품하면서, 인천 미두취인소에 쌀을 공급하던 상인이었다. 하지만 일제강점기 조선인이 경제적으로 성공하기란 결코 녹록치 않았다.

이처럼 암울한 시대 상황 때문이었는지 최종건은 어려서부터 책상 앞에 앉아 공부하기보다는 바깥으로 나가 운동과 놀이를 더 즐겨했다. 일제강점기 학교에서의 사정이 또 그렇게 만들었을 것으로 보인다.

하지만 조부의 열망이 컸다. 경성직업학교 기계과에 입학했다. 돌아보면 이때 그가 경성직업학교에 들어가 기술을 배우지 않았다면 오늘날 SK의 탄생은 없었을지 모른다.

경성직업학교 기계과를 졸업한 최종건은, 아버지의 권유에 따라 고향에 자리한 선경직물에 입사한다. 일본인이 경영하던 선경직물은, 경성의 선만주와 일본의 경도직물이 공동 출자하여 설립한 직물 회사였다 (1939). 태평양전쟁이 한창이던 1942년 공장을 지어 '시루빠silver'를 생산했다. 시루빠란 군복의 안감으로 사용되던 군수 천이었다.

3급 기사 자격증을 가진 기술자로 선경직물에 입사한 그는, 얼마 되지 않아 약관의 18세에 생산부 2조장으로 발탁되었다. 100여 명의 직조 종업원들을 편성해서 이끌었다. 당시로선 파격적인 인사였다.

생산부 2조장 최종건은 생산계획과 품질관리까지 맡아 수행했다. 또 틈틈이 직조 종업원들의 애로사항을 해결해주고, 고장 난 기계를 고쳐줌으로써 직조 종업들로부터 신뢰를 얻었다.

한데 얼마 지나지 않아 갑자기 일본이 패망했다. 어느 날 뜬금없는 바람처럼 감격스런 해방을 맞이했다. 해방 정국의 혼란 속에 최종건은 선경직물 치안대를 조직하고 나섰다. 선경직물의 일본인 간부들을 무사히 귀환할 수 있도록 도와주는 대신, 수많은 종업원들의 일터인 회사를 안전하게 지키는데 성공한다.

이 같은 일이 가능했던 건 종업원들과 최종건 사이에 평소 형성되어 있던 신뢰가 컸다. 그 같은 신뢰는 이후 그를 생산 현장의 리더인 공장장으로 활약할 수 있게 해주었다. 선경직물의 실질적인 사주로 추대되었다. 그의 나이 불과 19살이었다[6].

8·15해방 전 오늘날 한진KAL그룹의 창업주 조중훈(25세)은 쇳소리 요란한 공장의 현장에 있었다. 서울 용산역의 용산공작창에서 기술요원으로 은신 중이었다.

어려서부터 그는 비행기, 자동차, 선박 따위의 그림책과 그 모형만들기를 좋아했다. 조중훈이 휘문고보를 졸업한 뒤, 진해에 있는 해원양성소(지금의 해양대학교)에 입학하게 된 것도 그런 이유에서였다.

해원양성소를 졸업하자 일본 고베에 자리한 후지무라조선소에 취직할 수 있었다. 잠수함·구축함 등의 전함을 만들어내는 후지무라조선소

에 근무하는 동안 그
는 엔지니어로서 당장
꿈이 실현되는 듯싶었
다. 더욱이 대형 수송
선의 2등 기관사로서
중국 텐진·상하이·홍
콩·마카오와 필리핀
의 마닐라 등 동남아
일대를 두루 돌아보면
서, 자신의 기술로 사
업을 할 수 있다고 생
각했다.

조중훈은 자신의 기술로 엔진 수리공장 사업을 시작했다. 그
러나 태평양전쟁으로 엔진 수리공장이 강제 병합된데 이어,
징집영장마저 날아들자 용산공작창에서 기술요원으로 은신
하던 중이었다.

마침내 일본에서의 안정된 직장생활을 청산한 뒤 고국으로 돌아왔다
(1942). 그동안 푼푼이 아껴 모은 돈으로 보링 기계 1대를 마련해서, 인천
의 선창가 한 모퉁이에 자동차 엔진 수리공장 이연공업사의 간판을 내
걸었다. 그의 나이 22살, 지금의 한진KAL이 탄생하는 첫 씨앗이 움튼
순간이었다.

자동차 엔진 수리공장은 순조로웠다. 경성이 아닌 인천의 선창가를
택한 것은 견문이 넓은 그만이 착상할 수 있는 감각이었다.

당시 인천의 선창가에는 중국과 홍콩 상인들이 들끓었다. 더구나 태
평양전쟁이 시작된 터라 물류 이동이 많아 화물트럭들이 끊임없이 드나
들었다. 엔진 수리를 받아야 하는 트럭도 그만큼 많았다.

한데 태평양전쟁이 그의 발목을 잡았다. 기업정비령에 따라 조중훈의

이연공업사는 일본의 군수업체인 마루니회사에 강제 합병되고 말았다.

불운까지 겹쳤다. 징집영장이 날아든 것이다. 일본군의 총알받이가 되지 않기 위해 조중훈은 군수공장인 서울 용산역의 용산공작창에 기술요원으로 은신했다.

일본은 오래 버티지 못했다. 이연공업사를 강제로 빼앗긴 지 3년여 만에 용산공작창에서 그는 조국의 해방을 지켜보았다[7].

8·15해방 전 오늘날 금호그룹의 창업주 박인천(45세)은 20년 공직 생활을 떠밀리다시피 떠난 직후였다. 아무 할 일도 없는 백수나 다름 아니었다.

그는 어린 시절 아버지를 일찍 여의면서 학교 공부를 전혀 하지 못했다. 순전히 독학으로 공부해서 어렵다는 순경 시험에 합격했다.

박인천의 꿈은 그보다 높은 보통문관 시험이었다. 말단 순경으로 근무를 마치고 나면, 피곤한 몸으로 하숙집으로 돌아와 꼬박 밤을 세워가며 공부에 전념했다.

그런 결과 5년 뒤엔 마침내 보통문관(지금의 행정고시) 시험에 합격했다. 아침에 눈을 뜨자 말단 순경에서 순천경찰서 순사부장으로 발령을 받았다. 이후에도 승진을 계속해서 판임관까지 올랐다.

한데 고위 경찰직을 그만 두고 싶어 했다. 그가 다음 목표로 삼은 건 변호사였다. 더구나 창씨개명을 하지 않는다는 이유로 새로이 부임해온 경찰서장의 눈 밖에 났다. 끝내 나주군청으로 좌천되고 만 것이다.

나주군청에서 맡게 된 보직은 노무계장이었다. 징용자 80명을 당장 조선인으로 뽑아오라는 지시가 떨어졌다.

박인천은 지시에 따를 수 없었다. 아무 미련도 없이 20년 공직생활의 종지부를 찍었다.

이때 어린 자식이 다섯이었다. 오십 줄을 바라보면서 아직 집 한 칸 마련치 못한 상태였다.

그렇게 8·15해방을 맞았다. 박 인천은 공무원 복직을 바랐다. 하지만 어려울 것이란 소리만 돌아왔다.

그러던 어느 날 길거리에서 우연히 친구를 만나게 되었다. 친구는 양약 장사를 해보라며 권했다. 수중에 돈이 있을 리 만무했다. 친구는 남의 돈을 잠시 빌리

8.15해방은 혼란의 연속이었다. 열차가 없어 배정받은 양약을 지방으로 가져오지 못해 전전긍긍하고 있을 때 박인천이 성공리에 수송해온다. 이때의 경험치로 돈을 빌려 운송사업의 길로 뛰어든다.

면 되지 않느냐고 요령 없는 그를 일깨워 주었다.

친구가 일러준 대로 따랐다. 양약을 배정받기 위해 의약품배급회사를 찾아갔다. 회사는 한숨만 내쉬었다. 배급받아 놓은 양약을 서울에서 가져올 적임자가 없다며 안타까워했다.

해방 직후 모든 게 극심한 혼란 속에 빠져있을 때였다. 열차를 배당받는 교섭이란 꿈꾸기도 어려웠다. 더구나 도둑까지 들끓어 무사히 가져올 방법이 없어 전전긍긍하고 있었다.

박인천은 자신이 가져오마고 했다. 회사 또한 약품 값만 준비해오면 위임장을 써주겠노라 약속했다.

그 길로 광주에서 소문난 최 부자를 찾아갔다. 최 부자에게 16만 원(해

여기저기서 빌린 돈 17만원으로 포드 디럭스 36년형 중고 택시 2대를 구입하고 여관방 하나를 얻어, 박인천이 운송 사업을 시작한것이 금호그룹의 첫 시작이었다.

방 직후 극심한 인플레로 지금 돈으로 환산키 어려움)을 빌려 상경했다. 의약품 보급처에서 양약을 배급받는 것까지는 순조로웠다.

문제는 극심한 혼란 속에서 열차를 배당받아내는 일이었다. 석탄이나 미군 물자 수송에 우선 배당된 열차를 민간업자가 빌린다는 건 불가능에 가까웠다.

그럼에도 굴하지 않았다. 미군정청과 서울역을 부지런히 뛰어다녔다.

지극정성 앞에 하늘이라도 움직인 걸까? 가까스로 열차를 배정받을 수 있었다. 열차는 일주일 후에 광주에 도착할 예정이라고 했다. 일주일 동안 약품을 도둑맞지 않기 위해서는 잠시라도 열차를 떠나지 못한 채 꼼짝없이 지켜야 했다.

도리가 없었다. 어떻게든 버텨야 했다. 열차 안에서 먹고 잤다. 광주 송정리역에 도착한 건 꼬박 열흘이 지나서였다. 광주 송정리역에 도착

경기공립상업학교 시절 김종희(사진 위)는 일본인 경창서장의 집에서 하숙했는데, 그 인연으로 졸업 후 취업하게 된 조선화약공판. 화약이라는 취급 제품의 특수성 때문에 조선인 채용을 극히 피했다.

한 박인천의 몰골은 이제 막 탄광의 갱구 속에서 빠져나온 광부 그대로 였다. 그야말로 목숨을 건 수송이었다.

고생한 보람도 있었다. 약품은 이내 22만 원에 팔려나갔다. 6만 원이 라는 적지 않은 이익금이 남았다.

그는 최 부자를 찾아가 빌린 돈 16만 원과 함께 이익금 6만 원마저 고 스란히 내놓았다. 최 부자는 사례금으로 5천 원을 손에 쥐어주었다. 이 익금에 비해 터무니없는 배당이었다.

그러면서 최 부자는 자신과 함께 운송 사업을 해보지 않겠느냐며 넌 지시 박인천을 붙잡았다. 당시 인구 8만 명을 헤아린다는 광주에 교통 수단이 거의없는 실정이었다.

박인천도 자신의 이름으로 사업을 해보고 싶었다. 하지만 최 부자는 아니었다. 강진의 지주 유재의를 찾아가 10만 원 을 빌렸다. 또 여기저 기서 조금씩 빌려 모은 7만 원을 합쳐 도합 17만 원을 모았다.

그런 다음 서울에서 중고 택시 2대를 구입하고, 여관방 하나를 얻었다. 택시 사업 면허를 받기 위한 준비 작업에 들어갔다. 지금의 금호그룹이 첫걸음을 내딛는 순간이었다[8].

8·15해방 전 오늘날 한화그룹의 창업주 김종희(25세)는 화약을 전문으로 하는 군수산업체에 근무하고 있었다. 그가 일찍이 화약과 인연을 맺게 된 것은 아주 우연한 기회였다. 일본인 경찰서장의 집에서 하숙을 하게 된 인연으로 상업학교를 졸업하던 해(1941) 곧바로 조선화약공판에 취직을 하면서였다.

조선화약공판은 조선에 만들어진 여러 화약공장에서 생산되는 제품을 전량 구매 인수하여 독점 판매했다. 그뿐 아니라 여러 화약공장에서 필요한 원재료를 일괄 구매해서 공급하는 일까지 전문으로 하는 군수업체였다. 취급 제품의 특수성을 들어 조선인 채용을 극력 피했다.

따라서 일제가 패망할 때까지 조선화약공판에 근무했던 직원 가운데 한국인은 손에 꼽을 정도였다. 일본 와세대대학을 졸업하고 이 회사에 입사한 관리과의 창고계장 김봉수를 비롯해서 민영만, 김덕성, 김종희 등 5명에 불과했다.

김종희도 들어오기 어렵다는 조선화약공판에 입사했으나 화약에 대해선 별반 관심이 없었다. 어떻게든 일본으로 유학을 떠나 못다 한 공부를 마치고싶은 열망뿐이었다. 그런 김종희를 붙잡은 건 일본인 생산부장이었다.

'이 바닥에서 입신하려면 먼저 화약 지식을 쌓아야 한다. 앞으로 생산 실태를 파악하기 위해 여러 공장으로 직접 출장을 나가게 될 텐데. 그런 기회에 보다 많은것을 보고 듣고 배워라. 장차 네가 화약회사 사

장이 되지 말란 법도 없질 않느냐?'

8·15해방이 되었을 때 조선화약공판에 남아 있는 한국인 간부사원은 고작 2명 뿐이었다. 창고계장 김봉수, 생산계장 김종희였다.

조선화약공판은 졸지에 주인을 잃은 채였다. 해방 공간의 혼란 속에 표류하던 조선화약공판의 운명은 한 치 앞을 내다보기 어려웠다.

결국 조선화약공판은 자신의 앞날을 책임질 자치위원회 위원장으로 김종희를 선임했다. 그의 나이 25살이었다[9].

같은 시기 훗날 대우그룹을 일으킨 김우중은, 갓 10살의 어린 초등학생으로 장차 자신이 펼쳐갈 꿈을 대구 지역에서 키워가고 있었다. 롯데그룹의 신격호는, 해방 이후 귀국하지 못한 채 일본에 잔류하면서 하카리특수과학연구소에 이어 롯데제과를 설립했다. 한편 최초의 근대 기업가로 입신한 박승직상점의 박승직은 아들 박두병에게 '두산'이란 사명을 새로이 지어주며 상계의 역사에서 첫 2세 경영체제로 돌입하고 있었다.

"
해방 직후 황금알을 낳는 '정크무역'
"

갑자기 찾아온 8.15해방(1945)은 연속과 단절의 측면이 동시에 작용하고 진행되는 것을 뜻했다. 그러나 해방 초기만해도 연속보다는 단절의 측면이 보다 두드러졌다. 또 이런 단절은 오랫동안 자본과 기술, 시장에서 일본 경제에 깊숙이 편입되어 있던 일제강점기 경제 구조의 허망한 붕괴로 나타났다. 대부분 공장의 주요 기술자들이 일본으로 귀국하면서 원료 부족, 경영능력 부재 등으로 가동이 중단된 상태였다.

그나마 가동되는 데라야 한국인이 소유하고 있던 공장이었다. 경성방직, 동양방직, 조선견직과 함께 몇몇 보잘것없는 고무공장이나 성냥공장 등이 고작이었다. 더욱이 이들 공장 역시 북한에서 공급받던 송전 중단과 조직적인 노조 파업 등 정치사회적 혼란이 가중되면서 끝내 가동이 멈추고 말았다.

그럼에도 8·15해방은 감격에 겨웠다. 잠시 이성을 잃어도 좋을 만큼 먹고 입을 것 또한 넘쳐났다. 일제가 항복을 선언하면서 미처 다 가져가지 못한 일본군 보급 창고에서 흘러나온 각종 군용식량과 피복류, 그리고 일본 산업체의 재고품 따위가 길거리로 무한정 쏟아져 나왔다.

더구나 해방이 되던 해에는 일찍이 보지 못한 풍년이었다. 일본으로 쌀을 공출하지 않아도 되었기에 식량 공급이 차고 넘쳐났다. 엊그제만 해도 만주산 좁쌀조차 없어 콩깻묵으로 주린 배를 채워야 했던 농촌은 모처럼 백설 같은 쌀밥으로 배불리 먹

총독부 청사 안에서 일본이 연합군 사령부에 항복 문서를 서명하는 것으로 우리는 8.15해방을 맞았다. 한반도는 감격했고, 잠시 이성을 잃어도 좋을 만큼 먹고 입을 것 또한 넘쳐났다.

었다. 집집마다 술까지 빚어 마셨다. 일제의 가혹한 수탈 속에 허리띠마저 졸라야 했던 결핍 따윈 까마득히 잊은 채 농촌과 도시할 것 없이 흥청망청 물 쓰듯 했다.

그러다 해를 넘기기 전부터 도시에선 벌써 쌀 부족 현상이 일어나기 시작했다. 쌀 배급소에서 나눠주는 배급량이 턱없이 줄어갔다. 5일치 분량이라고 나눠준 게 겨우 하루 먹고 나면 밑바닥이었다.

당시 신문도 식량 부족으로 굶주리는 시민들의 고통을 전한다. '일본 제국주의의 폭학도 능히 조선 민중에게 최소의 호구량을 보장할 수 있었나니. 조선 해방의 은인이며 조선 독립의 원군인 미군정 당국이 어찌 이

에 무관심할 수 있으랴…' 하고 미군정청을 따갑게 비난하고 나섰다. 미곡의 수집과 배급을 미군정청이 아닌 민간인에게 맡겨줄 것을 주장했다.

며칠 뒤엔 쌀을 달라고 시청 앞에 모여든 군중 가운데 어떤 부인이 총에 맞아 부상당한 일이 벌어졌다. 신문이 다시 나섰다. '쌀 대신에 총부리 응수, 어제 시청 앞에 유혈의 참극'이라며 사회면을 장식했다.

미군정청은 두 신문 기사를 포함한 몇 건의 기사를 문제 삼았다. 「조선인민보」의 홍증식 사장과 김오성 편집국장을 군정포고 위반 혐의로 구속해버렸다.

하지만 신문의 보도는 결코 과장이 아니었다. 그즈음 서울역을 이용하는 하루 승객 2만 명 가운데 절반가량이, 굶주리고 있는 가족을 위해 호남 등 지방으로 쌀을 구하러 오가는 사람이었다. 굶주린 군중은 목포나 군산에서 한강을 따라 운반해오는 쌀 상인만을 기다리고 있었으며, 쌀을 살 수 없는 남편이 아내와 아이들을 죽이고 자신도 자살하는 사건까지 일어날 정도였다.

심지어 미군정청 산하의 방송국에 종사하고 있는 이들마저 식량 부족을 호소할 지경이었다. 당시 「한성일보」 기사를 보면, '쌀 기근의 소리는 서울 중앙방송국에까지!'라는 제목과 함께 '중앙방송국 기술진은 지금 받고 있는 급료로는 도저히 생활을 유지할 수 없어, 마음 놓고 방송업무에 종사할 수 없으니. 급료를 인상하여 주거나, 쌀을 매일 2홉씩 배급하라고 총파업을 단행했다'라고 쓰고 있다.

미군정청 감독관은 곧바로 방송 개선안부터 제출하라고 종용했다. 중앙방송국 문제안 기자는 자신의 의견서를 제출하면서, 동시에 방송국 직원들의 호구지책 또한 함께 거론했다.

미군정의 명령을 거부하고 집단 농성을 벌인 서울 신당동 일대 주민들의 시위 소식을 실은 1947년 1월 17일자 한성일보 기사. 서울역은 지방으로 쌀 구하러 오가는 인파로 북적였다.

'나는 크게 부르짖는다. 내 어머니에게 쌀을 달라! 그렇지 않으면 나
에게 죽음을 달라! 쌀만 내 어머니에게 풍족히 준다면 나는 조선방송
사업을 위해서 내 목숨을 아끼지 않으리라!'

중앙방송국의 사정이 이럴진대 다른 곳은 두 말할 필요도 없었다. 당시 「전국노동자신문」 기사를 보면, 광화문 체신국과 서대문 체신국에서 '쌀을 구하러 간다'는 결근자가 매일 혹은 월요일마다 10명 내지 20명'이 나왔고, 서울 중앙우편국의 경우 한 달에 40~60명의 결근자가 나왔다[10].

해방 직후 이 같은 쌀 부족 현상은 비단 우리만이 아니었다. 일본 또한 다르지 않았다. 그동안 조선에서 생산되는 쌀 1,300만 석 가운데 무려 1,000만 석 가까운 쌀을 해마다 강제 공출해 가져가 식량 문제를 해결해왔던 일본은, 패망과 함께 쌀 공급이 단절되면서 당장 식량 기근에 허덕였다.

해방된 조국으로 돌아가기 위해 꾸역꾸역 귀국선에 몸을 실린 해외 동포들. 해외 동포들의 귀국은 갑작스런 인구폭증을 불러 일으켰고, 결과적으로 물자 부족을 부추기면서 사회 혼란으로 이어졌다.

일본은 힘센 미국을 움직였다. 한국에서 쌀을 수출케 하도록 압력을 넣었다. 그렇게 8만 석 가량의 쌀이 한국에서 일본으로 공식 수출되었다.

그것만으로는 턱없이 모자랐다. 투기꾼들이 나서 작은 동력선을 이용하여 일본으로 쌀을 밀수출하기 시작했다.

일본인들은 두 팔을 벌려 환영했다. 투기꾼들은 일본에 쌀을 넘겨주고, 한국에서 구하기 어렵다는 감귤에서부터 시멘트 · 카바이드 · 가성소다 · 화장품 · 의약품 따위를 가져와 몇 배의 차익을 남겼다. 비록 강제공출 규모에는 미치지 못하더라도, 해방 이후 밀무역으로 다시금 쌀이 일본으로 일부 빠져나가면서 쌀 부족 현상을 더욱 부채질한 것이다.

더군다나 갑자기 인구까지 크게 늘었다. 해방 한 해 전(1944) 남한의 인구는 약 1,656만 명이었다. 한데 해방 이듬해에(1946) 약 1,937만 명으로 늘었다. 2년여 동안 무려 280만 명이 증가했다.

이 같은 인구 증가는 자연 증가에 의한 성장도 포함되었지만, 그보다는 일제강점기에 일본과 중국 . 러시아 등지로 뿔뿔이 흩어졌던 해외 동

연합군을 환영하는 거리 행진을 벌이는 보이스카우트 대원과 동대문 석대 위에 올라가 구경하는 서울 시민들.

포들이 속속 귀국한데 따른 거였다. 여기다 북한에서 남하한 사회적 이동까지 더해지면서, 해방 이후 남한 인구는 눈 깜짝할 사이에 200만 명 이상이 폭증했다.

　이 같은 인구의 폭증은 남한의 물자 부족을 더욱 부채질했다. 해방과 더불어 경제활동이 대부분 단절된 상태에서, 결국 부족한 물자를 공급받을 수 있는 길이란 오직 무역밖에는 없었다.

　이럴 때 불어 닥친 열풍이 중국을 상대로 한 '정크junk무역'이었다. 정크선이란 딴 게 아니었다. 무동력의 중국 돛단배쯤으로 보면 틀림 없었다.

총독부 광장에 펄럭이던 패망국 일장기가 내리진 뒤 우리나라 태극기가 아닌 미국의 성조기가 올라가고 있다. 한반도를 지배하는 최고 통치기구가 총독부에서 미군정청으로 바뀌는 순간이다.

또 이런 정크무역이 언제 어떻게 처음 시작되었는지도 확인할 길은 없다. 다만 해방 전후 일부 중국의 정크선박이 서해를 건너 인천을 드나들었고, 그들은 주로 고추 · 마늘 · 한약재 · 옷감 등의 생활필수품을 싣고 들어와 마른 오징어나 건어물 · 인삼 등을 가지고 돌아갔다.

한데 해방 이듬해부터 갑작스레 봇물이 터졌다. 중국의 정크 선박들이 천진, 대련, 청도 등지에서 일본군 보급 창고나 일본 산업체의 창고를 털어 대량으로 물자를 싣고 들어오면서부터였다.

피차 마찬가지였다. 우리 역시 가뜩이나 물자 부족에 허덕이고 있는 터에 마다할 이유가 없었다.

정크무역은 이처럼 일본으로부터 약탈한 물자를 서로 물물 교환하는 방식이었다. 그러다 점차 상리를 노리는 물자교환의 단계로까지 확대되어 갔다.

그렇더라도 상대 국가의 공식 허락 없이 이루어지는 교역 활동은 일종의 밀무역이었다. 분명 단속 대상일 수밖에 없었다.

하지만 미군정청은 모르는 체해줬다. 정크무역에 대해선 아편 등 일부 특별 관리품목을 제외하곤 별다른 제약을 가하지 않았다.

당시 미군정청 상무부 무역행정 고문으로 거윈 준위가 있었다. 인천항만사령부에는 상무부에서 파견나간 길버트 상사가 상주했다. 하지만 수출입에 관련된 사항은 거윈 준위의 서명 정도로도 충분했으며, 정크선의 입출항, 하역, 선원들의 상륙에 대해서는 길버트 상사로부터 허가를 받아야 했으나 대부분 무사 통과였다.

이 같은 분위기 속에서 해방 이듬해(1946)에 정크무역이 활발했다. 한 해 동안에 무려 3백여 척의 정크선이 인천항을 드나들었다.

정크무역이 활발하자, 미군정청은 무역업자의 난립을 막기 위해 나섰다. 외국무역규칙 제1호를 공포하여 무역 면허제를 실시했다.

하지만 자본금이나 실적 등에 대한 규제 없이 신청만 하면 누구에게나 교부해주는 형태였다. 무역 면허증을 교부받은 무역업자가 무려 528명이나 되었다. 고작해야 면허 1호가 누구냐 하는 정도의 관심사였다.

면허증 1호는 세간의 예상과 달랐다. 건설실업 대표 김익균에게 주어졌다. 화신무역 회장 박흥식은 무역 면허증 1호가 자신에게 주어지지 않았다고 항의하는 소동까지 벌였다.

이건 그럴 만했다. 정크무역이 시작되기 훨씬 이전부터 박흥식은 화

인천항을 오갔던 중국 정크선junk ship. 해방 직후 일제가 미처 가져가지 못한 채 남겨두고 간 적산을 물물교환 방식의 정크무역이 중국과 한국 사이에 러시를 이뤘다.

신백화점 사업에 이어 무역업에도 본격적으로 뛰어든 터였다. 앞서 살핀 것처럼 그는 일본인 도매상들이 단합해 종이를 공급해주지 않자, 지구 반대편의 스웨덴에서 직수입해 들여와 돈방석에 앉았다. 남들보다 일찍 해외로 눈을 돌린 인물이었다.

그런 그가 자본금 275만 원(약 2,750억 원)을 투자해서 대규모 화신무역을 설립한 것은 해방되기 6년 전이었다(1939). 몸집만 큰 게 아니었다. 독일인과 일본인을 경영고문으로 위탁하고, 중국과 동남아는 물론 유럽과 아프리카에까지 진출하고 있을 정도였으니. 자신이 무역 면허증 1호가 되어야 한다고 항의를 벌일 만도 했다.

아무렇든 해방 직후 밀무역은 결코 놓칠 수 없는 기회였다. 서울뿐 아

(사진 왼쪽부터) 천우사 전택보, 대한전선 설경동, 삼일상회 김용주, 동아약품무역 강중희, 삼흥실업 최태섭. 부의 지도를 나라 바깥에서 찾기 시작한 무역의 1세대로 불리는 이들은, 이때 이미 동남아는 물론 유럽과 아프리카까지 진출을 꾀했다.

니라 돈푼깨나 가졌다는 이들이 전국에서 다투어 밀무역에 기웃거렸다. 패망한 일본으로부터 약탈한 물자를 밀거래하는 정크무역이야말로 황금알을 낳는 거위였다. 정크무역에 뛰어든 자라면 누구나 한몫 잡을 수 있는 절호의 찬스였던 것이다.

그러나 메뚜기도 한철이었다. 해방 직후 인천 앞바다를 뜨겁게 달구었던 정크무역도 오래 가지 못했다. 중국에서 건너온 정크 선박들로 조용할 날이 없었던 인천 앞바다도 오래지 않아 휑하니 정적만이 감돌았다. 갑자기 썰렁해진 바다 위에는 갈매기들의 울음소리만 무심하게 들렸다. 이쪽에 무슨 사정이 있어서라기보다는 바다를 건너오던 저쪽의 정크선들에게 문제가 생겼다. 중국이 공산화되면서 한때 성행했던 정크무역도 이태(1947) 뒤부터 빠르게 자취를 감추었다.

어쨌든 정크선이 실어온 밀무역이든 허가를 받은 공식 거래든 간에, 해방 전후 무역은 불황을 모르는 최대 호황 업종이었다. 부의 지도를 나라 바깥에서 본격적으로 찾기 시작한 첫 시도였다.

그러나 따지고 보면 무역은 이미 경성의 상계 시절부터 움텄다. 비록 일제의 3국 무역 단절로 뜻을 이루지는 못했으나, 무역은 그때 벌써 꿈틀댔었다.

우선 해방 직전 유한양행의 유일한은 동남아 진출을 꾀하고자 나섰다. 이화상점의 오계선은 만주에서 전쟁(1931)이 발발하기 전까지만 해도 베트남에서 수입한 쌀을 만주 군벌 장작림에게 군량미로 수출하는 기염을 토했다. 포항에서 철도화물 운송을 취급하다 삼일상회를 설립한 김용주(훗날 전방그룹 회장, 정치인 김무성의 부친)는, 수산·해운·무역을 벌여 중국 천진과 상하이 등지에 수산물을 수출했다. 함경도 청진에서 70여 척에 달하는 대형 선단을 이끌며 역시 정어리어업으로 상계에 등장한 설경동(대한전선 회장)을 비롯해서, 전택보(조선일보·천우사 사장)와 조영일(대성산업 사장) 등이 곡물류와 수산물을 만주와 중국에 수출하며 역시 부의 지도를 나라 바깥으로 넓혀나갔다. 해방 이후에도 무역업계는 한동안 이들이 지배했다.

이 밖에도 초기 무역업계는 박흥식의 화신무역 다음으로 염익하의 금익통상과 김규면의 삼양무역 등이 반짝 눈에 띄는 약진을 보였다. 하지만 오래가지는 못했다.

거래 실적만으로 보았을 때 해방 직후 국내 무역업계 랭킹 1위는 박흥식도, 설경동도 아닌 삼흥실업이었다. 만주에서 무역에 종사하다 해방 이후 돌아온 서선하·오천석·최태섭(한국유리공업 회장) 박창일 등이 합자해서 설립한 신생 무역회사 삼흥실업은, 마카오·홍콩 등지에 수산물·광산물·돼지털 따위를 수출하고 생고무·펄프·면사·화공약품 따위를 수입해 들여왔다.

수출 규모 면에서 계속해서 낯익은 이름들이 자리를 지켰다. 1호 무역 면허증을 따내면서 박흥식으로부터 항의 소동까지 받았던 김익균의 건설실업이 해방 이후에도 여전히 상위권을 형성했다.

신진세력의 도전 또한 맹렬했다. 중앙산업(조성철), 동아약품무역(강중희), 한국물산공사(강석천), 삼성물산상회(김만복), 조선약업진흥(전용순), 동화산업(장기식), 영풍상사(최기호), 상호무역(주요한), 대동산업(김지태) 등이 새로이 추격에 나섰다.

뒤이어 대구에서 삼성상회와 양조장을 경영하던 이병철이 상경해 삼성물산공사를 설립하는가 하면, 개풍상사(이정림), 남선물산(김원규), 미진상사(이연재), 범아무역(설도식) 등이 가세하고 나섰다. 이 가운데 동아상사(김인형)는 혜성처럼 나타나 도약을 거듭하면서 잠시 무역업계 선두주자로 부상하며 상계를 깜짝 놀라게 했다[11]. 해방 직후 극심한 혼란 속에서도 상계는 정크무역으로 재미를 톡톡히 보며 저마다 해외시장 개척에 눈길을 돌리게 되었다.

" 상계의 기업 마카오무역으로 비즈니스를 익히다 "

해방 직후 패망한 일본으로부터 약탈한 물자를 서로 교환하는 정크무역은 그야말로 황금알을 낳는 거위였다. 비록 밀무역이긴 했어도 당시 정크무역에 뛰어들지 않는 이는 상계에 이름조차 올리지 못할 만큼 대단한 열풍이었다. 그러나 이태를 넘기지 못했다. 중국의 만주와 복지나를 점령하고 있던 공산군이 점차 남진하여 정크무역의 본산이었던 천진·대련·청도·상하이를 차례대로 점령하면서, 서해를 건너오던 정크선들의 발길이 뚝 끊기고 말았다.

하지만 아쉬워할 겨를이 없었다. 곧이어 중국에서 다시금 손을 내밀었다. 이번에는 합법적인 무역 거래를 제의해왔다. 정크무역으로 치부한 중국 상인들이 속출한데다 한국이 황금시장으로 알려지면서, 이번에는 중국의 재벌과 군벌들이 한국과의 무역 거래를 요청하고 나선 것이다.

하기는 두 나라가 한때 정크무역으로 쏠쏠한 재미를 본 터라 피차 싫지 않았다. 게다가 우리보다 아쉬운 쪽은 중국이었다. 모택동의 공산군과 한창 전쟁 중이었던 장개석의 중국군은 무엇보다 군수물자 공급이

해방 직후 양복을 입은 중년 신사의 모습. 구식 기계에서 생산되어 품질은 거의 군용 담요 수준이었다. 하지만 일반인들은 이마저 없어 미군복을 염색해서 양복 대신 입고 생활했다.

절실했다. 중국의 재벌과 군벌은 일본이 미처 다 가져가지 못한 전략물자를 수집해가기 위해 이번에는 전쟁 상인으로 한국 시장을 지목한 것이다. 이른바 '마카오무역'의 시작점이었다.

이윽고 1947년 3월, 영국 무역선 페어리드호가 마카오에서 펄프·생고무·양복 옷감 따위와 같은 고급 소비재 물자를 가득 싣고 정크 선박이 떠나간 인천항에 뱃고동소리도 요란하게 입항했다. 당시 영국령 홍콩의 무역업자들은 수출입에 대한 영국 총독의 통제가 강화되어 홍콩이나 동남아 각지로부터 수집한 물자에 대해 수출 허가를 얻어내지 못하자, 홍콩에서 가까운 포르투갈령 마카오정청에서 수출 허가를 받아 선박을 띄울 수 있었다. 마카오무역이라는 용어도 실은 여기서 비롯되었다.

어쨌든 마카오무역의 시작을 알리면서 영국 무역선 페어리드호가 싣고 온 각종 고급 소비재 물자는 삽시간에 시중으로 흘러들어갔다. 또 이때부터 좀 눈에 띄는 고급 물품이다 싶으면 으레 마카오제라 일컬었다. 마카오양복을 입은 자를 '마카오신사'라고 불렀던 것도 바로 이 무렵부터였다.

그럴 만도 했던 게 마카오에서 들여온 양복지는 지금껏 경험하지 못한 거였다. 지구촌에서도 손꼽는다는 영국제 첨단 제품이었다.

가격 또한 상당히 고가였다. 마카오양복 한 벌 값이 당시 일반 회사원 3개 월치 월급에 해당하는 1만 원(약 500만 원)을 호가했다.

한데도 없어서 못 팔 지경이었다. 당장 먹을 식량이 없어서 서울역을 이용하는 하루 승객 2만 명 가운데 절반가량이 식량을 구하러 지방을 오갔던 시절에도 사람들은 마카오양복에 열광했다.

우선 마카오든 홍콩이든 무역을 하는 업자들은 바이어를 만나 협상을 성공시키기 위해서라며 너도나도 마카오양복을 지어 입었다. 장안의 재력가나 멋쟁이들 또한 예외가 아니었다. 이른바 종로 · 동대문 · 명동파로 불렸던 김두한 · 이정재 · 이화룡 등과 같은 조폭까지도 다투어 마카오양복을 빼입고서 거리를 누볐다.

변변히 먹을거리조차 없어 저마다 주리고 있는 시절에 이들의 옷차림은 세간의 관심을 끌기에 충분했다. 마카오신사라고 불렀다. 마카오신사야말로 해방 직후 첨단 패션을 일컫는 대명사였으며, 또한 부유함의 상징이기조차 했다.

참고로 당시 일반인들은 미군복을 염색해서 양복 대신 입고 다녔다.

양복지가 없지는 않았으나, 일제강점기에 설치되어 있던 구식 기계를 수리하여 생산한 것이라서 품질이 거의 군용 담요 수준이었다. 염색한 미군복의 양복에서 일반인들이 벗어날 수 있었던 건 이병철의 제일모직에서 국산 양복지를 생산하기(1956) 시작하면서부터였다[12].

먹을거리조차 없어 저마다 주리고 있던 시절에 마카오에서 건너온 양복지로 차려입은 자를 마카오신사라 불렀다. 사진은 백범 김구의 암살범 안두희가 빼입은 마카오정장 차림이다.

어쨌든 영국 무역선 페어리드호가 뱃고동 소리도 요란하게 인천항에 처음 입항했을 때 가장 먼저 무역 거래를 한 기업은 박흥식의 화신무역도, 무역 면허 1호인 김익균의 건설실업도, 거래 실적 1위인 최태섭의 삼흥실업도, 무역업계에 혜성처럼 나타난 김인형의 동아상사도 아니었다. 이들보다 한 발 앞서 잽싸게 정보를 입수한 염익하의 금익통상과 인천 지역에서 무역업을 하던 김규면의 삼양무역 몫이었다. 물론 페어리드호에 이어 다른 무역선박이 잇달아 인천항에 들어오면서 그런 무역회사들 역시 일제히 참여하게 되었지만 말이다.

아무렇든 마카오 무역선들이 싣고 온 상품은 때마침 물자 부족으로 허덕이던 우리의 입맛에 딱 맞았다. 생고무·양복 옷감·손목시계·면사·

양모 · 페니실린 · 사카린 따위였다.

대신 그들이 싣고 간 건 대부분 군수 물자였다. 대한중석에서 흘러나온 헤로중석과 헤로망간, 조선화약의 창고 안에서 유출된 염소산가리와 같은 화약 원료와 플라스틱 파이프를 비롯하여, 미군정청에서 불하한 지프나 트럭 등의 자동차를 해체해서 부품으로 분해하여 가져갔다. 특히 부평에 자리한 조선화약 부평조병창에선 창고 안의 재고에서부터 각종 공구, 심지어 바닥의 먼지까지 모조리 쓸어갔다는 후문이 전해지고 있다.

전쟁 중이었던 중국으로선 그만큼 군수물자가 절실했다. 당시 중국의 무역업자들은 대부분 군벌과 관계가 깊거나, 아니면 무역업자를 가장하여 민간 복장을 한 군인들이 적지 않았다.

또 이런 마카오무역은 앞서 정크무역과 마찬가지로 양쪽 모두 단단히 한 몫을 잡을 수 있는 절호의 기회였다. 이중에서도 단연 돋보였던 이는 영화물산의 신영균과 조선화약 부평조병창의 관리인 김 아무개였다.

먼저 대한중석의 창고 안에 쌓여있던 헤로중석과 헤로망간의 재고품을 불하받은 영화물산의 신영균은, 톤당 평균 5,500 달러씩 받으며 모두 2천 톤가량을 선적하면서 단숨에 1,000만 달러가 넘는 수출고를 올렸다. 같은 해 국내 전체 수출고 1억 달러 가운데 10분의 1를 기록하는 놀라운 성과였다.

조선화약 부평조병창의 관리인 김 아무개 또한 돈벼락을 맞으며 횡재했다. 최기호의 영풍상사가 마카오에 철광석을 수출하면서 기반을 잡은 것도 이 시기였다.

이쯤 되자 다급해진 쪽은 홍콩의 영국정청이었다. 그동안 홍콩에서 선적된 물자들이 마카오를 통해 우회 수출된다는 사실을 뒤늦게 깨닫고, 한국에 대한 직접 수출 허가를 적극적으로 발급하기 시작했다. 그러나 마카오와 홍콩무역은 사실상 수출 허가를 어느 지역에서 받았느냐는 구분일 따름이었다. 화물선에서부터 수출 물자, 무

우리나라 무역은 해방 이후 짧은 기간 정크무역과 마카오무역을 거쳐 일본과 홍콩으로 점차 확대되어 나가는 과정을 밟았다. 사진은 중국의 무역선이 마산항에 입항하여 환영식이 열리고 있다.

역업자 등에 이르기까지 내용 면에선 달라질 게 하나도 없었다.

결국 마카오무역의 열풍은 중국의 5대 재벌 가운데 한 사람인 이옥청 회장이 화물선 산제르니모호를 타고 직접 인천항으로 들어오면서 절정을 이뤘다. 산제르니모호의 선주이기도 한 그는, 서울에 체류하는 동안 하루는 명월관에서 술을 마시고 나오는 길에 그만 정체불명의 괴한들에게 납치되어 당국을 깜짝 놀라게 만들었다. 경찰 수도청장 장택상의 특명으로 대대적인 수사를 벌인 끝에 가까스로 구출되기까지 한바탕 소동이 일었다. 이옥청은 자신을 구해준 경찰 수도청에 당시 입이 떡 벌어질 거금인 500만 원(약 27억 원)을 사례로 기부하여 세간의 화제가 되기도 했다.

하지만 마카오무역 역시 정크무역과 마찬가지로 그리 오래 가지는 못

했다. 일본이 패망하면서 미처 다 가져가지 못한 군수물자라는 게 샘물처럼 무한정 솟는 것도 아니어서, 세밑에 이르기도 전에 창고 속의 재고 물자가 바닥을 드러냈다. 한국이나 중국 모두에게 아쉬운 일이었으나, 어차피 처음 시작할 때부터 예견된 종말이었다.

이윽고 1947년 여름, 아이비스호라는 홍콩 무역선이 가장 가까운 항로라는 이유를 들어 인천이 아닌 부산항에 입항하여 닻을 내리면서, 인천항은 정크무역에 이어 마카오무역까지 시나브로 종지부를 찍어야 했다. 바야흐로 인천항 시대가 저물고 부산항을 중심으로 하는 홍콩무역의 시대가 활짝 열렸다. 부산이 무역 항구로서 활기를 띠기 시작한 것도 이때부터였다.

정부에서도 뒤늦게 해외 수출시장의 가치를 발견하기 시작했다. 정크무역과 마카오무역의 열풍이 불어 닥칠 때까지만 하여도 강 건너 불구경하듯 바라만 보던 정부도, 홍콩무역이 시작되자 세관국에 이어 조선환금은행을 발 빠르게 신설하고 나섰다. 이 같은 정부의 지원 체제가 정비되면서 무역업계는 홍콩을 넘어 대일 무역, 대미 무역으로 점차 확대되어 나갔다.

특히 해방 이후 부산하게 현해탄을 오가던 선박들의 발길이 끊어지면서 그동안 파리만 날리던 대일 무역은, 이내 홍콩무역을 앞질렀다. 무서운 기세로 하루가 다르게 뜨거운 열기를 더해갔다.

정부는 거기서 머물지 않았다. 새로운 수출시장을 찾아 동남아 지역에 민간무역사절단을 파견시켰다. 이때 김인형의 동아상사 등은 동남아를 넘어 인도의 캘커타까지 진출하여 각종 잡화 오더를 받아오기도 했다.

김용주의 조선우선(해운) 소유 선박 앵도환호. 한국 국적을 가진 선박으로는 처음으로 바다를 건너 대외 항로에 취항했다. 박흥식의 화신무역도 이 선박으로 홍콩과 마카오에 건어물과 한천을 수출했다.

　이처럼 해외 무역이 날로 열기를 더해가자 우리 쪽에서도 마침내 무역선을 직접 띄우기 시작했다. 미군정청은 일본이 패망하면서 미처 다 가져가지 못한 적산敵産 기업이었던 해운회사 조선우선의 관리인으로 김용주를 지정하고, 조선식산은행으로부터 500만원을 대출받을 수 있게 해주었다.

　김용주의 조선우선은 이 대출금으로 일본이 남겨두고 간 낡은 화물선을 수리해서 1948년 봄 홍콩 항로에 처녀 취항했다. 선박명은 '앵두나무 섬'이라는 앵도환櫻桃丸이었다.

　앵도환은 한천(식용과 공업용의 우뭇가사리)을 싣고 홍콩으로 향했다. 부산항으로 돌아올 땐 생고무와 펄프 따위를 수입해왔다. 이렇게 앵도환은 한국 국적을 가진 선박으로 처음으로 바다 건너 대외 항로에 취항한 첫 선박이 되었다. 이듬해에 앵도환에 이어 금천호까지 정기 취항하면서 홍콩무역은 보다 활기를 띠어갔다[13].

이 시기 홍콩무역을 주도했던 기업은 박흥식의 화신무역, 김정도의 중앙교역, 김인형의 동아상사였다. 그러나 동아상사는 인삼 수출로 큰 위기에 처하면서 파산 직전까지 내몰렸다. 다행히 전택보의 천우사와 손잡고 일본에 가마니를 수출하면서 가까스로 회생했다.

사실 이때까지만 하여도 일본과의 교역은 공식적으로 중단된 상태였다. 다만 미군정청의 교섭으로 소금·김·멸치 등을 수출하고 대신 석탄을 수입하는 거래가 있긴 하였으나, 오직 정부 간의 교역이었을 따름이다.

한데 동아상사와 천우사가 일본에 가마니 30만 달러어치를 수출한 (1949) 것이 해방 이후 최초의 대일 민간 교역이었다. 당시 가마니는 쌀이나 보리, 콩, 고구마, 감자 등의 양곡이나 소금, 석탄과 같은 물자의 주요 포장재였다. 가마니 수출은 이미 한 해 전에 한국과 일본의 미군정청 당국끼리 결정된 사항으로, 당시 농업금융조합이 수집해 놓은 가마니 500만 장을 두 민간 상사가 대행 수출한 것이다. 가마니가 대일 수출 제1호 품목이었던 셈이다.

가마니는 일제강점기 일본에서 처음 들어왔다. 가마니라는 명칭도 일본어 '가마스'에서 비롯되었다고 한다. 당시 조선통감부에서 펴낸 '한국시정연보(1909)'에 의하면, 한 해 전 일본에서 새끼틀 19대, 가마니틀 495대, 마키노식 가마니틀 50대가 들어왔다는 기록이 있다. 이때가 가마니 제작의 시초일 것으로 보고 있다.

동아상사는 이처럼 대일 무역을 가장 먼저 선도했다. 가마니를 수출하면서 처음으로 대일 무역의 길을 연 동아상사는, 이후 김과 멸치 따위의 대일 수출을 지속적으로 확대시켜 나갔다. 또 이를 계기로 일본에 지점을 설치하고 정식으로 여권까지 발급받아 일본을 수시로 왕래하게 되면서, 동아상사를 뒤따라 대일 무역에 뛰어든 민간 상사도 하나둘 늘기 시작했다. 전택보의 천우사와 김용주의 대한물산 또한 동아상사에 이어 국내 무역회사로는 처음으로 일본에 지점을 설치하면서 본격적인 대일 무역에 뛰어들었다[14].

어쨌든 해방 직후 곧바로 시작되어 정크무역에서부터 마카오무역, 홍콩무역, 대일 무역은 일찍부터 해외시장의 가치를 이해하고 발견케 하는 계기가 되어주었음이 분명하다. 본격적인 경제개발이 시작되기 이전부터 해외시장을 개척하고, 아울러 학습하는 중요한 경험이 되었음은 두말할 나위가 없다. 그중에서도 마카오무역은 우리 기업들이 처음으로 비즈니스를 익힐 수 있었던 소중한 기회였다는 점에서 의미를 갖는다. 또 이때의 주역들이 결국 훗날 한국경제를 앞장서 이끌어나가게 된다는 사실이다.

제13장

8·15해방, 상계의 새로운 응전과 황금빛 기회

" 1945년 8월 15일, 조선총독부 "

1945년 8월 10일, 총독부는 단파 방송을 통해서 일본이 항복한다는 사실을 미리 알고 있었다. 미군 폭격기의 해상 공격이 치열해진 가운데 함경도 북쪽의 나진, 청진, 웅기에서 소련군의 공격과 상륙이 속속 시작되는 시점이었다.

일본 경찰의 총수 니시히로 경무국장은 걱정이 태산 같았다. 청진 지역의 소련군이 기차로 남하한다면 경성까지는 불과 20시간 밖에 걸리지 않을 것이었다.

그들은 경성에 도착하자마자 정치범들을 석방할 것이고, 약탈 · 폭행의 혼란의 상태에 빠질 것으로 판단했다. 이런 사태를 미연에 막자면 종전과 동시에 교도소 문을 먼저 열어야 하며, 치안 유지를 조선인들에게 맡겨야 한다고 생각했다. 이것을 수행할 인물로 니시히로는 송진우, 안재홍, 여운형 가운데 한 사람을 내심 점찍었다.

이윽고 8월 14일 밤 11시 무렵이다. 동맹통신사 서울지국을 통해 마침내 일본 천황의 항복 연설 원고가 총독부에 전해지자, 정무총감 엔도 등과 협의한 후 여운형에게 연락을 취하기로 했다.

8월 15일 아침, 여운형은 엔도 정무총감의 관사에서 치안유지 협력을 정식으로 수락했다. 송진우는 총독부의 제의를 일체 거절했던 것으로 전해졌다.

같은 날 낮 12시, 일황의 항복 방송이 있은 직후 총독부 제1회의실에서 간단한 의식이 있었다. 의식이 끝난 후 총독부를 비롯한 주요 관청이 가장 먼저 손댄 작업은 중요 문서의 소각이었다. '이름은 잊었지만 한 조선인이' 그걸 지켜보다 말고 당시 강원도 내무부 부장이던 오카노부에게 항의했다.

'도청에서 서류를 소각했는데, 아까운 일이다. 어느 미군 포로가 일본의 비행장에서 착실하게 일을 하기에 일본군 감독 장교가 칭찬했더니, 포로가 이렇게 대답했다고 한다. 일본군을 위해서가 아니라 장래의 미군 비행장을 위해 일하는 것이니, 일본인의 칭찬을 받을 필요가 없다고. 이 미군 포로의 원대한 심성에 비해서 조선 통치 30년의 결정을 단숨에 태워 없앤 일본인들은 얼마나 천박한가? 공개되는 것이 떳떳치 못해서 소각해 버렸다고 해도 무슨 할 말이 또 있겠는가?'

조선인은 덧붙였다. '3, 40년 후에 도래할지도 모를 진정한 동반자 시대를 위해서라도 자료로 남겨야 한다는 이상을 왜 갖지 못하느냐'고 질책했다.

조선에 살고 있던 일본인들도 총독부가 예상했던 것보다 훨씬 더 안전했다. 8·15해방 직후 일주일 동안 일본인 경찰에 대한 폭행 건수는 조

'지구상에서 볼 수 없는 파멸의 비'로 일컬어지는 원자 폭탄 공격이 히로시마와 나가사키에 이어지자, 일본 천황은 결국 1945년 8월 15일 정오 라디오 방송을 통해 전쟁 패배와 항복을 선언했다.

선 전역에서 고작 66건에 불과했다. 같은 시기 조선인 경찰에 대한 폭행 건수 111건에 비하면 60% 정도였다. 일본인 민간인에 대한 폭행 사건도 같은 기간 80건으로, 조선인에 대한 60건 보다 기껏 20건이 많았을 따름이다.

수치에서 볼 수 있는 것처럼 해방과 더불어 한순간에 지배의 위치가 뒤바뀌었음에도 조선에 살고 있던 일본인들은 일상 수준의 평온을 유지했다. 해방 직후 마치 아무 일도 없었던 현해탄을 건너 대부분 자국으로 무사히 돌아갈 수 있었다. 70여 년 전 겨우 54명이었던 재선 일본인들이 패망 직전 71만2,500명까지 증가한 숫자였다.

그들만이 아니었다. 만주에서 쫓겨 나온 숫자까지 합치면 해방 직후

해방 직후 일본 전통 의상과 나막신을 그대로 신은 채 서울 거리를 활보하는 일본인들. 항복을 선언했음에도 한국에 거주하던 일본인들은 총독부가 예상했던 것보다 훨씬 더 안전했음을 보여준다.

재선일본인들은 어림잡아 100만 명을 훌쩍 넘어섰다. 이중 해방 이듬해까지 89만 6,000여 명이 돌아갔다. 1961년까지 나머지 귀국한 숫자는 2만3,000여명이었다.

마지막 총독 아베 역시 무사히 현해탄을 건넜다. 점령군 사령관 하지 중장의 지시로 1945년 9월 19일 비밀스럽게 서울을 떠났다. 정무총감 엔도는 군정장관 아놀드의 지시를 받고 한동안 미군정청의 고문을 지내다, 10월17일 서울을 떠났다. 재무국장 미즈다 나오마사는 해방 전후 무차별 발행한 통화·재정 문제로 검사국의 조사를 받은 뒤에야 귀국했다. 경무국장 니시히로는 해방 전후 기밀비의 용도에 관해 미 헌병대에서 조사를 받은 이후, 미 헌병대의 호송으로 부산항에서 연락선에 실려 일본으로 떠났다.

자그마치 반세기에 걸친 역사의 단절이었다. 강제 점령이었다. 강제 수탈을 일삼았던 잔인한 일제의 침략사는 그렇게 시나브로 끝이 났다. 조일수호조규(1876) 체결 때 처음으로 남자 52명 여자 2명이 이 땅에 발을 들여놓은 이래, 그러나 마지막 순간까지도 그들은 조선에 대한 미련을 끝내 버리지 못했다.

"(일본)도지사는 배짱이 없다. 뚝심이라곤 없다. 우리는 절대로 철수를 안 한다. 다시 영사관을 설치하고, 거류민회를 만들고, 일본인 학교 등을 설치하면서, 앞으로도 적극적으로 조선에 머물 방도를 추진해야 옳지 않은가?"

달랑 몸뚱이 하나로 현해탄을 건너와서 많은 재산을 모아 치부한 부산의 일본인들은, 당시 경남지사 노부하라가 철수를 독려하자 오히려 그처럼 항변했다는 것이다[1].

'동척'의 85개 계열 기업, 폐쇄되다

8·15해방 당시 일제 식민경제의 마궁이었던 동양척식이 설립 또는 밀접하게 관계하고 있던 계열사는, 조선농지개발영단과 동척광업을 비롯해 모두 85개에 달했다. 동척은 이들 계열사에 적게는 1%에서 많게는 100%의 주식 또는 출자증권을 소유하고 있었으며, 이들 기업에 대한 동척의 자본불입액은 평균 40%대였다.

동척의 지점은 조선에만 부산·대구·평양·사리원·나진·원산·경성·대전·익산·목포 등 10개소에 달했다. 또 봉천 등 만주의 5개 지점과 북경 등 중국의 5개 지점이 있었고, 필리핀의 마닐라·싱가포르·인도네시아 스마트라에도 각기 지점이 설치돼 있었다.

이 밖에도 동척은 남미 아마존의 개발 이민과 함께 몽고의 목축과 석유 개발, 멕시코의 유전 경영, 북만주의 농·목장, 남방에서의 목재·제당·섬유·농림업 등 지구촌 곳곳에 마수를 뻗쳤다. 특히 조선에서의 토지 경영은 1926년도에 정점을 찍었는데, 전답·임야·택지·잡종지를 합해 3억5,000만 평(약 12만ha)을 헤아렸다.

자본금도 엄청나게 늘
었다. 설립(1908) 당시 자
본금 1,000만 원 가운데
250만 원(약 2,500억 원)을
불입하면서 시작한 동
척이, 종전 무렵(1945)에
는 자산 규모가 무려 9억
7,856만 원의 거대 다국
적기업으로 몸집이 불어
나 있었다.

일제가 조선의 경제 독점과 토지, 자원의 수탈을 목적으
로 세운 국책회사 동양척식주식회사. 일제 패망 직전 무려
85개의 계열사를 거느렸던 동척의 도쿄 본사 전경.

   그 사이 동척에는 초대 우사가와 이후 제11대 이케베까지 모두 10명
의 총재가 거쳐 갔다. 미야오는 제4대와 7대를 겸했으며, 마지막 총재
이케베는 해방 직전 부총재에서 승진한 인물이었다.

   그러나 1945년 여름은 이런 동척에도 시시각각 조여 드는 위기감 속
에 초긴장 상태였다. 마침내 8월 9일 자정에 소련군이 소만 국경을 넘어
섰다는 전보가 날아들었다.

   이윽고 8월 12일 밤, 만주 수도 신킹까지 진입해 내려온 소련군은 신
문지에 불을 붙여 들고 시가지를 누비며 약탈을 일삼았다. 동척의 신경
지점 차장의 관사가 화염에 휩싸이면서, 동척이 경영하던 해림목재공사
사원 일가족 4명이 불에 타 죽었다. 동척 신경지점의 사원과 가족들은
서둘러 평양으로 남하했다.

   동척의 장가구지점은 면양 2,000마리를 그대로 내버려둔 채 천진에
서 화물선 사세호로 귀국했다. 이 과정에서 축산기사 가도야마가 중국

인들에게 살해당했다.

  필리핀의 동척 마닐라지점은 일본군 패잔병들과 함께 정글을 떠돌다 거의 전원 사망했다. 싱가포르와 스마트라 지점에서도 다수의 동척 사원들이 목숨을 잃어야 했다.

  그 무렵 소련군이 진주한 북한에서 일본의 아이들 사이에 기묘한 놀이가 유행했다. 소련군 역할을 맡은 몇 명의 아이가 목침 크기만 한 빵 대신 벽돌을 끼고 길을 걸었다. 나머지 아이들은 소련군 역할을 맡은 아이들을 뒤쫓아 가며 말했다.

  "후레브 다와이(빵 좀 주세요)!"
  소련군 역할을 맡은 아이들이 멈춰 서서 이렇게 물었다.
  "마다무(여자) 있느냐? 돔마니(돈 많이) 있다."
  그러자 빵을 달라던 아이들이 이내 새침해져 토라졌다.
  "니엣또, 마다무 오부소(아니, 여자는 없다)."
  그러면 소련군 역할을 맡은 아이들이 일본 여자아이를 가리키며 말했다.
  "마다무 다와이(이 여자를 달라)."

  그러면서 다음 순간 아이들이 도망치고, 뒤쫓고, 구출하려는, 숨 가쁜 술래잡기가 벌어졌다.

  실제로 동척 나진지점 성진지소장 야마시다의 아내는 소련군들로부터 집단 성폭행을 당한 뒤 두 아이와 함께 살해당했다. 야마시다는 소련의 어선에서 강제 노동일을 하다 한쪽 눈알을 뽑힌 다음에야 가까스로

1945년 8월 25일, 평양에 진주한 소련군 선발대를 평양 시민들이 모여들어 구경하고 있다.

귀국할 수 있었다.

이 같은 북새통 속에 한 무리의 일본인들이 압록강에서 밀선을 탔다. 동척 출자율 93%로 운영되던 신의주 조선무수주정의 사원 가족 500여 명이었다.

3척의 밀선으로 각기 나누어 탄 이들은 38선 근처 한 어촌에 상륙했다. 또 험준한 산봉우리를 몇 개나 넘었는지 모른다. 이윽고 마지막 산기슭에서 이들의 안내를 맡은 조선인이 입을 열었다.

"이제 저 산만 넘으면 남쪽입니다. 나는 여기서 그만 돌아가야 합니다. 압록강을 떠난 지 벌써 사흘째로군요. 당신들을 무사히 안내한 것을 다행으로 생각합니다."

일본인들은 숨소리도 내지 못했다. 조선인 안내인은 마지막으로 인사 말을 건넸다.

"우리는 새로운 건설에 기쁨과 보람을 느끼고 있습니다. 당신네들도 낙심하지 말고 새로운 일본을 건설하십시오. 그럼 무사히 가시길 바랍니다."

동척 수탈 38년의 마지막 장면 가운데 한 토막이다. 그들 500여 명의 동척 사원 가족들은 이내 어둠 속으로 사라져갔다.

1945년 9월 30일, 연합군 총사령관 맥아더 원수에 의해 동척은 폐쇄 기관으로 지정되었다. 일제강점기 경제의 마궁으로 조선 수탈의 원흉이 었던 동척의 종말 선언이었다. 마침내 사무 정리를 끝내고 등기에서 완전히 사라져 청산된 날짜가 해방된 지 12년이 지난 1957년 섣달이었다[2].

"
'반민反民 1호', 화신백화점의 박흥식이라고?
"

지긋지긋한 일제강점의 사슬을 끊고 8·15해방(1945)을 맞이한 첫 반응은 민족의 환희였다. 오랜 세월 일본에 빌붙어 같은 민족을 유린하면서 갖은 부귀영화를 누렸던 친일파를 제외한 한민족 모두가 감격의 소식을 접하면서 우러나오는 환희의 기쁨을 억누르지 못했다.

> 이 몸이 울어 울어 우뢰 같이 크게 울어
>
> 망천후望天吼 사자되어 온누리 놀래고저
>
> 지치다 데깬 넋이 행여 내쳐 잠들리
>
> -안재홍, <이 몸이 울어>에서

> 얼마나 그리웠던가 이 창공
>
> 껴안고 싶은
>
> 아름다운 강산
>
> 무서운 연옥煉獄 속의

36년 동안

고난의 시험을 훌륭히 치렀다.

-이희승, <영광뿐이다>에서

옥에서

공장에서

산 속에서

지하실에서 나왔다

몇 천 길 차고 들어간 땅속 갱도에서도

땅 위로 난 모든 문짝은 뻐개지고

구멍이란 구멍에서 이들은 나왔다

그리고

나와 보면 막상 반가운 얼굴들

함께 자란 우리의 형제, 우리의 동포가 아니었더냐

-오장환, <찬가>에서

　해방을 맞아 고토를 되찾게 된 상계의 풍경은 도 어땠을까? 감격스런 해방의 기쁨에 마냥 가슴이 벅차올랐던 것일까? 다른 숱한 부호들은 차치하고라도 일제강점기 '조선의 3대 재벌'이라 일컬은 김성수, 민영휘, 최창학에 이어 종로통의 화신백화점 사장으로 경성 상계의 총아였던 박흥식은, 또 이런 전환기의 역사에서 어떤 운명이 서로 교차했던 것일까?

　먼저 경성의 상계 시절 조선 최고의 부호로 당당히 이름 석 자를 올렸던 '토지대왕' 민영휘는 그냥 건너뛰기로 한다. 앞서 이미 '조선 최고 부

8월 15일 정오, 일본 천황의 항복 소식이 전해졌음에도 차마 믿기지 않아서였을까? 서울의 거리는 조용하기만 했다. 이튿날 한낮이 되어서야 거리로 쏟아져나온 인파로 환희의 물결을 이뤘다.

자 민영휘의 최후'에서 상세히 살펴본 때문이다.

다음은 인촌仁村 김성수이다. 평생 고집스럽게 민족언론(동아일보)과 민족교육(고려대학교), 민족 기업(경성방직)에만 전념했던 그의 운명은 과연 어땠을까?

김성수는 해방 이후에도 평소 자신의 신념대로 언론과 교육사업에만 전념할 생각이었다. 하지만 조병옥 박사의 끈질긴 간청과 해방 공간의 혼란 속에서 민족진영의 정당이 필요하다는 인식 아래 한국민주당(지금의 민주당)을 결성했다. 한민당 당수에 선출된 뒤, 국회에서 3차 결선 투

부산 임시 수도 대통령 관저에서 이승만 대통령(가운데)과 김성수 부통령(오른쪽). 김성수는 야당인 한국민주당 후보로 당선이 되어 여당인 이승만과 반대쪽에 선 정치 노선으로 파란을 예고했다.

표까지 가는 치열한 접전 끝에 제2대 부통령으로 선출되었다(1951).

"나는 적임자가 아니다"라며 김성수는 부통령 취임을 한사코 거부했다. 그러나 "누구도 민의를 거역할 권리는 없다"라는 설득에 고집을 꺾지 않을 수 없었다. 그러나 재선에 눈이 먼 대통령 이승만의 전횡과 반민주적 처사를 고발하기 위해 끝내 부통령직을 내던지고야 만다. 그런 뒤 본래의 언론과 교육사업으로 되돌아갔다[3].

그러다 6.25한국전쟁이 끝난 직후 65세를 일기로 일찍 타계했다(1955). 국민장으로 치러진 장례식에는 전국에서 무려 100만 인파가 몰려들어 그를 애도했다.

다음은 금광왕 최창학이다. 황금광의 열풍을 쫓아 무작정 집을 떠난지 10여 년 만에 드디어 일확천금의 노다지 꿈을 이룬 최창학의 운명은 또 어땠을까?

'그는 자선사업이고, 육영사업이고, 영리사업이고, 아즉 아무데도 손을 대 인 곳이 업다 한다…. 그는 300만 원(약 3,000억 원)이나 되는 거액의 재산을 아즉 아무 기관에도 투자하지를 안코… 은행에서 연 18만 원(약 180억 원)의 이자로 뱃장고를 치면서' 1930년대 경성에서 가장 호화

경성의 상계 시절 금광왕 최창학이 가장 호화로운 저택을 소유했다는 죽첨정. 해방이 되자 이 저택
을 상하이 임시정부를 이끌고 돌아온 김구에게 헌납하면서 최창학은 새로운 살 길을 모색했다.

로운 저택을 소유했다. 1,700여 평의 대지 위에 2백90여 평에 이르는
양옥 건물 죽첨장(지금의 강북 삼성병원 본관)을 짓고서 사치와 향락, 돈 쓰
는 일에만 매진하고 있을 따름이었다.

이런 그가 다시 한 번 세상을 놀라게 했던 건 1938년 4월 8일자 「동아
일보」와 「조선일보」의 지면에서였다. 최창학 소유의 금광이 일본광업에
자그마치 600만 원(약 6,000억 원)에 팔렸다는 기사가 실렸다. 또 같은
날 「매일신보」의 '살인적! 황금경기, 최창학씨 소유의 대광산 8백만 원
에 매도설' 기사에서, 당초 알려진 매각 대금이 600만 원이 아니라 800
만 원(약 8,000억 원)에 달할 것이라고 추측하기도 했다.

최창학은 유달리 현금을 애호했다고 한다. 자신의 고집대로 일본광업
으로부터 매각 대금 600만 원 전액을 현금으로 받아내어 또다시 세인

조선 상계 시절 기업인들의 헌금으로 만들어져 일제에 헌납한 비행기. 자의든 타의든 조선 상계의
기업가들은 일제의 헌금 압박에서 누구도 자유로울 수 없었다.

들을 놀라게 만들었다. 이로써 그는 조선에서 '토지대왕' 민영휘에 이어
두 번째로 천만장자(약 1조 원)의 반열에 이름을 올렸다.

물론 이후에도 그가 무슨 사업에 투자를 했다거나, 벌였다는 소문 따
위는 들리지 않았다. 오직 사치와 향락, 돈 쓰는 일 말고는 눈에 띄는 활
약상을 찾아보기 어려웠다.

그랬던 최창학이 뜬금없이 신문사 경영자로 이름을 올렸다. 총독부
기관지 「매일신보」가 「경성일보」에서 분리되어 독립 법인으로 출범할
때 2만5,000원(약 25억 원)을 투자했다. 조선인으로서 최대 주주가 되면
서 상무취체역(상무이사)에 취임했다(1938).

그런가하면 태평양전쟁이 절정에 달했을 땐 임전보국단의 이사가 되
어 전쟁자금 모금 운동에도 나섰다. 일본 육군에 전투기 8대를 헌납하
면서 사회 지도층 인사로서의 귀감을 보였다. 춘원 이광수는 그 같은 애
국적(?) 활약을 신문에서 이같이 칭송했다.

조선민중의 애국심은 금차 시국의 깃발을 계기로 하여서 근래에 구체적으로 현로現露하기 시작하였다. 송산창학(최창학 이름)씨가 단독으로 육군기 8기를 헌납한 것이라든지, 유기 헌납이라든지, 공채 소화의 급증이라든지 다 그 발로여니와 흥아

중국 대륙에서 임시정부를 이끌며 독립운동을 벌였던 백범 김구와 미국에서 독립운동을 벌였던 이승만 사이의 갈등 구조 속에 육군 소위 안두희가 쏜 총탄에 암살당하고만 김구의 국민장 행렬.

보국단, 임전대책협력회 같은 단체적 애국운동이 치연熾然히 일어난 것으로 특필하는 일이다[4].

하지만 마침내 올 것이 오고야 말았다. 최창학은 총독부 기관지 「매일신보」 상무이사와 임전보국단 이사의 직함을 지닌 채 해방을 맞았다. 그의 애국적(?) 행위는 자고 나니 친일이라는 돌이킬 수 없는 주홍글씨가 되었고, 이제 다시 살아남기 위해서는 또 다른 노선을 당장 찾지 않으면 안 되었다.

그는 때마침 상하이 임시정부를 이끌고 돌아온 백범白凡 김구에게 자신의 저택 죽첨장을 헌납했다(이후 경교장으로 부름). 그뿐 아니라 김구가 이끄는 한국독립당에도 엄청난 정치헌금을 내놓으면서, 말하자면 자신의 운명을 김구라는 거목에 의탁한 것이다.

그러나 누가 알았겠는가. 5년 후 김구가 암살당하고(1949) 숙적이었던 이승만이 초대 대통령으로 취임하게 되면서, 그는 다시 고립무원의 처지에 놓였다. 이승만이 집권한 이래 최창학은 일체의 특혜성 사업에서 배제되었음은 물론 집요한 세무조사에 시달려야만 했다[5].

시련은 거기서 그치지 않았다. 집요한 세무조사를 받은 끝에 급기야 탈세 재판이 한창 진행 중일 때(1957), 돌연 그는 오산중·고등학교를 인수하고 재단이사장에 취임하게 된다. 오산중·고라면 남강南岡 이승훈이 평안도 정주에 설립하였다. 6·25한국전쟁 당시 피난하여 서울에 재건한 사학이었다. 그가 인수할 직전까지만 하여도 심각한 재정난을 겪고 있었다.

한데 재단과 학교장 사이에 그만 갈등이 빚어지면서, 결국 '중고등학생 동맹휴학'이라는 초유의 사건으로 비화되고 말았다. 최창학은 동맹휴학의 후유증이 미처 다 수습되기도 전인 같은 해 10월 갑작스런 심장마비로 생을 마쳤다.

조선 최고 부자 민영휘에 이어 두 번째로 천만장자의 반열에까지 올랐던 금광왕의 죽음치고는 너무나 허무한 최후였다. 또 이런 그의 최후는 신문 사회면 한쪽 귀퉁이에 겨우 몇 줄의 부고로 실렸을 따름이다.

> 오산중·고등학교 이사장 최창학씨가 12일 하오 7시 수동 의과대학 부속병원(지금의 서울대병원)에서 심장마비로 별세하였다. 고인의 유가족으로는 부인과 차남 그리고 여러 명의 손자들이 있으며, 장사일정과 장지는 13일 하오에나 결정될 것이라고 한다. 향년 69세이며 평안북도 구성 출신으로서 우리나라 금광왕으로 명성을 떨쳤었다.[6]

한편 종로통 화신 백화점의 사장으로 한때 조선 상계의 총아였던 박흥식의 운명 또한 다르지 않았다. 그 역시 일제의 사슬을 끊은 해방이라는 전환기 역사의 한복판에 고스란히 섰다. 또 박흥식이라면 그런 운명에 앞서

해방 이후 3년여 동안 극심한 혼란을 겪은 끝에 1948년 정부 수립을 위한 제헌의회 총선이 남한만의 단독 선거로 치러졌다. 선거 벽보에 후보자 선출 기호 대신 알기 쉽게 작대기를 사용하고 있다.

이른바 '앵도환 사건'부터 살펴볼 필요가 있다.

해방 이후 남북은 분단되었다. 우리가 요청하지 않았음에도 남쪽은 미군이, 북쪽은 소련군이 주둔케 되면서 허리가 잘려나갔다.

한데도 남북 교역은 한동안 별 문제가 없었다. 북한에서 남한에 전기를 공급해주는 대가로 남한에선 일용품 등 잉여 물자를 공급해주는 형태로 서로 오갈 수 있었다.

미군정청에서 쌀과 귀금속 등의 통제 품목을 제외한 북한과의 교역은 자유라고 정식 발표하면서, 민간 차원의 교류도 활발했다. 북한에선 전기 외에 비료와 수산물이, 남한에선 면화와 생고무 등으로 물물교환이 이뤄졌다.

그러던 남한에서 유엔 감시 아래 단독 선거(1948)가 실시되었다. 북한은 남한의 단독 선거를 문제 삼았다. 나흘 뒤엔 남한에 공급하던 전기를

해방 이후 3년여 동안 혼란의 소용돌이를 치른 끝에 총선을 통해 1948년 정부를 수립했다. 아울러 제헌국회가 열려 일제강점기 반민족 행위를 처벌할 수 있는 반민특위를 구성하고 출범시켰다.

일방적으로 끊어버렸다. 남북교역 또한 중단되고 말았다.

이윽고 같은 해 8월 15일, 이승만 정권은 제1공화국으로 출범했다. 출범과 동시에 북한과 송전 재개 교섭을 하면서. 중단된 교역도 다시 추진하기 위해 남북 교역에 관한 세칙을 발표했다. 이 조치에 따라 그해 12월 박흥식의 화신무역은 국내 최초로 무역선 2,200톤급 앵도환을 띄웠다. 뱃고동 소리도 요란하게 북한의 원산항으로 출항했다.

앵도환은 북한의 대외 무역 창구인 조선상사와 계약을 체결하고 면사, 생고무, 휘발유 등을 싣고 원산항으로 향했다. 돌아올 땐 흥남 비료 공장에서 비료를 싣고 오기로 예정되어 있었다. 선박의 안전은 조선상사가 보증했다.

한데 앵도환이 북한의 원산항으로 출항한 지 얼마 되지 않은 이듬해

반민특위는 제헌국회에서 의결된 특별기구로, 일제에 협력한 자는 최고 사형에 처할 수 있도록 했다. 그러나 친일파를 끌어안은 이승만 정권의 집요한 방해로 이듬해 폐지되면서, 친일 청산은 끝내 이뤄지지 못했다.

정초였다. 화신백화점의 박흥식이 그만 '반민反民특위 1호'로 전격 체포되었다. 북한은 기다리고 있었다는 듯이 체포된 박흥식이 친일파인 점을 문제 삼았다. 친일파인 반동분자의 재산이라는 이유로 앵도환을 원산항에 억류시켰다. 화물도 전량 몰수한 뒤 끝내 돌려보내지 않았다. 이른바 '앵도환 사건'이었다.

이 사건을 계기로 겨우 재개된 남북 교역은 완전히 중단되었다. 이후 남북 교역이 재개되기까지는 30여 년을 기다려야 했다.

이보다 앞서 제헌국회에선 '해방 이전의 악질적인 민족 반역자' 예컨대 일제 강점기에 작위를 받은 자, 고급 관리를 지낸 자, 밀정 및 악질 행위자, 중추원 부의장 이상의 고위직에 있었던 자, 군수공업을 책임 경영한 자, 기타 종교 문화 사회에서 일제에 협력한 자 등을 처단할 특별법인 '반민특위법'이 제정되었다(1948). 김상덕을 위원장으로 하는 특별조사위원회가 본격적인 활동에 들어갔다.

한데 그 첫 번째 대상자가 화신백화점의 박흥식이었다. 그의 죄목은 종전을 1년 남짓 남겨둔 1944년 당시 경성 상계의 유력한 기업을 규합하여 경기도 안양에 자본금 5,000만 원(약 5조 원) 규모의 조선비행기공업을 설립, 일제의 전쟁 수행에 지원했다는 죄목이었다[7].

뒤이어 자동차왕 방의석의 죄목이 공개되었다. 총독부 정치에 돈과 정신을 아낌없이 바쳐 끝내 중추원 참의라는 최고위직 자리에 앉았을 뿐더러, 태평양전쟁 중에는 총력연맹 이사로 또는 흥아국단을 조직하느라 동분서두하였고, 소위 애국기라는 이름을 붙여 일본 육군과 해군에 전투기 한 대씩을 바쳤다는 죄목이었다.

또한 만주국 경성주재 명예총영사와 중추원 참의와 총력연맹 후생부장을 역임한 경방의 김연수가, 미국 휠라헬리콥터학교 조정과를 졸업한 뒤 일본 군수산업에 몸담았던 신용욱이, 태창방직이 백낙승과 조선비행기공업의 김정호 등이 일제를 도와 반민족 행위를 저지른 죄목으로 줄줄이 체포되었다.

그렇잖아도 반민법 제정 과정에서부터 결말이 어떻게 날 것인지 예의주시하던 박흥식 은 처벌 대상에서 자신이 이미 제외될 수 없다고 판단했다. 벌써 그는 미국으로 피신할 준비를 마친 뒤였다. 진즉 여권까지 발부받아 출발 시기만을 저울질하고 있다가, 종로통에 자리한 화신백화점 별관 4층 사무실로 들이닥친 특조위 조사관들에게 붙잡히고 말았다.

반민특별조사위원회(이하 특
조위)의 간판이 내걸린 지 불
과 사흘만인 1월 8일 오후 4
시30분경이었다.

바로 몇 시간 전, 특조위
제3조사위(일반사회방면 조사)
오범영 부장은 조사관 이덕
근을 불렀다. 서울시경 형사
대 15명을 지휘하여 박홍식
을 체포해오라고 지시했다.
조사관 이덕근은 서울시경
에서 차출한 형사대를 이끌
고 화신백화점 별관 사무실
로 들이닥쳤다. 비서실의 문

반민족 처벌 대상 1호로 지목된 화신백화점의 박흥
식. 이미 그는 미국으로 도주할 계획을 세워 비자까
지 받아둔 상태였다. 하지만 기적적으로 들이닥친
수사관들을 피해 도망치다 체포되었다는 1949년 1
월 11일자 경향신문 기사.

을 열고 쇄도해 들어갔다. 저지하는 비서들에게 '특조위에서 왔다'는 외
마디 경고를 남기고 사장실로 쏜살같이 들어갔다. 박홍식은 흠칫 놀라
는 표정으로 일손을 멈추었다.

사태가 심상치 않다는 것을 눈치 챈 박홍식은, 잠시 시간을 달라고 간
청했다. 사장실에서 나가있어 줄 것을 부탁했다.

조사관 이덕근은 망설였다. 하지만 형사들을 이미 출구마다 배치해
놓은 터였다. 사장실 바깥으로 나와 비서실에서 기다리기로 했다. 시간
이 얼마나 흘렀을까? 한참을 기다려도 그가 나올 기미가 보이지 않았다.

그 순간 박홍식은 비서들과 구명책을 논의했다. 소나기는 피해 간다

서울 우이동 화계사를 방문한 임시정부 요인들. 앞줄 오른쪽 끝이 김상덕 반민특위 위원장, 두 번째 가 백범 김구이다. 김구의 서거로 반민특위도 강제 해산되고 말면서 친일파 처단은 끝내 무산된다.

고 했던가. 잠시 몸을 피한 후 사태를 관망하기로 했다. 뒷문을 열고 비상구를 통해 화신백화점 옆 골목으로 통하는 비좁은 계단으로 조심스레 내려갔다.

하지만 뒷문에도 형사들이 대기하고 있었다. 탈출 계획은 물거품이 되었다.

박흥식은 연행되어 특조위에서 간단한 예비 심사를 거쳤다. 그런 뒤 곧바로 마포형무소에 수감되고 말았다.

특조위는 박흥식에 대한 반민법 위반 사항에 대한 조사를 47일 동안 받은 끝에 무려 6,000여 쪽에 달하는 조사 기록을 구비하여 기소했다.

마포 형무소 독방에 갇혀 모든 것을 체념한 듯한 박흥식은 탄식했다. 조사 기간 동안 조사관에게 "나는 반민법 제1조 해당자부터 차례로 검거될 줄 알았는데, 내가 가장 먼저 잡힌 것을 보니. 내가 너무 이름이 났나 보다"라며 한숨지었다.

그러나 이승만 정권은 처음부터 '반민'에 대한 척결 의지가 없었다. 이승만 정권과 친일파가 반민특위를 와해시키기 위한 본격적인 반격을 시작한 것이다.

그 첫 번째 사건이 반민특위 위원을 비롯한 정부 요인 암살 음모였다. 이 암살 음모 사건은 친일 고위 경찰 노덕술 등이 반민특위를 와해시키기 위해 사주한 독립운동가 백민태가 먼저 자수하는 바람에 미수에 그친 사건이다.

두 번째 음모는 국회프락치 사건이다. 정권을 잡은 이승만이 국회를 장악하기 위해 국회프락치 사건을 일으켜, 반민특위법 제정과 특위에 적극적으로 활약한 소장파 의원들을 간첩 혐의로 몰아 구속했다. 이어 군중을 동원한 반공대회를 열어 '반민특위 내 공산당을 숙청하라!'는 구호를 외치며 반민특위의 사무실을 습격하는 사태까지 벌였었다.

이튿날 습격 사건의 배후로 지목된 친일파 최운하(서울시경 사찰과장)가 특위에 체포되자, 내무차관 장경근과 치안국장 이호가 특위에 최운하를 당장 석방하지 않을 경우 실력행사를 벌이겠다고 위협했다. 특위가 최운하의 석방을 끝내 거부하자 내무차관과 치안국장은 중부경찰서장 윤기병의 지휘 아래 반민특위 사무실을 급습케 했다. 반민특위의 특경대장 오세운 등 특경대원 35명을 무차별 폭행하고 중부경찰서에 감금시켜 버렸다.[8]

국회는 곧바로 반민특위 원상 복귀와 책임자 처벌을 정부에 요구했다. 하지만 이승만은 반민특위 습격은 대통령인 자신이 직접 지시한 것이라고 밝혔다. 반민특위 활동으로 민심이 소요되어 부득이 특경대를 해산시켰다고 해명했다. 국회는 이승만을 압박하기 위해 의원내각제로의 개헌을 추진시켰으나, 공교롭게도 이 무렵에 발생한 김구 선생이 암살되는 사건이 발생하면서 더 이상 논의를 이어가지 못했다. 반민특위의 활동은 사실상 무장 해제될 수밖에 없었다.

사실 반민특위는 해방과 더불어 예견되어 있던 통과의례였다. 빼앗긴 나라를 되찾으면서 일제에 빌붙어 협력을 했거나, 또 그로 말미암아 축재한 자들을 어떤 형태로든지 단죄하지 않을 수 없는 일이었다.

하지만 반민특위 1호로 체포되었던 박흥식은 곧잘 자신의 억울함을 토로했다. 그는 세상을 뜰 때까지 자신을 찾아오는 사람에게 자신은 친일파가 아니었음을 이렇게 항변하곤 했다.

…나 우리 민족 욕보인 것 없어요. 우리 민족에게 해를 입힌 것 없어요. 나 친일파로 매도되는 것이 평생토록 한이 되고 있어요. 상인으로서 보잘 것 없는 민족자본을 일으켜 조선 상권을 형성하기 위해 일본인들하고 친하게 지냈다고 친일파라면, 일제점령기의 시대를 지나온 이 나라에서 지금 살아있는 사람들은 그럼 어떤 사람들이라고 설명할 수 있겠어요? 나도 한이 맺혀있는 사람올시다[9].

하기는 일제강점기 체제에서 일제와의 협력을 거부한 채 기업을 경영한다는 건 현실적으로 불가능한 일이었다. 지금처럼 자유경제 속에서도 바늘 가는 데 실 따라간다는 정경유착의 고리가 근절되지 않은 터에, 하물며 전쟁을 치르고 있는 통제경제 속에서 정치권력과 등을 진 채 화신백화점과 같은 대기업을 경영하기란 어려웠을 것으로 보인다.

그 같은 통제경제 속에서 한인 기업가들이 선택할 수 있는 길이란 오직 두 가지뿐이었다. 일제에 협력하느냐, 아니면 기업을 그만 접느냐 하는 거였다.

또 그런 의미에서 보더라도 해방 이후 반민특위는 박흥식과 같은 기업가들에겐 피할 수

1949년 서울 남대문 거리에 자리한 반민특위 사무실로 사용되던 건물이다. 그러나 이승만 정권의 집요한 방해로 반민특위가 해산된 뒤 국민은행 건물로 사용되었다.

없는 숙명 같은 것이었다. 일제 강점기를 통과해온 상계가 반드시 한 번쯤은 치러야할 수난이 아닐 수 없었다.

더욱이 박흥식은 일제에 협력한 것이 분명하다. 일제에 도움이 되는 조선비행기공업을 설립한 것은 숨길 수 없다. 뿐 아니라 금으로 만든 명함을 들고서 총독부를 수시로 드나들었다는 소문이 꼬리를 물었을 정도로 일제에 긴밀했다는 것도 사실이다.

그렇더라도 박흥식이 그처럼 일제에 협력한 데에는 오로지 화신백화점을 지키기 위해서였다. 어쩔 수 없이 일제에 협력하면서도 한편으론

나라를 팔아먹은 을사오적. 사진 왼쪽부터 을사년(1905) 당시 학부대신 이완용, 군부대신 이근택, 내부대신 김지용, 외부대신 박제순, 농상공대신 권중현. 이들은 일제에 나라를 판 대가로 수많은 토지와 막대한 금전을 받아내어 나라와 역사 대신 일신의 안위만을 선택했다.

대전형무소에 갇힌 도산島山 안창호를 도운 이력도 없지 않았다.

그건 경방의 김연수 또한 다르지 않았다. 김연수가 이끌었던 경방은 누가 뭐라 해도 민족자본의 첫 번째 결집체였다. 그의 주도 아래 경방은 '일본말 쓰지 않기, 조선인만 채용하기'를 내부 사규로 정했다. 일본의 막대한 자본과 맞서 그야말로 혈투 끝에 일본의 거대 공장들과 어깨를 나란히 할 수 있는 산업자본으로 일궈냈다.

훗날 그가 만주 대륙으로 첫 해외 진출을 꾀했을 적에도 마찬가지였다. 재정 부족과 비정규 학교 기피로 어려움을 겪고 있는 조선인 교육기관인 동광학교를 인수하여 시설과 교원을 확충시켜 정규 학교인 동광중학교로 승격시켜 기부했다. 조국을 떠나 먼 타국을 유랑하며 품팔이로 겨우 유리걸식하며 살아가는 동포들의 딱한 처지를 보다 못해 대대적인 농장개척 사업을 펼쳐 정착시킨 사례 또한 그 좋은 예다.

그러나 아이러니하게도 김연수 또한 자신의 역량을 다한 기업경영에서 성공했기에 비운의 주인공이 되었다. 그가 경방의 성공을 발판 삼아 첫 해외로 진출하여 남만방적과 거대 농장을 개척한 삼양사, 그리고 광

사진 왼쪽부터 국가재건 최고회의 의장 박정희의 박흥식 접견(1962년 1월). 막대한 외자를 얻어내어 동양 최대 규모로 설립한 흥한화섬 도농공장 기공식에 박정희 의장이 직접 참석하기까지 했다.

활한 산림개발 등으로 그의 기업 세력이 만주 대륙으로까지 뻗쳐나갔다.

하필 그럴 즈음 만주국 명예총영사 직함을 갖고 있던 조선상업은행장 박영철이 갑자기 뇌출혈로 쓰러지면서, 그가 쓰고 있던 감투가 동향의 김연수에게 떠맡겨진 것이 그만 화근이었다.

말할 것도 없이 일제에 빌붙어 축재를 한 박흥식과 김연수와 같은 기업가들은 그 부분에 대해 처벌받아 마땅하다. 그들 역시 그 같은 수난에서 결코 벗어날 수 없음을 이미 알고 있었던 듯하다.

그렇다 하더라도 반민 1호가 꼭 화신백화점의 박흥식이어야 하는가에 대해서는 문제를 제기하지 않을 수 없다. 그런 식이라면 당연히 나라를 팔아먹은 을사오적이었던 학부대신 이완용, 군부대신 이근택, 내부대신 이지용, 외부대신 박제순, 농상대신 권중현의 순서여야 마땅하지 않는가 싶다. 비록 십수 년 전에 이들이 타계하고 말았다하더라도 그들 을사오적부터 이름을 올려야 옳았을 거란 얘기다. 그런 다음에 박흥식과 김연수와 같은 기업가들을 열거하여도 얼마든지 좋았을 거란 생각이다.

어쨌거나 반민특위는 친일 경찰로부터 습격을 받는 등 이승만 정권의 집요한 방해 공작 끝에 이듬해 여름 그만 강제 해산되었다(1949). 그동안 반민특위에서 진행해오던 업무를 대법원과 대검찰청에서 수행할 수 있도록 하는 내용의 개정안이 국회에서 통과됨으로써, 해방 이후 반민에 대한 청산은 아무런 실효도 거두지 못한 채 시나브로 끝나고 말았다.

체포되었던 박흥식 역시 재심 청구를 통한 형 집행 정지로 구속된 지 103일 만에 풀려나 상계로 돌아올 수 있었다. 다시금 상계로 돌아온 그는 반민특위에 붙잡혀 있던 자신의 짧은 공백을 만회하기라도 하듯 화신그룹 재건에 동분서주했다.

전쟁(1950)이 끝나갈 즈음에는 흥한방직을 설립했다. 화신백화점 맞은편에 다시 신신백화점까지(1955) 열어 쌍둥이 백화점을 경영하기도 했다. 적어도 1950년대 후반까지는 계열사 5~6개를 거느린 국내 1위 재벌이었다.

이처럼 40여 년 가까이 승승장구해가던 그가 갑자기 몰락의 길을 걷기 시작된 것은 화학 비단실(인견사)을 제조하는 흥한화섬을 설립하면서부터였다(1966). 외자 1,050만 달러, 내자 41억 원을 들여 완공한 흥한화섬은 당시 동양 최대 규모였다.

한데 뜻하지 않은 암초에 부딪쳤다. 외자 조달의 부진에다 전력난까지 겹쳐 공장 완공이 예정보다 2년씩이나 늦어진데 이어, 정작 공장이 완공되었을 때에는 인견사 제조업이 사양 산업화 하고 말았다. 게다가 엄청난 공사비가 투입된 마당에 은행 대출마저 끊기면서, 제대로 가동조차 해보지 못한 채 결국 문을 닫을 수밖에 없었다(1969). 백화점왕 박흥식의 신화가 무너지는 순간이었다.

1970년대에 들어서도 그는 재기를 확신하는 듯 보였다. 화신전기, 화

5백년 조선상계의 전통에 이어 한국 자본주의의 메카로 불리는 종로통에, 박흥식이 화신상회를 인수하면서 화신백화점(왼쪽)의 아성을 쌓아올렸다. 하지만 창업 반세기여 만에 박흥식의 신화는 온 데 간 데 없고 지금은 삼성생명 종로빌딩(오른쪽)이 그 자리를 지키고 있다.

신전자, 화신SONY, 화신레나온 등을 잇달아 설립했다.

그러나 너무 성공에 익숙해져 리스크를 미처 다 헤아리지 못한 걸까? 아니면 그의 상운이 다한 것이었을까? 시대의 흐름은 끝내 박흥식을 등지고 말았다.

예상치 못한 제1차 오일 쇼크(1973)로 말미암아 세계 경제가 곤두박질치면서, 더구나 벌써 몸집이 커질 대로 커진 국내 다른 유수 기업들과의 경쟁을 벌이기에는 자금의 동원력에서 턱없이 모자라기만 했다. 급기야 화신전자의 부도를(1979) 신호탄으로 연쇄 부도가 일어나, 창업 반세기여 만에 화신 간판을 내리지 않으면 안 되었다.

그런 가운데 그가 종로통의 화신상회를 인수할 때부터 57년여 동안이나 살아왔다는, 가회동의 일식 양옥을 30억 원에 처분했다는(1989) 소식이 들렸다. 이어 삼성동에 있는 40평짜리 주택에서 전세로 근근이 살아간다는 소식을 끝으로, 마침내 파란만장한 생을 마감했다(1994). 천수를 다한 향년 92세였다.

그러나 반세기여 동안이나 국내 제1의 재벌이었던 박흥식이 물질적으로 남긴 건 아무 것도 없었다. 「전경련 40년사」만이 그의 죽음에 관련하여 그리 길지 않은 기록을 남겼을 따름이다.

> …김성수·김연수 형제의 경성방직이 한국 섬유산업의 뿌리였다면, 박흥식 회장은 백화점의 왕이었다. 박흥식씨가 화신백화점과 전국 450개의 연쇄점망을 통해 상권을 장악한 것은 미쓰코시, 조지야, 미나카이백화점과 같은 일본 상권에 대항하기 위해서였다…[10].

주인 없는 황금 거위 '적산기업'을 잡아라

마침내 일제가 패망했다. 일왕은 무조건 항복했다. 종전이 되자 그동안 무람없이 설쳐대던 일본인들이 뒤도 돌아보지 아니하고 현해탄을 건너 줄행랑쳤다. 길바닥을 질질 끌고 다니던 게다 소리도 멎은 가운데, 일본인들이 미처 가져가지 못한 주인 없는 재산이 도처에 즐비했다. 일본인들이 팽개치고 간 이런 재산을 적산敵産이라 불렀다. 일찍이 개항 (1876)에서부터 8.15해방이 될 때까지 일본인들이 조선에서 축적한 재산이었다. 기업체, 부동산, 유형 또는 무형의 동산과 주식 및 지분 따위였다. 미군정청은 일제의 동척이 보유한 농지를 포함한 적산 재산의 전체 가치를 3,053억 원(약 1,520억 달러)으로 추정했다. 천문학적 거액이었다.

하기는 일제강점기 때 국내 주요 산업시설은 대부분 일본인들의 것이었다. 주요 산업시설의 80%가 일본인 소유였으며, 이중 70%는 북한 지역에 산재해 있었다.

이 같은 일본의 산업자본은 일제강점기 때 두 차례에 걸쳐 집중적으로 현해탄을 건너왔다. 1930년대 말 산업통제법이 발효되면서 비교적

인천역 맞은편 차이나타운에 옛 적산가옥을 지금도 만나볼 수 있다. 이 건물은 1885년에 지어진 3층 건물로 당시 1층은 하역회사, 2~3층엔 인부들이 머물러 지냈다. 외관을 훼손하지 않은 채 복원되어 지금은 전통 카페 '팟알'로 성업 중이다.

통제가 덜한 조선으로 서둘러 진출해온데 이어, 태평양전쟁(1942) 말기 미군의 폭격을 피해 많은 산업시설들이 조선으로 소개되었다.

때문에 해방 직후에도 꽤 많은 산업시설이 남았다. 적산으로 분류된 기업의 수만도 2천700여 개를 헤아렸다. 당시 기간산업으로 지정된 대부분의 대기업은 모두 적산이라고 보면 틀림이 없다. 민족 기업이라고 해봤자 김연수의 경방, 김천일의 천일고무, 박흥식의 화신백화점 등 고작 대여섯 개가 전부였다.

이처럼 수많은 산업시설들이 덩그러니 남았다. 패망과 함께 뒤도 돌아보지 않고 현해탄을 건너 줄행랑친 일본인들의 철수와 함께 남게 된 주인 없는 적산이었다. 또 그런 주인 없는 재산은 아무나 먼저 차지하면 그만이었다. 적산 가옥의 경우에는 대문 앞에 문패만 바꿔달면 주인 행세를 할 수 있었다. 적산 토지는 말뚝만 박아놓으면 곧 내 땅이었다. 이런 적산을 잡기 위해 너도나도 벌떼처럼 달려들었음은 물론이다.

단지 적산 기업만은 덩치가 컸던 탓이런가. 서로 눈치만 살피며 머뭇거리고 있을 때에 미군정청이 법령을 선포했다. 일본인 재산의 매매는 일정한 절차를 밟아야 한다는 거였다.

또한 적산 기업에 관리인을 선임하거나 파견시킨데 이어, 얼마 지나지 않아 적산 기업을 불하하기 시작했다. 이때 적산 기업의 관리인에겐 최우선 순위가 주어졌다. 때문에 적산 기업의 관리인이 된다는 건 곧 황금알을 낳는 주인 없는 거위를 차지하는 지름길이 다름 아니었다.

상계가 발칵 뒤집혔다. 저마다 승부욕이 넘쳐나는 얼굴로 어떻게든 줄을 대기 위해 머리통이 깨져라 달려들었다. 브로커가 날뛰고 정치권력이 춤췄다.

황금알을 낳는다는 적산 기업은 그렇게 새 주인이 속속 나타났다. 다 그런 건 아니라지만 브로커든 정치권력이든 수단과 방법을 가리지 않은 사람이며, 연고의 끄나풀을 쥐고 있던 이가 하루아침에 새 주인으로 등장케 되었다.

우선 최초의 근대 기업가 박승직의 후계자인 박두병은 소화기린맥주의 관리인이 되었다. 일본 기린맥주가 영등포역 철로 변에 건설한 소화기린맥주는 한국인 가운데 경방의 김연수와 박승직만이 각기 200주씩의 주식을 소유하고 있었는데, 박두병이 그런 연고를 들어 소화기린맥주의 관리인이 되면서 결국 불하받게 된 것이다. 박두병은 소화기린맥주(훗날 OB맥주)를 불하받으면서 포목상에서 맥주업으로 전업, 지금의 두산그룹을 키우는데 발판을 마련했다.

한편 국내 맥주기업의 원조인 삿보르비루는 동경제대 경제학부 출신

영등포역 철로 변에 건설한 적산 일본의 소화기린맥주. 한국인 가운데 경방의 김연수와 두산의 박승직이 각기 200주씩 주식을 가졌는데, 김연수의 양보로 박승직의 후계자 박두병이 불하받게 되었다.

민덕기의 소유가 되었다. 명성황후의 인척인 민덕기는 왕가의 후손답게 종로 관훈동의 태화관 건너편에 99칸짜리 저택에서 살았는데, 신분에 걸맞지 않은 맥주기업을 불하받아 조선맥주(훗날 화이트맥주)로 간판을 바꾸어달았다.

국내에서 화약을 독점 제조, 공급하는 조선화약공판에 근무하던 김종희는, 불과 25살의 나이에 이 회사의 화약 공급 계열사인 조선유지의 인천공장 관리인이 되었다. 김종희는 일본이 남겨두고 간 창고 안의 재고를 몽땅 처분해서 자본을 만든 뒤, 그 자금을 다시 화약공장에 투자한 것이 지금의 한화그룹의 시작점이었다.

선경직물 또한 새파랗게 젊은 25세 생산계장 출신의 최종건이 자치위원장으로 선출되면서 그 연고권을 인정받아 관리인이 되었다. 관리인으로 선경직물을 불하받으면서 지금의 SK그룹을 일으키는 첫 시작점이었다.

일본 무장고등공업학교 출신으로 굉동기계공작소에서 공장장으로 근

새파랗게 젊은 25세 생산계장 출신의 최종건이 적산 선경직물의 자치위원장으로 선출되면서, 그 연고권이 인정되어 선경직물을 불하받을 수 있었다. 지금의 SK 그룹을 일으킨 첫 시작점이었다.

무하던 김연규 역시 일본인들이 뒤도 돌아보지 않고 철수하자 기계공작소를 고스란히 불하받았다. 김연규는 이후 상호를 대한중기공업으로 개명하여 지금껏 이어가고 있다.

해방 직전까지 조선지기紙機와 조선주철 등 소규모 공장을 경영하던 김지태는, 비록 이승만 정권의 눈 밖에 벗어나 국내 최대 기업 조선방직을 눈앞에서 아깝게 놓치긴 했지만 낙심할 필요까지 없었다. 곧이어 아사히견직의 관리인이 되면서 전국에 흩어져 있던 제사공장들을 인수하여, 한국생사그룹을 일으키면서 부산을 대표하는 기업가로 떠올랐다.

대구에서 양말공장을 하던 정재호는 조선방직을 넘겨받았다. 다 잡은 조선방직을 김지태가 자유당 정권의 압력에 못 이겨 강일매에게 빼앗겼으나, 경영 부실로 내몰리면서 결국 정재호가 붙잡았다. 이밖에도 정재호는 자유당 정권의 2인자 이기붕이 불하받아 친지에게 맡겨둔 오우방직 등을 인수받으면서, 해방 이후 1960년대 중반까지 삼성그룹에 이어 상계 랭킹 2위를 지킨 삼호그룹을 키워낼 수 있었다.

대구에서 비누공장을 경영하던 김성곤 또한 적산 기업을 불하받으면서 업종을 바꿔 방직산업에 투신했다. 서울 영등포에 자리한 적산 기업 경기염직에서 방적기 2천 추와 함께, 역시 적산 기업 조선직물의 토지와 공장건물을 불하받아 금성방직을 세우면서 지금의 쌍룡그룹을 일으키는데 발판을 구축했다.

평양 출신의 김형남과 포항 출신의 김용주는 조선의 4대 방직회사 가운데 하나였던 적산 기업 가네보방직 광주공장을 불하받았다. 공동으로 경영하다 제각기 일신방직과 전방으로 분가했다. 김용주는 또 적산 기업 조선우선의 관리인을 맡다 불하받아 대한선주(훗날 한진해운이 인수)로 개명한 뒤 초대형 해운기업으로 키워냈다.

동양방직공사를 불하받은 서정익은 동일방직으로 키워내면서, 지금의 동일그룹을 이룩했다. 종로 육의전의 마지막 후예인 백낙승은 고려방직공사를 불하받아 태창방직으로 개편했으며, 함경도 청진에서 70여 척에 달하는 대형 선단을 이끌며 정어리 어업으로 상계에 뛰어든 설경동은 군시공업 대구공장을 불하받았다. 설경동은 이 공장을 대한방직으로 개편시켜 지금의 대한전설그룹으로 키우는데 발판을 마련했다.

그런가 하면 적산 기업 영강제과에서 근무하던 한국인 삼총사 민후식, 신덕발, 박병규가 해방 이후 불하받았던 공장이 지금의 해태제과다. 조선주조 군산공장을 불하받은 강정준은 지금의 백화양조를, 조선도시바전기를 불하받은 서상록과 장병찬은 지금의 이천전기를, 지금은 비록 CJ그룹에 인수 합병되고 말았으나 모리나가제과의 모리나가식품을 불하받은 함창희는 동립산업으로 한때 상계에서 반짝이던 별들이었다.

이 밖에도 적산 기업을 불하받아 지금의 대기업으로 키운 사례는 헤아릴 수 없다. 삼성그룹의 이병철은 미쓰코시백화점과 조선생명을 불하받아 신세계백화점그룹과 삼성화재로, 현대그룹의 정주영은 조선이연금속 인천공장을 불하받아 인천제철로, LG그룹의 구인회는 조선제련을 불하받아 LG금속으로, 대성그룹의 김수근은 조선연료·삼국석탄·문경탄

영등포 신도림 천변에 1941년 설립 당시 조선다이야공장. 공장 부지가 14만평에 달하는 남한 최대 규모였다. 이 적산을 조홍제가 불하받으면서 지금의 효성그룹을 일으키는 초석이 된다.

광을 불하받아 대성산업으로, 삼화제철을 불하받은 장경호는 동국제강으로, 한국타이어와 조선피혁을 불하받은 조홍제는 효성그룹으로, 조선제분을 불하받은 최성모는 신동아그룹으로, 동양제과 이양구는 소야전시멘트 삼척공장을 불하받아 동양시멘트로, 천야시멘트 경성공장을 불하받은 김인득은 벽산그룹으로, 한일면업 대구공장은 내외방직으로, 삼척화학 카바이트공장은 북삼화학으로, 제천제철은 삼화제철로, 삼성광업은 장항제련소로, 조선전선은 대한전선으로, 북선제지화학공업은 전국제지로, 조선화재해상보험은 해동화재보험으로, 일본고주파는 풍한산업으로, 대성목재와 부산제빙공장은 상호가 그대로인 채 주인만 바뀌었다. 단성사, 국도극장, 명동극장, 문화극장, 스카라극장 등도 주인을 잘못 만나 한동안 돌고 돈 끝에 비로소 새 주인을 찾을 수 있었다.

일제강점기 약초극장으로(1937) 시작하여 해방 이후에는 수도극장 · 스카라극장(1962)으로 불리면서 대한극장 · 명보극장과 더불어 충무로 전성시대를 열었다. 지금은 아시아경제신문사 빌딩이 들어섰다.

적산 기업 가운데 지금의 공기업도 빼놓을 수 없다. 경성전기, 남선전기, 조선전업은 한국전력으로, 소림광업은 대한중석으로, 조선주택영단은 주택공사 등으로 제각기 탈바꿈했다.

이중 대한중석은 공기업으로 뿌리내리지 못한 채 새 주인을 찾아 지구를 한 바퀴나 돌아야 했다. 일찍이 1934년에 설립되어 강원도 상동광산과 경북 달성광산에서 텅스텐 광산과 제련업으로 사세를 확장해온 대한중석은, 공기업 1호로 민영화(1994)의 길을 걷게 된다. 당시 대한중석은 명동의 금싸라기 땅과 100만주에 달하는 포항제철(포스코) 주식, 500만 평의 상동광산과 15만 평의 대구공장용 부지 등 엄청난 자산을 보유하면서 낙찰가 661억에 나승렬 거평그룹에 인수되었다.

그러나 김영삼 정권 때 발생한 IMF외환위기를 거평그룹이 끝내 넘기지 못한 채 도산하면서 대한중석의 운명도 바뀌게 된다. 이스라엘의 금속가공 기업 IMC로 넘어갔다. 이어 워렌 버핏의 투자회사 벅셔헤서웨이가 지분을 인수하면서, 지금은 초경합금 절삭 공구를 주력 생산하는 대구텍으로 이름과 간판을 바꿔 단 상태다.

어쨌거나 해방 이후 적산기업은 이보다 훨씬 더 많았다. 그러나 대한

영월군 상동읍에 자리한 대한중석 상동광산. 이 광산에서 캐낸 텅스텐 광물은 해방 이후 거의 유일한 수출품목으로, 천금 같은 외화를 획득할 수 있는 상계의 희망이기도 했다.

중석의 예에서 볼 수 있듯 지금까지 그 명맥을 이어오고 있는 기업은 그리 많지 않았다. 불하받은 기업이 경영 부실로 내몰리며, 혹은 뒤이어진 전쟁의 소용돌이 속에서 대부분 역사 속으로 종적을 감추고 말았다.

그 밖에도 미군정청의 원칙 없는 고무줄 재량에 의해 불하된 적산은 또 수두룩했다. 주택 8천여 호, 선박 2천여 척, 상점 2천여 개를 헤아린다고 알려졌으나 확인할 길은 없다.

한 가지 눈여겨 볼 점도 또한 없지 않다. 적산으로 분류된 기업의 수만도 2천700여 개나 헤아렸음에도 일제 강점기 전성기를 구가하던 유력 기업가들의 얼굴은 온 데 간 데 없이 보이지 않는다는 점이다. 그동안 일본 자본에 맞서 꿋꿋이 버티어왔던 경방의 김연수, 광산 재벌 이종만, 화신백화점의 박흥식, 자동차왕 방의석, 동일은행의 민규식 등의 이름은 찾아보기 어렵다.

대신 적산에 몸담고 있던 25살의 새파란 기술자에서부터 낮은 직급의 사무원, 그리고 이병철(삼성)·정주영(현대)·구인회(락희)·최종건(선경)·조홍제(효성)·박용학(대농)·이양구(동양)·김인득(벽산)과 같이 일제 말기에 창업을 했거나, 해방 이후 창업한 젊고 새로운 기업가들이 그 자리를 대신 꿰차고 나섰다[11].

그렇다하더라도 해방 이후 적산기업의 불하는 아무래도 어긋난 역사였다. 국민과 역사의 자산이 분명한데도 국가권력을 통해서 사적 자본으로 전환시킨건 분명 성급한 처사였다. 해방 이후 자칫 해체 위기에 직면한 자본주의 질서를 재정립할 수 있었다는 일부 성과에도 불구하고, 정실에 치우쳤다는 오명에서 결코 벗어나기 어려울 것 같다. 상계의 문법에 따른 공정한 잣대에 의해서라기보다는, 그저 힘깨나 쓴다는 정치권력에 따라 결정되었다는 점에서 더욱 그렇다.

예컨대 당시 미군정청에 영향력을 행사할 수 있는 끗발, 미군정청의 재정부장 고든 중령이랄지 인사행정처장과 물가행정처장을 역임한 한국인 정 아무개, 군정 요직에 있던 조 아무개와 장 아무개 등이 중요한 역할을 했음이 사실이다.

우리 정부 수립(1948) 이후에도 적산기업의 불하는 크게 달라지지 않았다. 이승만 정권이 들어선 이후까지 정부와 자유당 실력자들의 이른바 '빽'이 설쳤다. 그런 빽만 잡으면 원하는 적산기업을 손에 넣어 손쉽게 자본가로 급성장할 수 있었다.

그러나 적산기업을 손에 넣었다 해서 누구나 자본가로 살아남은 건 아니다. 기업을 경영해본 학습과 단련이 되어있지 않거나, 원료 부족이며 기술 부족 등의 이유로 대부분 정상 가동이 어려웠다. 또 다른 주인으로 바뀌기 일쑤였다. 이같이 변화무쌍한 환경 속에서도 반세기 넘도록 질곡을 헤쳐 오며 오늘에 이른 기업들을 보면 참으로 놀라운 역량이 아닐 수 없다 하겠다.

" 국내 최대 기업 '미창', '조운', '경방'의 운명은? "

한국경영사에서 1945년은 매우 중요한 시점이다. 일제로부터 해방이 된 바로 그 시점부터 비로소 한국 자본주의가 움트기 시작했다고 본다. 다시 말해 이 시기를 기점으로 해방 이전의 경영사를 선사시대로, 해방 이후의 경영사를 역사시대로 구분 짓는다.

한데도 그 선사시대와 역사시대를 구분 짓는 재빼기는 결코 빼놓을 수 없는 태산이다. 예컨대 한국 자본주의의 여명기랄 수 있는 일제강점 기에 홀연히 나타나 일본의 거대 자본과 자웅을 겨뤘던, 국내 최대 기업 인 항구의 조선미창(미창)과 철도의 조선운송(조운) 그리고 경성방직이 상징하는 의미는 분명 남달랐다.

먼저 항구의 미창을 살펴보자. 보유 창고가 자그마치 10만여 평에 달 한 미창은, 전국 주요 항구마다 대규모 미곡 창고를 중심으로 미곡의 운 송과 보관 . 출하 부분의 물류를 개척해나갔다.

반면에 철도의 조운은 자본금이 무려 3조8,500억 원에, 종업원 수만 도 무려 5만 명에 달하는 일제강점기 국내 최대 규모를 자랑했다. 전국

평양에 입성한 소련군을 환영하는 평양 시민들. 인공기가 없던 시절 태극기를 치켜들고는 있었으나, 김일성과 스탈린의 사진을 앞세우고 있는 모습이 이채롭다.

에 거미줄처럼 깔린 철도역을 중심으로 철도화물의 운송과 출하·배달 부분의 물류를 개척해나갔다. 각기 항구와 철도라는 고유영역을 구축한 근대 물류업계를 이끈 쌍두마차였다.

그러나 항구의 미창과 철도의 조운 역시 어느 날 갑자기 바람처럼 찾아온 해방 공간의 격랑 속에 표류하지 않으면 안 되었다. 단절과 혼란 속의 복판에서 스스로 생존을 모색해가야만 했다.

시련은 파도처럼 밀려들었다. 끊임없이 밀려들어와 좀처럼 끝날 줄 몰랐다.

해방 이후 3년여 동안이나 지속된 미군정시대를 거쳐 우리 정부가 수립되자마자, 북한에는 조선민주주의인민공화국이 들어섰다. 동시에 남북 간의 교역은 물론 왕래마저 공식적으로 중단되었다. 그건 곧 수십 년에 걸쳐 착실히 성장시켜 탄탄한 수익 기반을 구축했던 북한 지역에서의 모든 자산을 공식적으로 포기하는 것이기도 했다.

철도의 조운과 달리 항구의 미창은 사정이 좀 나은 편이었다. 생존의 기회를 재빨리 찾을 수 있었다.

정부 수립 이후 미국경제협조처ECA를 통해 미곡과 비료를 비롯한 원조물자의 도입이 빠르게 늘어나면서부터였다. 정부의 식량 정책과 도입 외자의 효율적인 관리 업무를 현장에서 지원하는 미창의 인프라와 현장 경험이 유감없이 역량을 발휘했다. 해방 공간의 단절과 혼란 속에서 마침내 홀로서기에 성공할 수 있게 된 것이다.

이처럼 항구의 미창에 비해 철도의 조운은 정부 수립 이후에도 한동안 사정이 여의치 못했다. 대륙까지 내달리던 화물열차와 전국의 도로를 누비던 화물트럭의 행렬이 정말 거짓말처럼 한순간에 멈춰버린 데다, 정부가 수립되자마자 계획에 따라 미군마저 일제히 철수하면서 군부대 작업량조차 줄어 타격이 더욱 컸다.

뒤늦게 거의 꺼져가던 숨결이 가까스로 되살아날 수 있었던 건 바깥 환경에 의해서였다. 미국경제협조처의 정부 창구로 설치된 임시 외자총국에서, 외자의 하역과 수송 및 보관을 항구의 미창에 이어 철도의 조운에도 대행키로 결정되었다. 취급 물량이 늘어나자 회사의 형편도 눈에 띄게 나아졌다. 해방 이후 230만 원(극심한 인플레로 지금 돈으로 환산키 어려움)에 불과했던 조운의 이익금은, 3년 뒤에는(1948) 단숨에 2억5,400만 원을 넘어섰다.

이듬해에 경영환경이 더욱 호전되었다. 정부 부처와 각종 기관의 대량 화물 운송 업무가 예상보다 빠른 속도로 늘어나자, 철도의 조운은 화

자본금 3,000만 원으로 설립된 제일화재해상보험의 서울역 앞 동자동 본사 건물(1949). 해방 이후 겨우 되살아난 철도의 조운은 제일화재의 자본 3분1을 투자하면서 새로운 계열사로 편입시켰다.

물자동차 사업까지 재개하기 시작했다. 이 과정에서 손해보험 관련 업무가 늘어나자 창립 이후 자금난을 겪고 있던 제일화재해상보험에 1,000만 원을 투자했다. 새로운 계열회사로 편입시키며 외연을 넓혀나갔다.

이같이 하루가 다르게 사세를 확장해나가면서 철도의 조운은 일본인 주주들로부터 회사를 접수한 지 4년째가 되던 해(1949) 가을에는, 창립 기념 및 10년 근속 종업원 표창식을 가졌다. 조운 밴드부의 관현악 연주가 우렁차게 울려 퍼지는 가운데 이재순 사장은 그간 5만여 임직원이 겪었던 시련을 돌아보며 이렇게 호언한다.

'…우리는 이런 비참한 환경 속에서 분투노력해 오늘의 대 조운을 이룩한 것입니다. 앞으로도 우리는 끊임없이 전진을 할 것이며, 우리의 매진에는 휴식이 있을 수 없습니다.'

그러나 앞날의 운명을 누구들 자신 있게 점칠 수 있겠는가. 기업의 운명 또한 다를 수 있겠는가. 해방 이후 비참한 환경을 이겨내며 다시 가까스로 회생해 '끊임없는 전진'을 다짐했건만 역사의 격랑은 끝내 철도

대한통운의 새로운 사주 최준문과 지금의 서울역 앞 동자동에 자리한 옛 대한통운 사옥. 1969년까지 사용하다 철거된 뒤 이 자리엔 지금의 대우센터빌딩이 우람하게 들어서 있다.

의 조운을 외면했다.

불과 10여 년 뒤 5·16쿠데타(1961)가 일어나 군사정부에 의해 항구의 미창과 철도의 조운이 강제 합병된데 이어, 지금의 대한통운으로 변신해야 했다. 대한통운은 다시 국영기업의 민영화 방침에 따라(1968), 이름도 모르는 최준문의 손에 넘어갈 줄은 아무도 몰랐다.

그때 최준문은 갓 29살의 보잘것없는 지방의 토목업자에 불과했다. 조치원초등학교 5학년을 어렵게 수료한 뒤 우체국의 임시직 배달부와 양조장의 심부름꾼 등을 거쳐, 논산읍에 자리한 구멍가게 수준의 충남토건사에 주임으로 입사했을 때가 열아홉 살이었다. 한데 충남토건사의 주인 눈에 들어 그 집의 데릴사위로 들어갔다.

이후 최준문은 장인으로부터 충남토건사를 넘겨받게 된다. 그러면서 논산읍을 떠나 대전시 대흥동에 백여 평 남짓한 한옥을 구입해서 대명여관으로 개조한 뒤, 길 쪽으로 난 문간방(행랑채)에 충남토건사라는 목재 간판 하나를 내걸었다.

해방 전후 최대 국영기업이었던 미창과 조운을 합친 국내 최대 기업 대한통운의 새 주인은, 5.16쿠데타 이후 민영화에 따라 이름 없는 지방의 한낱 소규모 건설사인 동아건설합자회사에 돌아갔다.

하지만 이렇다 할 실적이 없었다. 그저 2년여 동안 하릴없이 보냈다.

그러다 첫 공사가 수주되었다 (1947). 장인의 연고로 따낸 논산천 재해 복구 공사였다. 비록 한 달 간의 짧은 공기였으나, 발주처인 논산읍 등 공사관계자들에게 깊은 인상을 심어주었다. 충남토건사는 잇따라 논산 지역의 공사를 맡으면서 시공 영역을 조금씩 넓혀나갔다.

이후 정부가 수립되면서 갖가지 국토 개발 계획이 쏟아져 나왔다. 최준문은 충남토건사를 기업 형태로 재무장했다. 자본금은 그동안 여러 공사를 해오면서 의기투합한 토목 기술자들을 설득하여 이익을 분배하는 형식의 합자회사를 설립했다. 충남토건사에서 자본금 50만 원의 동아건설합자회사로 재창업한 것이다.

장소는 대명여관 문간방 그대로였다. 동아건설합자회사라는 목재 간판을 바꿔 달았을 뿐이다. 이같이 한낱 이름 없는 지방의 소규모 건설사에 불과했던 최준문과 국내 최대 국영기업인 미창이나 조운과는 아무 상관도 없어 보였다. 그가 훗날 미창과 조운을 합친 국내 최대 기업 대한통운을 손에 쥐게 되리라곤 자신조차미처 눈치 채지 못했을지 모른다.[12]

한데도 역사는 한사코 그쪽으로 물길을 내고 흘러갔다. 자신의 운명을 깨닫기까지 좀 더 시간이 필요했을 뿐이다. 정치적 변환기였던 그땐 그런 시대였던 것이다.

어쨌거나 항구의 미창과 철도의 조운이 국내 최대 국영기업이었다면, 민간 기업으로는 김연수의 경성방직이 단연 국내 최대 규모였다. 그가 이끄는 경방은 누가 뭐라 하여도 민족자본의 첫 결집체였다. 그뿐 아니라 일본의 거대 자본과 맞서 마침내 일본의 대규모 공장들과 어깨를 나란히 하는 산업으로 키워냈다. 처음으로 만주 대륙으로까지 세력을 뻗쳐나간 한국산업의 선구자였다.

그러나 일본의 패망과 함께 만주 대륙에서 일궜던 모든 자산을 허무하게 잃고 말았다. 김연수에게 유일하게 남은 경방 영등포 공장과 양평동 공장은 좌익 노동단체인 조선노동자전국평의회(전평)의 사주를 받은 주동자들에 의해 이미 점령당한 뒤였다.

김연수는 노동자들 앞에 섰다. 경방을 이끈 20여 년 동안 회삿돈은 단한 푼도 가져다 쓴 일이 없었기에, 누가 누구를 착취했다는 말이냐고 호소했으나 아무 소용없었다. 결국 김연수는 사장직을 내놓고서 경방에서 조차 떠나지 않으면 안 되었다.

창업자 김연수에 이어 졸지에 경방을 이끌게 된 최두선(당시 경방 전무이사)은 숨 돌릴 겨를이 없었다. 공장 가동을 위한 석탄 문제부터 곧장 해결해야 했다.

그는 동분서주했다. 해방 직후 면방적 회사로는 경방이 유일하게 공장을 가동하고 있다면서, 향후 의류 문제를 해결하기 위해서라도 석탄 배급이 당장 이뤄져야 한다고 미군정청에 호소했다. 미군정청은 듣는

일본의 패망과 함께 만주 대륙에서 일궜던 모든 자산을 잃고 돌아온 김연수는, 유일하게 남은 경방 공장마저 좌익 노동단체에 점령당한 뒤였다. 사진은 전평 시위 참여를 위해 트럭에 탑승한 직공들.

둥 마는 둥 했다. 며칠 몇 날을 줄다리기한 끝에 석탄 5,000톤을 가까스로 얻어냈다. 경방이 직접 화물선을 띄워 삼척에서 운송해온다는 조건이었다.

하지만 사장 최두선의 역할은 거기까지였다. 곧이어 동아일보 사장으로 자리를 옮겨가면서 후임으로 김용안(전 전경련 회장)이 경방을 이끌었다. 같은 시기 경방 양평동 공장의 현장에 또 다른 세력이 등장했다. 대한노총(이하 노총으로 표기)이 결성되면서 활동에 들어갔다. 전평 세력과 긴장 관계가 형성되었으나, 1947년 봄쯤이 되자 노총의 입김이 더 셌다. 전평은 초조해졌다. 기회 있을 때마다 세력 만회를 위해 첨예하게 맞섰다.

그럴 때 세계노련의 간부 예닐곱이 내한했다. 전평은 재빨리 이들을 경방영등포공장으로 끌어들일 공작을 폈다. 공장 안으로 그들을 끌어들여 전평만이 합법적이고 공인된 유일한 노조라는 이미지를 과시코자 했다. 뒤늦게 이 사실을 안 노총이 무리지어 가로막으면서 전평 무리와 시비가 일었다. 시비는 급기야 폭력사태로 번져갔고, 끝내 경찰이 출동하는 등 아수라장이 되었다. 이처럼 두 노조가 서로 양보할 수 없

경방 영등포공장의 현장에서 조선노동자전국평의회와 대한노총이 첨예하게 맞서고 있던 1947년 6월 세계노동연맹에서 내한했다. 사진은 세계노련 일행이 경방 영등포공장을 방문했을 때이다.

는 막다른 벼랑길에 서있는 가운데 전평 세력이 먼저 약화되어 갔다.

그렇다고 노총이 순한 양떼였던 건 아니다. 전평처럼 좌경화된 혼란만은 야기하지 않았을 뿐, 노총 역시 사사건건 딴죽이었다. 같은 해 가을에 있은 노동쟁의의 투쟁 수위만 보더라도 전평과 별반 차이가 없었다.

이때의 노동쟁의는 사측에서 근로자들의 임금제도를 청부식請負式으로 개선하면서 불거졌다. 경방은 사전에 노총과 충분히 토의하고 합의한 끝에 채택한 임금제였음에도 소용이 없었다.

청부제 임금제란 임금을 직무급, 성적급, 가족수당으로 나눈 것이었다. 종전의 임금제 구분을 그대로 답습한데 지나지 않았다. 다만 가족수당을 인상해서 작업 성적에 따라 지급하되, 개인의 성적 사정을 직장職長에게 일임한다는 산출 방법에서 약간의 차이점을 나타냈을 따름이다.

이런 분위기 속에서 다음 달 임금을 지불하려하자 반발이 일어났다. 충분히 토의하고 합의까지 보았던 당사자이기도 한 노총이 갑자기 반기

를 들었다. 무지한 노동자들을 기만하고 착취할 의도 속에 제정된 새 임금제라고 규정한 것이다.

뿐 아니라 경방 창립 28주년 기념 운동회를 아무런 이유도 없이 중단토록 사측에 요구하는가 하면, 운동회가 중단 없이 진행되자 방해하는 등 행패를 부렸다. 보다 못해 저지하려고 나선 회사 간부에게 폭행을 가하기도 했다. 사측에서도 더 이상 방관하고 있을 수만은 없었다. 노총 분회장등 간부 7명의 해고로 맞대응하고 나섰다.

그러자 노총이 즉각 실력행사에 돌입했다. 노총 영등포지구 위원장 등 40여 명이 트럭을 타고 경방 영등포 공장에 들이닥쳤다. 공장의 간부들을 포위한 뒤, 해고당한 노조 간부들을 무조건 복직시키라고 우격다짐으로 요구했다. 뒤늦게 경찰이 출동하여 이들을 해산시키고, 위원장을 비롯한 4명을 강제 격리시켰다.

한데도 사태는 좀처럼 수그러들지 않았다. 급기야 공장 안에서 공장 바깥으로 급속히 번져나갔다. 이튿날 영등포 일대 10여 개 공장이 호응하고 나섰다. 구속된 노총 간부들을 즉각 석방할 것과 경방 쟁의의 모든 요구 조건을 관철시키기 위한 동시 파업에 들어갔다.

결국 구속된 노총 간부 4명을 경찰이 석방하면서, 동시 파업에 돌입했던 영등포 일대 10여 개 공장이 다시금 조업에 들어갈 수 있었다. 이 사건은 그 후 해고당한 대한노총 간부 7명 가운데 법원에서 유죄 판결을 받은 4명을 제외한 나머지 3명의 복직을 사측이 받아들이는 수준에서 일단락되었다[13].

그러나 이 무렵 남한과 북한의 경계선인 38선 근처에선 매일같이 수상쩍은 움직임이 돋아나고 있었다. 언제부터인지 남한과 북한 사이에

창립 30주년 행사(1949)로 경방 광장에서 열린 전체 직원 기념 운동회. 해방 이후 몸살을 앓던 노조 문제도 원만히 해결점을 찾아갔으나, 38선 근처에서 수상쩍은 움직임들이 돋아나고 있었다.

충돌이 빈번하게 일어났다.

이미 황해도 옹진반도에선 1949년 5월 21일부터 6월 23일까지 한 달여 동안 남한과 북한이 1,300명 이상의 병력을 투입시키는 충돌이 발생했다. 8월 초순 옹진에선 수일 동안 치열한 전투가 벌이지기조차 했다.

북한은 '1949년 한 해 동안 남조선에서 1,836회나 월경했다'라고 생떼를 부렸다. 남한은 '북한군이 38선을 실전 훈련장으로 보고, 1949년 한 해에 874회나 불법으로 사격하거나 침범했다'라고 기록했다. 다소 과장된 통계일망정 양쪽 모두 거의 매일같이 무력충돌을 벌였던 게 사실이다.

해방 공간의 단절과 혼란을 이제 가까스로 헤쳐 나와 정상 궤도를 되찾아가고 있을 무렵, 38선 근처에선 전운의 어두운 그림자가 짙게 드리워져 있었다. 국내 최대 국영기업 미창이나 조운도, 전평과 노총이라는 양대 노조의 틈바구니에 끼어 전전긍긍해 하는 최대 민간기업 경방에도 점차 전쟁의 소용돌이가 다가서고 있었던 것이다.

새벽 전파를 타고
날아든 화폐개혁의
날벼락

이병철·정주영, 해방 직후부터 6.25전쟁 직후까지

이병철은 마산에서의 쓰라린 실패(정미소, 운송회사, 토지사업) 이후 대륙 기차여행에서 돌아와 대구에 3만 원(약 30억 원) 규모의 삼성상회를 설립 한데 이어, 대구에서 첫째 둘째를 다툰다는 10만 원(약 100억 원) 규모의 조선양조를 인수하면서, 어느덧 대구에서 알아주는 굴지의 고액 납세자 로 부상했다.

그러나 태평양전쟁(1941) 이후 일본인 관료들마저 어려움을 호소하는 절박한 상황을 지켜보면서 낙향을 결심했다. 일본의 패망을 직감한 그 는, 머지않아 도래할 새로운 세상을 맞이하기 위한 칩거에 들어갔다.

이윽고 1945년 8월 15일, 해방의 기쁨마저 누릴 겨를도 없이 이병철 은 곧바로 자신의 사업장이 있는 대구로 돌아왔다. 한동안 문을 닫았던 조선양조의 설비를 확충하고 다시 영업을 시작했다.

조선양조에서 제조하는 청주의 상표를 '월계관'이라 정하고, 영남 일 대를 비롯해서 서울까지 시장을 넓혀 나갔다. 해방 직후 공급이 절대적 으로 부족한 상황이었기 때문에 청주 '월계관'은 없어서 팔지 못할 지경

제14장   **237**

해방 직후 단절과 혼란이 연일 그칠 줄 모르는 채 심각한 물자 부족 현상마저 일어나 사회 혼란을 더욱 가중시켰다. 사진은 실업자들이 직업을 달라며 거리로 쏟아져 나온 시위 장면.

이병철은 37세 때 지방에서 서울로 무대를 옮기며 자신의 포부를 키운다. 이제 막 걸음마를 시작한 독립 국가였던 당시 절대 부족한 물자 공급과 대구에서의 삼성상회 경험을 살려 무역업에 뛰어든다.

이었다. 삼성상회 역시 중국이나 북한 지역의 판로가 두절되긴 했어도 국내 판매가 계속 신장되었다.

하지만 젊은 그는 피가 끓었다. 뭔가 채워지지 않았다. 말을 탄 그는 내달리고 싶었다. 무언가 새로운 사업으로 시대에 부응해야 할 것 같았다.

고뇌가 깊었다. 해방 정국은 모든 게 불투명했다. 정치도 경제도 아직은 갈피를 잡지 못한 채 심각한 물자 부족으로 국민 생활은 빈궁하기 짝이 없었다. 과연 이 같은 빈궁의 시대에 그저 월계관이나 삼성상회만을 지키고 앉아 있을 것인지 여러 날 생각에 빠졌다.

사람에겐 저마다 타고난 능력과 정점이 있기 마련이다. 또 그것을 최대한 발휘할 수 있는 일을 찾아 실천하는 거야말로 자신의 역량을 사회

적으로 화장시켜가는 의무이자 보람
이다. 이 무렵 이병철은 자신의 역량
이 곧 사업의 길에 있다고 판단하게
된다.

또한 그 같은 각성은 이후 기업을
일으키고 경영하는데 있어 일관된 그
의 기업관이기도 했다. 그러나 한때
사회 일반의 이해를 제대로 얻지 못하
고, 때로는 돈벌이 주의자라는 비난까
지 받으면서 고초의 길을 가는 출발점
이기도 했다.

아무렇든 1947년 봄, 이병철은 자
신의 무대를 대구에서 서울로 옮겼다.
서울로 올라온 그는 삼성상회에서의

대구에서 조선양조 시절 이병철. 그는
대구에 삼성상회를 설립한데 이어 조선
양조를 인수하면서 고액 납세자로 부상
했다. 하지만 뭔가 채워지지 않았고, 새
로운 사업으로 시대에 부응해야 할 것
같았다.

경험을 살렸다. 우선 국제무역의 동향과 이제 막 걸음마를 시작한 독립
국가인 우리나라의 국민생활에서 가장 먼저 필요한 것이 무엇인지부터
살폈다. 결국 절대 부족한 물자공급에 대처하기 위한 무역업이 무엇보
다 시급하고 유효하다는데 결론을 내렸다.

사실 당시 한국 경제는 참담하기 그지없었다. 일본의 싹쓸이 수탈로
피폐해져 대다수 국민은 굶주림에 허덕였고, 그나마 미국의 원조로 간
신히 지탱해가고 있는 형편이었다.

때문에 새로이 생산 시설을 만들려 해도 자본과 기술이 거의 전무한
상태였다. 무엇보다 전력 공급이 절대적으로 부족해 단기간 안에 어떤

물자 생산이 확대될 전망은 전혀 보이지 않았다. 이런 사정을 감안하여 '무역이야말로 급선무다'라고 판단케 된 것이다.

장고 끝에 이듬해 봄, 종로 2가에 자리한 2층 건물을 세냈다. '삼성물산공사'라는 무역회사 간판을 내걸었다.

삼성물산공사는 홍콩과 싱가포르 등 동남아에 오징어·우무 등을 수출하고, 면사綿絲를 수입하는 것부터 시작했다. 대구 삼성상회에서의 경험이 컸다.

무역은 생각보다 날로 확대되었다. 동남아에서 미국 등지로 빠르게 영역을 넓혀나갔을 뿐더러, 취급 상품 또한 철강재 등을 포함한 원자재까지 수백 종을 헤아렸다.

이때 그가 정한 삼성물산공사의 경영 방침은 다음 세 가지였다.

첫째, 일정 자본금의 규모를 정하지 않고 회사원이면 누구나 응분의 투자를 할 수 있으며, 이익 배당은 투자액에 비례해 모두 공평하게 받을 수 있는 제도를 채택한다.

둘째, 사장이나 평사원이나 공존공영의 정신으로 자신의 일에 몰두하는 건 물론 능력에 따른 대우와 신상필벌의 기풍을 확립한다.

셋째, 사원의 생활 안정을 도모하기 위해 회사경영에 지장이 없는 범위 안에서 가능한 한 대우하여, 가족적인 분위기가 항상 유지될 수 있도록 한다는 것이었다.

따라서 아직은 세상에 알려져 있지 않은 무명 회사였음에도 삼성물산공사는 출범 당시부터 직원들의 대우가 좋았다. 투자 배당도 상당히 높은 수준이었다.

그리하여 회사 설립 이듬해(1949) 벌써 거래액이 무역업계 랭킹 7위에

8.15해방 공간의 단절과 혼란을 가까스로 헤쳐 나와 이제 막 정상 궤도를 되찾아가고 있을 무렵, 예기치 않은 6.25전쟁의 발발은 충격을 넘어 모든 것이 잿더미의 폐허로 변해버리고 말았다.

올라 업계의 주목을 끌었다. 해방 이전부터 이미 기라성 같은 대규모 무역회사였던 천우사, 동아상사, 대한물산, 화신산업, 경향실업 등과 불과 1년여 만에 어깨를 당당히 견주게 된 것이다.

이때의 성공을 그는 자신의 저서 「호암자전」에 이렇게 적고 있다.

> 사업이란 우연히 이뤄지는 것이 아니다. 의욕만으로 되는 것도 아니다. 제아무리 수익성이 높은 사업일지라도, 그것을 발전 확장시켜 나갈 능력이 없으면 성공할 수 없다. 시기와 사람, 거기에 자금의 3박자가 갖추어지지 않으면 성공할 수 없다….

그렇듯 서울로 무대를 옮겨 동분서주하고 있을 때였다. 무역사업을 겨우 궤도에 올려놓았을 무렵이다. 기업 경영의 참뜻과 보람으로 한창 포부에 부풀어 있던 바로 그 순간, 뜻하지 않은 6.25전쟁의(1950) 발발은 가히 충격이었다. 멀리 해외에까지 벌여놓은 사업은 어떻게 되며, 그보다 사람들의 신변 안전은 또 어떻게 될 것인지. 어느 것 하나 예측이 불가능했다.

더욱이 6.25전쟁은 모든 것을 잿더미로 만들었다. 국토만이 아니라 그의 삼성물산공사마저도 한순간에 폐허로 만들어버리고 말았다. 인천과 서울 용산의 보세창고에 잔뜩 보관 중이던 수입 상품도 깨끗이 사라지고 말았다.

속절없이 피난길에 올라야 했다. 모든 것을 잃은 채 서둘러 남쪽으로 떠나지 않으면 안 되었다.

해방 직전 관리책임자의 생트집을 견디다 못한 정주영은, 그만 하청 운송 계약을 넘겨주고 받은 5만 원(약 50억 원)을 들고 홀동광산을 떠나고 말았다. 그리고 불과 석 달여 뒤, 감격스런 8.15해방을 맞았다.

그때까지도 백수의 몸이었던 정주영의 발길이 향한 건, 한때 전에 일한 적이 있던 조선제련이었다. 아는 이들을 만나 기웃거리며 세상 돌아가는 얘길 나눴다. 단절과 혼란의 해방 공간에서 과연 자신이 할 일이 뭐가 마땅한지 두루 모색하고 다녔다.

그러다 이듬해 누구에게서 전해 들어 알았는지. 미군정청이 적산敵産(적이 남기고 간 재산) 재산 일부를 불하할 때 서울 초동의 대지 200평을 용케 불하받았다. 거기에다 '현대자동차공업사'라는 간판을 내걸고 자동차 수리 공장을 시했다. '현대'라는 상호는 자신의 사업이 사회와 함께 현대화의 길로 나아가는 미래를 개척하자는 의미였다. 그가 쌀가게를 접은 뒤, 엔진 기술자 이을학을 만나 자동차 수리 공장 아도서비스를 운영했던 경험을 살린 거였다.

초기 현대자동차공업사는 미군 병기창의 허드렛일부터 도맡아했다.

지금껏 보지 못한 차종도 많았을 뿐더러, 때문에 고장 부위도 다양하고 복잡했다.

한 해쯤 뒤부터는 그동안의 경험을 밑천 삼아 낡아빠진 일제 고물차를 쓰임새에 따라 개조하는 일을 했다. 예컨대 1.5톤짜리 트럭의 중간 부분을 좀 더 늘려서 2.5톤짜리로 만들어내거나, 당시 휘발유가 워낙 귀해서 휘발유 차를 목탄차나 카바이드차로 개조하는 일이 많았다.

개조 트럭을 원하는 수요도 적잖았다. 자동차 수리를 다년간 해오면서,미군 병기창의 허드렛일을 해오면서 익힌 솜씨는 더할 나위 없는 안성맞춤이었다.

해방이 되자 때마침 매물로 나온 초동의 대지 200평을 적산으로 불하받아 현대자동차공업사를 설립했다. 26세 때 자신의 아도서비스 운영 경험을 살린 자동차 수리 공장이었다.

현대자동차공업사에서 개조한 트럭. 낡아빠진 일제 1.5톤짜리 고물 트럭의 중간 부분을 조금 늘려 2.5톤짜리 트럭을 만들어냈다. 미군 병기창의 허드렛일을 하면서 익힌 기술이 밑바탕이 되었다.

아무렇든 해방 이후 교통량이 폭증하면서 현대자동차공업사도 하루가 다르게 번창해 나갔다. 한 해가 지났을 땐 종업원이 80여 명으로 불어나 있었다.

물론 당시엔 자동차 수리를 비롯해서 대부분의 일거리가 관청이나 미

해방 이후 교통량의 폭증으로 정주영의 현대자동차공업사는 하루가 다르게 번창했다. 사진은 현대
자동차공업사 사원 일동 야유회 때 찍은 것으로, 맨 뒷줄 가운데 중절모를 눌러쓴 이가 정주영이다.

군 쪽에서 나왔다. 견적을 넣고 수금을 하면서 관청이나 미군 병기창을
드나드는 일이 잦았다.

그러던 어느 날 정주영의 숨을 멈추게 하는 장면이 있었다. 건설업자
들이 손에 쥐는 공사비였다. 자신이 받아가는 수금액이라야 고작 30~
40만 원이 전부인데 반해, 건설업자들은 한 번에 1천만 원 가까이 받아
갔던 것이다.

충격이 아닐 수 없었다. 서로 업종만 다를 뿐, 일거리에 들이는 노력은
같은데도 말이다. 그도 큰돈을 받는 일을 해야겠다고 작정했다.

주위 사람들은 만류했다. 자본도 경험도 없이 공연한 짓거리에 헛심
쓰지 말고, 하던 자동차 수리 공장이나 잘하라고 강다짐했다.

정주영은 물러서지 않았다. 나도 할 수 있다는 깡다구로 당장 현대자

동차공업사 건물 한편에 현대토
건사 간판을 하나 더 걸었다. 현
대자동차에 이은 현대건설의 시
작이었다.

그러나 거기까지였다. 자신도
큰돈을 받는 일을 해야겠다고 현
대토건사를 간판을 하나 더 내건
뒤, 관청으로 미군 병기창으로 부
지런히 발품을 팔고 있을 즈음
꿈에도 생각지 못한 6.25전쟁이
터지고 말았다.

그동안 서울에서 모든 걸 버린
채 속절없이 피난길에 올라야 했

삼성물산 시절 이병철. 설립 이듬해부터 거래
액 수준 무역업계 랭킹 7위에 올라 기라성 같은
무역회사들과 어깨를 나란히 하며 신성으로 떠
올랐으나, 전쟁으로 모든 것을 잃은 채 다시 시
작해야 했다.

다. 정주영은 모든 것을 잃은 채 서둘러 남쪽으로 떠나지 않으면 안 되
었다.

한편, 부산으로 피난길에 오른 이병철 또한 서울에서 이룬 모든 것을
이미 잃은 뒤였다. 피난지 부산에서 재건에 나섰으나 처음부터 다시 시
작하지 않으면 안 되었다. 다행히 대구의 조선양조가 그동안 비축해 놓
았던 3억 원의 자금이 있어서 삼성물산주식회사를 새로이 설립할 수 있
었다.

하지만 이병철은 무언가 형언할 수 없는 허전한 마음에 사로잡혔다.
과연 지금의 무역업에만 만족하고 있을 것인지, 아니면 달리 또 무슨 사
업을 벌여야 할지 고심하던 중에 휴전 소식이 전해졌다. 판문점에서 남

북이 휴전회담에 들어가자 다시 용기를 내어 제조업에 투자하기로 결심했다.

그러나 주위 반응은 하나 같이 부정적이었다. 휴전 교섭의 방향이 아직 예측할 수 없으며, 정국은 여전히 불안정하고, 인플레 또한 쉽사리 진정될 기미가 보이지 않았기 때문이다.

이런 상황에서 자금의 회수 기간이 긴 생산 공장에 막대한 자금을 투입한다는 건 무모한 짓으로 평가했다. 게다가 공장의 건설과 운영이 제대로 된다고 하더라도, 생산되는 상품의 품질이 외국 제품에 뒤떨어질 게 분명하므로 판로조차 걱정된다는 거였다. 긴 안목으로 보았을 때 고려할 가치가 전혀 없는 건 아니지만 현시점에선 시기상조라는 주장이었다. 틀린 말이 결코 아니었다.

한데도 이병철은 홀로 숙고를 거듭한 끝에 마침내 결단한다. 사면초가라고 밖에 말할 수 없는 상황이었음에도 제조업 투자에 나서기로 최종 결단을 내렸다.

곧바로 제조업에 관련한 여러 가지 조사가 실시되었다. 그 결과 제지 · 제약 · 제당 등의 국내 생산 능력이 전무한 상태여서 수입에만 의존하고 있는 실정임을 알게 되었다. 이런 품목의 수입대체가 무엇보다 시급하다는데 의견이 모아졌다.

이중 제지 분야는 해방 전까지만 해도 남북에 걸쳐 몇몇 생산 공장이 없지 않았으나, 생산 규모가 크지 않았다. 남한에 있다는 공장도 군산에 있는 한 곳을 제외하면 영세하여 보잘 것이 없었다. 그것마저 6.25전쟁으로 파괴되어 수요의 대부분을 미국의 지원 물자로 메우고 있는 실정이었다.

제약 분야도 비슷했다. 해방 전에는 일제 약품이 시장을 거의 독점하다시피 했으며, 우리 제약회사가 만들고 있던 거라곤 간단한 외상약이나 대수롭지 않은 내복약 등 초보적인 약품이 고작이었다.

그러다 해방 이후에는 군수약품 등 서구의 약품이 일제 약품에 대체되어 범람했다. 6.25전쟁 중에는 유행성 질환 등이 심해져 페니실린 등 항생제에 대한 수요가 급증했지만, 국내 제약 사업은 아직 싹이 움터오를 징후조차 보이지 않고 있었다.

제당 분야 역시 다르지 않았다. 해방 전에는 첨채甛菜를 원료로 하는 대일본제당 공장이 평양에 있었을 뿐 남한에는 설탕 공장이 전무한 상태였다. 때문에 설탕의 국내 가격은 국제 가격의 3배나 비싼 편이어서, 국민의 일상생활에 큰 손실을 미치고 있었다.

흔히 종이 소비량이 그 사회의 문화 수준이라고 말한다. 설탕 역시 지금은 수요의 패턴이 달라졌다지만, 식생활이나 문화 수준의 척도임이 분명하다. 제약의 경우도 다르지 않다고 볼 수 있다.

이병철은 고민했다. 과연 어느 것을 선택하느냐의 기로에서 조사 분석과 경험 검토를 거듭한 끝에 외부에 자문을 구하기로 했다. 일본의 삼정물산에 제지, 제약, 제당에 관한 기획과 견적을 의뢰한 것이다.

의뢰 결과, 제지는 8개월 만에 기획과 견적을 도출해낼 수 있다고 했다. 제약은 6개월, 제당은 3개월이 소요되었다. 세 가지 사업 모두 긴요하고 수입대체 효과가 큰 것이었지만, 당시로선 한 달이 곧 여삼추였다. 1개월이라는 시간이 더없이 소중한 터라, 이병철은 제지·제약·제당의 세 가지 사업 가운데 결국 제당을 선택하기로 아퀴를 지었다.

아직은 판문점에서 휴전회담이 한창이던 1953년 이른 봄, 피난지 부

아직은 시기상조라며 모두가 만류하고 나섰을 때 고심 끝에 제조업 투자에 나선 이병철. 판문점에서 휴전회담이 한창이던 1953년 이른 봄, 피난지 부산에서 제일제당 공장 착공식 때 첫 삽을 들었다.

제조업 투자에 나서며 이병철은 선택을 두고 고심을 거듭했다. 결국 외부 자문을 구해 제당 제조를 결심하고 설립한 피난지 부산 전포동의 제일제당 생산 공장과 초기 제일제당의 설탕 보관 창고.

산의 삼성물산 사무실의 한켠에 제일제당공업주식회사라는 간판을 걸었다. 그의 나이 43세였다.

그러나 거액이 들어가는 설비 투자비가 문제였다. 일본의 삼정물산에서 보내온 견적서에 따르면 원심분리기 등 플랜트에 15만 달러, 플랜트 도입에 따른 제반 경비 3만 달러를 포함하여 합계 18만 달러가 필요했다.

당시 국내 외환 사정으로 미뤄볼 때 거액의 외자가 아닐 수 없었다. 그는 관계 부처를 찾아다녔다. 사업 취지를 설명하고 설득한 끝에 상공부 등 관계 부처의 이해와 지지로 18만 달러의 외환 배정을 받아낼 수 있었다. 불가능처럼 여겨지던 자금 문제가 해결되는 순간이었다.

마침내 같은 해 11월 5일, 제일제당은 공장 준공에 이어 첫 시제품 생산에 돌입했다. 첫날 생산된 6,300kg은 부산 부평동의 총판에서 전량 판매했다. 우리 손으로 만든 설탕이 국내 시장에 첫선을 보였던 것이다.

그리고 제일제당을 설립한 지 불과 2년여 만에 이병철은 거부의 칭호를 얻게 된다. 인신의 안락을 위해서라면 그것만으로도 충분했다.

하지만 그는 또다시 새로운 사업을 모색하기 시작했다. 새로이 착수할 사업으로 모직毛織을 이미 구상한 터였다. 모직은 제당과 함께 당시 시대적 요청이었던 수입대체 산업으로써 초미의 급선무이기도 했다.

이윽고 제일제당 설립 이태 뒤에(1954) 다시 이병철은 제일모직공업 주식회사를 설립한다. 4백 년 전통의 영국 모직과 경쟁한다는 출사표를 과감히 내던지고 나선 것이다[1].

한편, 부산으로 피난길에 오른 정주영 또한 서울에서 이룬 모든 것을 이미 잃은 뒤였다. 피난지 부산에서 재건에 나섰으나 처음부터 다시 시작하지 않으면 안 되었다.

하지만 피난지 부산은 또 다른 기회의 땅이었다. 그동안 해오던 자동차 수리 공장은 할 수 없어도 건설 물량은 무한정 쏟아져 나왔다. 무엇보다 밀려드는 미군의 숙소며, 군수물자 집하장이며, 군사지원 사령부 건설이 당장 시급한 실정이었다. 마침내 정주영만의 뚝심이 진가를 발휘할 수 있는 첫 장이 열린 것이다.

일이 순조롭게 풀리려고 그랬던지. 동아일보 기자 출신인 동생 정인영이 미군 사령부 공병대 맥칼리스터 중위의 통역에 배치되었다. 그리

정주영의 젊은 시절. 전쟁으로 피난길에 오른 부산은 그에게 절망과 좌절이 아닌 새로운 기회의 땅이었다. 건설이라면 무엇이든지 다 할 수 있다는 그에게 건설 물량이 무한정 쏟아져 나왔던 것이다.

고 맥칼리스터 중위는 통역인 정인영에게 자신은 아무 것도 모른다며 일을 할 만한 건설업자를 찾아 데리고 오라고 했다.

정주영이 득달 같이 달려갔다. 맥칼리스트 중위는 그를 보고 물었다.

"당신이 할 수 있는 게 무엇이오?"

"건설이라면 무엇이든지 다 할 수 있습니다."

맥칼리스트 중위는 재미있는 사람이라고 빙긋 웃었다. 눈도 꿈쩍 않고서 덧붙였다.

"미군 병사 10만 명의 임시 숙소가 필요한데. 한 달 안에 그걸 건설할 수 있겠소?"

"물론이구 말구요. 나는 만들 수 있습니다."

정주영 역시 눈도 꿈쩍 않고 대답했다.

맥칼리스트 중위가 말한 미션은 전쟁이 한창 진행 중이라 휴교 중인 학교 교실에다 미군의 임시 숙소를 만드는 거였다. 학교 교실을 모두 소독한 뒤 페인트칠하고, 바닥에 길이 36자(1자는 약 30,3cm) 폭 18자짜리 널판지를 깔고 그 위에 다시 천막을 쳐야 하는 작업이었다[2].

그야말로 눈코 뜰 새 없이 바쁘게 움직여야 했다. 하루 3시간 정도나 눈을 붙일 수 있을까 말까한 강행군이었다. 그렇게 약속한 한 달 만에 미군 병사 10만 명의 임시 숙소를 만들어냈다.

6.25전쟁 때 전사한 유엔군의 묘소에 묘비 대신 하얀 십자가가 줄지어 늘어선 부산의 유엔군 묘지.
엄동설한에 이 유엔군 묘지를 닷새 만에 푸른 잔디로 단장하라는 미션을 받고 정주영은 황당해 한다.

　이어 부산에 자리한 유엔군 묘지 공사를 맡아 하던 중이었다. 갑자기 미국 대통령 당선자 아이젠하워를 비롯하여 각국의 유엔 사절이 부산 유엔군 묘지를 참배할 계획이 세워졌다.

　발등에 불이 떨어진 미군 측에서 즉시 정주영을 호출했다. 전체 유엔군 묘지를 푸른 잔디로 단장하라는 황당한 주문을 했다.

　"이 엄동설한에 푸른 잔디를요?"

　"그렇소. 푸른 잔디여야 합니다."

　공사 기일도 5일 밖엔 주지 않았다. 참배일이 닷새 후였던 것이다.

　정주영은 난감했다. 고심에 고심을 거듭했으나 뾰족한 수가 있을 리 만무했다.

　골머리를 썩이던 순간 그는 문득 자신의 무릎을 치며 자리를 박차고 일어났다. 어릴 적에 고향의 겨울 들판에서 보았던 보리를 떠올리며 자신도 모르게 할 수 있다는 외마디가 절로 터져 나왔다.

　그는 곧 트럭 30대를 동원했다. 부산 인근의 농촌으로 달려가 낙동강

6.25전쟁 때 폭파된 한강 인도교 복구공사의 준공 및 개통식. 대통령 이승만과 국무위원 전원이 참석한 가운데 경찰악대의 주악이 울려 퍼지는 가운데 성대히 열렸다.

근처의 보리밭에서 파란 보리 싹을 떠다 유엔군 묘지에 옮겨 심었다. 그가 아니면 불가능했던 '콜럼버스의 달걀'이 아닐 수 없었다.

한겨울의 황량한 묘지에 푸른 보리 싹으로 단장을 마치자 미군 관계자는 엄지손가락을 추켜세웠다. "굿, 아이디어! 엑셀런트! 엑셀런트!"를 연발하며, 앞으로 미군에서 발주하는 공사를 원하면 언제든지 정주영의 현대건설에게 맡기겠다고 약속했다.

정주영의 현대건설이 보다 두각을 나타내기 시작한 건 휴전 이후 6.25전쟁 때 폭파된 한강 인도교 복구 공사를 수주하면서였다(1957). 한강 인도교 복구 공사는 비교적 단기간 공사였음에도 공사 금액이 무려

2억3천만 환이나 되었다. 단일 공사로는 전후 최대 규모였다. 더욱이 현대건설은 복구공사를 8개월이라는 짧은 기간 안에 완공시켜 약 1억 환의 공사 이익을 거둠으로서 도약의 발판을 마련할 수 있었다[3].

이때부터 정주영의 현대건설도 비로소 조흥토건·대동공업·삼부토건·극동건설·대림산업과 함께 이른바 '건설 5인조'니, '건설 6인조'니 하며, 지상에 오르내리게 되었다. 1천여 전국 건설업체 가운데 단연 선두 그룹에 끼게 되었다.

물론 로마는 하루아침에 이뤄지지 않는다. 정주영의 현대건설이 이처럼 급성장할 수 있었던 데에는 이미 아도서비스 때부터 길러온 중장비에 대한 그의 남다른 경험과 미군 부대에서 불하받은 다양한 중장비를 보유했기 때문이다. 오랜 경험의 축적으로 무엇보다 건설 장비를 갖추는데 주력했을 뿐더러, 건설 인력을 관리하는데 있어서도 남다른 안목이 있었기에 가능했다. 덧붙여 부산 피난 시절 유엔군 묘지에서 보여주었던 보리밭 잔디로 대체하며 얻은 신뢰를 바탕으로, 미군 부대의 공사를 거의 독점할 수 있었던 것 또한 빼놓을 수 없는 이유였다.

" 6.25전쟁, 재앙과 기회가 공존한 시련이었다 "

8.15해방(1945)과 더불어 상계의 판도 또한 크게 출렁였다. 지금껏 불어오던 풍향이 완전히 바뀌었다. 화신백화점의 박흥식과 경방의 김연수 등 이른바 한국 자본주의의 여명기를 열었던 1세대 기업가들이 격변기를 넘지 못한 채 그만 쭈구러들고 말았다.

그 자리엔 일찍이 춘원 이광수가 감지하고 예언했던 '대군大軍', 아직은 무명의 젊은 지방 기업가에 불과한 그들이 서울로 상경하여 둥지를 틀면서 상계에 속속 등장케 되었다. 처음에는 상점, 철공소, 운수업, 소규모 무역이나 제조업의 소꿉장난과도 같은 사업으로 시작했다. 훗날 만개할 한국 자본주의를 향해 저마다 출발 선상에 나섰다.

한데 그만 시련에 부닥쳤다. 6.25전쟁이 터졌다. 1950년 6월 25일 새벽, 전쟁은 해방과 마찬가지로 누구도 예기치 못한 가운데 그야말로 기습적으로 발발했다.

그도 그럴 것이 전쟁 발발 하루 전 육군본부 정보국은 북의 대규모 병력이 38선에 집결한다는 보고를 하였음에도, 군 수뇌부는 같은 날 바로

비상경계를 해제시켰다. 그날이 주말이
라 거의 절반에 해당하는 병력이 외출했
다. 그날 저녁의 육군본부 장교클럽 낙성
파티에는 전방부대 사단장까지 초청되
어 밤새 술판과 탱고, 블루스의 춤판으
로 흥건했다. 파티는 새벽 2시, 북이 기
습 남침을 하기 2시간 직전까지 계속된
셈이다.

"임시 뉴스를 말씀드리겠습니다. 오
늘 새벽 북한 공산군은 38선 전역
에 걸쳐서 전면 공격을 시작했습니
다. 그러나 안심하십시오. 우리 국
군이 건재합니다. 거듭 말씀드리겠
습니다." 하는 6.25 북한 남침과 함
께 9.28 서울 수복을 맨 처음 방송
한 당시 서울중앙방송의 위진록 아
나운서.

　서울 시민 또한 다르지 않았다. 멀리서
들여오는 포성에 크게 놀라지 않았다. 이
전부터 38선에서 충돌이 빈번했던 터라
대수롭지 않게 생각하는 이가 더 많았다.

　그러나 군용차가 거리를 질주했다. "3
군 장병들은 빨리 원대로 복귀하라!"는 가두 방송이 요란해지면서 조금
씩 동요하기 시작했으나, 무슨 일인지 통 알 길은 없었다. 아침 7시가 넘
어서야 방송은 북한군이 남침했다는 소식만을 간단히 전했을 따름이다.

　이틀이 더 지난 27일 밤 9시경, 서울중앙방송은 정부 명령에 따라 대
통령 이승만이 서울에서 방송하는 것처럼 사전에 녹음된 방송을 내보냈
다. 대통령 이하 국무위원 전원이 평상시와 다름없이 중앙청에서 집무
하고 있음은 물론 서울을 사수하기로 하였으니, 적을 곧 물리칠 수 있을
거라며 안심하라고 했다.

　그러나 방송이 나갔을 땐 대통령 이승만은 이미 특별 열차를 타고 서
울을 감쪽같이 빠져나간 뒤였다. 이승만과 정부 수뇌부는 진즉 서울을

떠나 피난한 뒤였으며, 아무런 예고도 없이 28일 새벽 한강 철교를 폭파시켜 버렸다. 뒤늦게 피난길에 올랐던 사람들은 한강 철교 폭파로 얼마나 많은 희생자가 발생했는지는 아무도 모른다[4].

상계 또한 한 치 앞을 내다볼 수 없는 깊은 나락으로 허둥지둥 추락했다. 다시 한 번 크게 요동치면서 또 다른 그림을 그려나가지 않으면 안 되었다.

우선 경방에서 물러난 김연수는 이제 기존의 삼양사만을 남겨두고 있었다. 한데 정부에서 돌연 농지개혁을(1950) 시행하고 나섰다. 이 조치는 삼양사는 그나마 남아 있던 장성농장, 줄포농장, 고창농장, 영광농장, 법성농장, 손불농장 등 15만 석지기에 달하는 대규모 농장을 모두 정부에 넘겨주어야 했다. 김연수의 삼양사에겐 농지 대가로 받은 얼마 되지 않은 지가증권과 농지개혁에서 제외된 해리염전(380ha)만이 남게 되었다.

그런 김연수가 북한군의 남침 소식을 전해 들은 건 전쟁이 터진 당일 아침이었다. 하지만 그 역시 38선에서 무력 충돌이 자주 일어났기 때문에 심각하게 받아들이지 않았다. 당시 치안국에 근무하고 있던 셋째아들 김상홍으로부터 다급한 전화를 받고 나서야 뒤늦게 삼양사 출장소가 있는 부산으로 피난길에 올랐다.

김연수는 부산출장소에서 가족 친지들과 함께 비좁은 피난 생활을 해야 했다. 옷차림은 서울에서 피난 내려올 때 입었던 작업복 그대로였으며, 빛바랜 운동화가 전부였다. 초라한 차림새를 보다 못한 주위 사람들이 민망할 정도였다.

더구나 그의 나이 쉰다섯이었다. 평생을 바쳐 키워온 기업과 자산을 차례대로 모두 잃은 뒤, 정신적 기반이기도 한 고향의 토지마저 죄대 내

대통령 이승만이 서울을 떠난 뒤 북한군의 남하를 저지하기 위해 한강 철교를 폭파시켰다. 한강철교
가 폭파된 뒤 만들어진 부교 위를 지나 남쪽으로 향하는 피난 행렬을 볼 수 있다.

놓은 뒤였다. 거기에다 무죄 판결을 받긴 하였으나 반민특위에 체포되
어 추운 겨울을 옥중에서 보냈었다. 그런 상황 끝에 이어진 피난 생활은
그에게서 자칫 삶의 의욕마저 빼앗아 버릴 수 있었다.

그러나 김연수는 담담했다. 누군가 그의 화려했던 행적을 떠올리며
모든 것을 잃은 현실을 한탄하기라도 하면 이렇게 말하곤 했다고 한다.

"재물이란 중한 것이지만 사람 목숨보다 중한 것은 아니라네. 사람이
목숨을 보전하고 뜻을 잃지 않는다면 언제라도 기회는 다시 만들 수 있
지 않겠는가."

그는 재기를 꿈꿨다. 지금은 전쟁 속에 갇혀 움츠러들고 있으나 그날
을 다짐하고 기다렸다[5].

화신백화점의 박흥식은 전쟁 이튿날 아침 날이 밝자 국방장관 신성모를 찾아갔다. 그리고 다짜고짜 물었다.

"지금 당장 필요한 게 뭡니까?"

"그야 무기와 탄약 같은 군수물자가 아니겠소?"

"신속한 해결 방법은 있습니까?"

신성모는 한숨을 푸욱 내쉬었다. 미국에 긴급 지원을 요청했지만 언제 올지 어떻게 알겠느냐고 했다.

"이건 내 생각입니다만, 지금 부산에는 일본에서 필요한 광상 물자가 많이 쌓여 있습니다. 그것을 일본에 먼저 주고 신속히 보급물자를 직송해오면 어떻겠습니까?"

두 사람은 구체안을 만들어 이승만에게 가져가자고 했다. 그 자리에서 무역협회, 상공부, 국방부 등 관계자들의 명단을 작성하여 경무대로 달려갔다. 이승만도 공감하고 즉시 추진토록 재가했다.

다음날 박흥식은 일을 추진하기 위해 약속대로 국방부를 찾아갔다. 하지만 신성모는 전날 오후 이미 이승만을 따라 서울을 떠난 뒤였다. 대신 참모총장 채병덕을 만나보았으나 그는 아는 바가 없다고 했다.

허탈한 발걸음으로 돌아온 박흥식은 회사 중역들과 사후 대책을 논의했다. 우선 백화점 문을 닫고 전 직원에게 유급 휴가를 주기로 했다. 회사 중역들은 희망에 따라 자신과 함께 피난길에 오르자고 권유했으나, 차마 발걸음이 떨어지지 않는 모양이었다.

결국 가족만이 따라나선 가운데 인천으로 향했다. 며칠 전에 외자청의 입찰을 통해 수입하게 된 시멘트가 인천항에 입항되어 하역 작업 중이었다. 그는 그 화물선을 타고 부산으로 갈 심산이었다.

화신백화점의 박흥식은 반민특위에서 가까스로 풀려나 상계로 다시 돌아왔으나, 곧이어 6.25전쟁이 터지고 말았다. 사진은 6.25전쟁으로 불타 뼈대만이 앙상하게 남은 화신백화점 전경이다.

한데 일본인 선원들이 외면했다. 부산항에 입항하지 않은 채 곧장 일본으로 가버렸다.

서울은 그 사이 북한군의 수중에 넘어가 화신백화점에 쌓여있던 상품들을(약 650억 원 상당) 모조리 약탈해갔다. 9.28 서울 수복 때 불마저 질러 화신백화점이 한줌 재로 불타버려 건물의 뼈대만이 앙상하게 남았다.

박흥식이 그런 화신백화점으로 다시 돌아올 수 있었던 것은 서울이 수복된 뒤 두 달여가 지나서였다.

한데 절망이 아닌 희망에 부푼 의기양양한 모습이었다. 그의 가방 속에는 서류가 한 뭉치였다. 일본에 체류하고 있을 때 다각도로 검토하고 짜낸 신규사업 계획안이었다.

내용은 이랬다. 일본에서 대규모 어선을 들여와 수산업을 크게 벌인다는 거였다. 당시만 해도 어선 보유량이나 어업 기술은 너무도 보잘것없었다. 삼면이 바다로 둘러싸여 있으면서도 어업 경쟁에서는 일본에 한참 뒤진 채였다. 더구나 전쟁이 휩쓸고 지나간 잿더미 속에서 수산업은 비교적 손쉽게 할 수 있다는 생각에, 일본의 도꾸시마수산과 논의를 한 끝에 중고선 등 약 600여 척의 어선을 들여오기로 합의까지 마친 상태였다.

그러나 이 꿈은 끝내 접을 수밖에 없었다. 이승만이 이렇게 말한 때문이다. "일본이 박 아무개를 통해 경제침략을 하고자 하는 숨은 뜻이 있습네다."

한편 해방 이후 정주영은 미군정으로부터 적산 땅 일부를 불하받아 현대자동차공업사를 세웠다. 그동안 해왔던 자동차 수리공장의 경험을 살린 것이다. 현대자동차공업사 한켠에 현대토건사 간판도 하나 더 달았다. 몸으로 하는 일이라면 어떤 것도 가능했기 때문이다. 그러다 뜻하지 않은 전쟁으로 모든 것을 잃은 채 부산으로 피난길에 올라야 했다.

하지만 피난지 부산은 그에게 또 다른 기회의 땅이었다. 전쟁 특수로 건설 물량이 쏟아져 나왔다. 유엔군 묘지를 보리 싹으로 단장하는 예의 '콜럼버스의 달걀'로 미군에서 발주하는 수많은 공사를 독점할 수 있었다.

이병철도 피난길에 올라야만 했다. 해방 직후 대구에서 삼성상회와 조선양조를 경영하다 상경하여, 삼성물산을 설립하고 무역업에 뛰어든 이병철에게도 전쟁은 시련이었다. 한창 자리를 잡아가던 삼성물산을 잃은 채 빈털터리로 피난길에 올라야 했다.

한데 대구에 도착했을 때 뜻밖의 얘길 듣게 된다. 그동안 조선양조의

부산 피난은 누구에게나 춥고 배고픈 힘든 시련이었다. 아이들조차 생계를 위해 길거리의 생활전선에 뛰어들지 않으면 안 되었다. 항구 인근에서 행상하는 아이들을 얼마든지 찾아볼 수 있었다.

이익금이 3억 원 가량 비축되어 있다는 거였다. 생각지도 않은 거금을 손에 쥔 이병철은 곧 재기에 나섰다.

피난지 부산에서 옛 임직원들과 다시 모여 삼성물산을 새로이 설립했다. 그리고 불과 한 해 동안에 17배를 성장하는 기적과도 같은 도약을 이뤄낸다. 이병철의 육성이다.

우선 서울에서 무역을 하던 경험을 살려 가장 공급이 달리는 생필품을 하나하나 조사했는데, 달리지 않은 물자가 하나도 없을 정도였다. …동란과 함께 국내 물자가 잿더미로 화하고 생산 능력이 마비된데다 전시 인플레로 물가가 엄청나게 치솟기 시작하자, 정부로서도 관·민수 할 것 없이 당장 수입을 촉진시키지 않을 수 없는 실정이었다. 이당시 부산에서의 사업 경쟁이란 자금의 동원 능력과 기동력의 싸움이나 다름없었다. 자금의 동원 능력에 있어서는 우리를 능가하는 상사들이 적지 않았을 것이다. 그러나 기동력에 있어서는 삼성물산이 타사의 추종을 불허했다고 자부한다. 경황없이 1년을 보내고 결산해보니 3억원의 밑천이 장부상으로나마 무려 17배 이상으로 불어나 있었다[6].

이런 이병철보다 더 화려하게 비상한 기업가도 없지 않았다. 대구에서 양말 공장을 하다, 소규모 삼호방직을 경영하던 정재호였다. 그는 전쟁으로 수도권의 섬유공장들이 모두 몰락한 틈을 타 부를 쌓은 뒤, 국내 최대 방직공장인 부산의 조선방직을 인수하면서 하루아침에 방직왕으로 등극했다.

물론 이런 성장 이면에는 자유당 정권의 비호가 있었기에 가능했다. 정재호는 이후 시중은행 민영화 입찰에도 뛰어들어 제일은행과 제일화재보험 등을 잇달아 인수하면서, 1950~60년대 삼성그룹(이땐 재벌이라일컬음)에 이어 상계 순위 2위를 기록하는 삼호그룹으로 부상했다.

아무렇든 전쟁은 모든 것을 바꾸어 놓았다. 김연수는 전쟁에 갇혀 움츠러들었으며, 박흥식은 자신의 꿈이 이승만의 말 한마디에 물거품으로 돌아갔다. 반면에 정주영에게는 전쟁 특수로 건설 물량이 쏟아져 나왔고, 이병철은 한 해 동안에 17배의 폭풍 성장을, 그런가하면 수도권 공장들이 몰락한 틈을 타 조방을 잡은 정재호 같은 이들에게는 분명 다시없는 기회이기도 했다.

전쟁은 이처럼 누구에게는 재앙이었다. 하지만 더러 다른 풍경도 없지 않았다. 적어도 소수의 선택된 누군가에게는 또 다른 기회였다. 전쟁은 상계에 불어 닥친 재앙과 새로운 기회가 공존하는 시련이었던 것이다.

" 오사카는 밀수의 본거지, 대마도는 전진기지 "

전쟁은 모든 것을 파괴했다. 모든 것을 파괴시켜 잿더미로 만들었다. 잿더미로 만든 전쟁은 모든 것을 다 바꾸어놓았다.

상계 또한 다를 까닭이 없었다. 통계에 따르면 섬유공업의 64%, 기계공업의 35%, 화학공업의 33%, 금속공업의 26%가 잿더미가 되어 불능 상태에 빠졌다. 특히 해방 이후 일본을 배경으로 삼은 부산경제가 몰락하면서 제반 산업시설이 경인 지역으로 대거 몰려들었는데, 이 지역이 집중적으로 파괴되면서 산업 활동 전반이 마비되고 말았다.

따라서 3년여 전쟁 기간 동안 실제 경제를 이끈 지역은 피난민들이 몰려들면서 갑자기 인구 300만 명으로 팽창한 부산이었다. 경제 활동의 중심지가 서울에서 피난지 부산으로 옮겨지면서, 부산은 전쟁이라는 비극의 전개 속에서도 단연 새로운 무대로 떠올랐다.

피난지 부산 시절 국민경제의 최대 과제는 의식주부터 당장 해결하지 않으면 안 되었다. 그저 살아남기 위한 최저한의 목적만이 존재했을 따름이다.

그러나 불행하게도 피난지 부산에서 상계의 전개는 사뭇 달랐다. 기업가들의 풍경은 국민경제의 요청과는 전연 다른 방향으로 나타났다.

전쟁 중이라는 혼란을 틈타 재산을 해외로 도피시키는 쭉정이, 망가진 철도 레일이나 부서진 공장 시설을 분해한 고철이나 탄피 따위를 주워 모아 만든 인고트(놋쇠)를 일본에 팔고 사치품을 들여오는 모리배가 설쳤다. 양곡을 도입한다는 구실로 외화를 불하받은 뒤 엉뚱한 상품을 들여와 폭리를 취하는 간상배나, 구호물자를 슬쩍 빼돌려 하루아침에 벼락부자가 된 야바위꾼 등 수두룩했다.

일찍이 춘원 이광수가 감지하고 예언한 바 있던 '대군의 척후' 이후 '상계의 역사'를 써나가는 과정에서 이 시기는 분명 오물로 얼룩졌다고 할 수밖에 없다. 피난지 부산에서의 경제사적 평가는 지금까지도 좀처럼 불식될 줄 모르는, 기업가들을 바라보는 불신의 원죄가 되고 있었다.

아무튼 전쟁 기간 중에 부산은 유난히 많은 사람들로 북적였다. 수많은 피난민들이 부둣가에 남루한 거적을 둘러치고 비바람을 피하면서 하루하루 고단한 삶을 꾸려갔다. 그런가 하면 다른 한쪽에서는 물자 부족과 하늘 높은 줄 모르고 치솟는 고물가 속에 폭리를 취해 망국적 호사를 누리는 일부 무역업자들로 술렁였다.

그렇더라도 산업 시설이 파괴되어 생산 활동이 불능 상태에 빠진 마당에 경제 활동이라야 기껏 무역이 전부였다. 때문에 부산항 부두에는 수출을 앞둔 물품이 늘 산더미처럼 노적되어 있었다.

유엔군이 이걸 문제 삼았다. 군사 작전에 방해가 된다는 이유였다. 작전 지시가 떨어지자 이들 물자를 당분간 가까운 안전지대로 이송해야 했다. 미처 매매계약도 체결하지 못한 채 가수출되어 일본의 보세창고

피난지 부산항에 도착한 유엔군. 전시 부산은 유난히 많은 사람들로 북적였다. 몰려든 유엔군과 수많은 피난민들이 부둣가에 남루한 거적을 둘러치고 비바람을 피하면서 고단한 피난살이에 들어갔다.

로 줄줄이 옮겨졌다. 전쟁이 발발하던 1950년 7월부터 이듬해 5월까지 1년여 가까이 일본의 보세창고 속에 꼼짝없이 잠겨있어야 했다.

한데 일본의 보세창고에 1년여 가까이 잠겨있던 이 물품들이 돌연 전쟁 특수를 누리게 되었다. 품질이 낮아 판로를 찾지 못하던 철광석이 시세를 만났다. 판매할 길조차 없어 부두에 산적해 놓은 채 파리만 날리던 중석(텅스텐 원석) 역시 불티가 났다.

전쟁이 나기 전까지 400달러에도 사겠다는 데가 없던 중석이 4,000달러를 호가하게 되자, 적산기업 소림광업을 울며 겨자 먹기로 인수했던 대한산업의 설경동은 신바람이 났다. 갑자기 돈벼락을 맞았다. 동아상사 이한원 역시 철광석으로 돈방석에 앉았다. 그 밖에도 고철이나 놋쇠 수출을 하던 몇몇 무역상사들 또한 전쟁 특수의 바람을 톡톡히 누렸다.

이처럼 갑작스레 돈벼락을 맞은 이들은 너도나도 일본 도쿄로 날아갔다. 시내 한복판에 번듯한 사무실을 낸 뒤, 고급 승용차를 타고 요정을 드나들곤 했다. 한순간에 거액을 챙겨 담았음에도 전쟁으로 정국이 불안하다는 이유를 들어 부족한 물자를 수입하지 않고 향락에만 빠졌다.

국내 사정은 하루하루 조바심쳤다. 물자 부족으로 촉발된 물가 폭등 현상이 걷잡을 수 없이 커져갔다. 물가를 진정시키기 위해서는 방법이 없었다. 수출된 상품의 대상 수입이 반드시 이뤄져야 했다.

무역협회는 전쟁 기간 동안 그러한 기능이 정지되어 있었다. 회장 이활과 전무 나익진은 미처 한강을 도강하지도 못한 채 서울에 잔류해 있었고, 부산으로 피난 내려온 무역회사들은 무역협회고 뭐고 돌아볼 겨를이 없었다.

보다 못해 재무부 장관 백두진이 상공부 차관 이병호와 재무부 이재국장 송인상을 일본으로 급파했다. 일본에 머물고 있는 그들에게 수출된 상품의 대상 수입을 촉구하기 위해서였다.

이병호와 송인상이 도쿄 하네다공항에 내려서자, 마중 나온 무역업자들은 이들을 승용차에 태우고 휴양지로 소문난 열해熱海 온천장으로 향했다. 이병호와 송인상은 고국의 실정을 들려주었다. 아울러 대상 수입의 시급성을 설명하면서 대상 수입이 이뤄지면 외화 대출을 주선하여 무역을 계속할 수 있도록 지원을 약속했다.

그런 이후에야 대상 수입이 활기를 띠었다. 또 한두 사람씩 일본에서 돌아와 부산에 거점을 두고 다시 무역에 나섰다. 수입한 물자를 후취담보로 외화 대출제도가 그렇게 시작된 것이다.

그런가 하면 이 무렵부터 무역의 형태도 크게 바뀌기 시작한다. 전쟁 이전의 무역이 기업 간의 물물교환의 원시 형태에서 벗어나지 못한 데다, 대상국 역시 가까운 일본이나 홍콩 등지에 한정되어 있었다. 한데 전쟁 복구를 위한 정부 발주의 대행무역이 본격화되면서, 대상 국가

부민동 산자락에 꼬약꼬약 들어선 피난민 판자촌. 이들에게 물자 부족은 말할 수 없는 고통이었다.

가 비로소 미국과 유럽으로까지 확대되었다. 그에 따른 무역 실무 역시 큰 폭으로 진화하기에 이른다.

좀 뒷날의 일이긴 하지만, 그 첫 무역이 통화개혁(1953) 이후 물가 안정을 위한 양곡 수입이었다. 정부가 1억 달러를 풀어 무역회사들에게 이를 대행시켰다.

당시 쌀의 국제 시세는 톤당 150달러 안팎이었다. 정부는 70만 톤의 양곡을 한 달 안에 들여오라고 무역회사들에게 재촉했다.

그러나 무역회사라고 해서 쌀을 수입해 들여올 수 있는 루트를 손바닥 보듯 꿰고 있었던 건 아니다. 불과 10여 개 업체만이 정부의 대행무역에 나섰다. 김원규의 남선무역, 전택보의 천우사, 이연재의 미진상사, 허봉익의 공익염료, 정재호의 삼호무역 등이었다.

한데 내 돈 들여 쌀을 사들여 오는 게 아니라서 그랬을까? 개중에는 은근슬쩍 딴 짓을 하는 업체도 없지 않았다. 남전실업의 '떡쌀 수입사건'이 그것이다.

당시 국제 쌀의 구입가는 찹쌀보다 멥쌀이 더 비쌌다. 한데 남전실은 찹쌀을 멥쌀보다 더 비싸게 들여왔다고 하자, 외자구매처에서 이를 알고 구매 수수료를 지불하지 않았다.

그러자 남전실업이 반발했다. 외자구매처를 뻔질나게 드나들며 거칠게 항의했다. 결국 남전실업의 찹쌀 수입 문제는 의옥疑獄 사건으로 번져나가 한 해 동안 외자구매처장이 세 번이나 바뀌는 소동이 일었다. 당시 남전실업은 여사장이었는데, 정부 안에 '빽'이 있다는 소문이 끊이지 않았다.

그러나 피난지 부산 시절 뭐니 해도 골칫거리이고, 기업가를 바라보는 불신의 원죄가 되고 만 건 이른바 '더러운 얼룩', 다름 아닌 밀수였다. 또 거기에는 관민이 의기투합해서 공공연히 민수를 장려한 측면 또한 없지 않았다.

거듭 말하지만, 전쟁 중에 남은 거라곤 손가락에 꼽을 정도였다. 망가진 철도 레일이나 부서진 공장 시설을 분해한 고철 따위, 전장에서 주어온 탄피, 그리고 미국이 가져다준 구호물품이 전부였다. 부둣가에 남루한 거적을 둘러친 초라한 피난살이도 고달프지만, 물자 부족은 말할 수 없는 고통이었다.

그러다보니 가까운 일본으로부터 밀수가 극성을 부렸다. 밀수의 본거지가 오사카라면, 전진기지는 그보다 가까운 대마도였다. 밀수선은 한국에서 주로 고철이나 놋쇠를 싣고 나갔다. 국내 시세는 톤당 10만 원 안팎인데 반해 일본에선 40배 가까이 호가했다.

이 같은 시세 차이가 밀수선을 부추겼다. 어선을 가장한 밀수선이 고철이나 놋쇠 따위를 싣고 현해탄을 건너가 오사카항 외항에 다다르면, 밀수품을 일단 바다 속에 던져 수장시켰다. 나중에 수장 지점을 찾을 수

일본에서 현해탄을 건너온 밀수선 영덕호를 해군의 쾌속선이 기관포를 쏘아 격침시켰다. 5톤짜리 밀수선 영덕호는 화재와 함께 침몰했다. 타고 있던 선원 3명은 탈출하여 목숨을 건졌지만, 밀수 시장은 이 사건으로 크게 얼어붙었다.

있게끔 표시해놓은 다음 오사카항으로 빈 배로 들어가 흥정을 벌이는 식이었다[7].

귀항하는 길도 식은 죽 먹기였다. 귀항하면서 싣고 올 밀수품은 중개상에게 돈만 주면 주문한 양을 대마도까지 실어다주고, 필요한 경우에는 따로 배편도 주선해주었다.

밀수꾼들은 대마도로 가서 작은 어선으로 바꿔 탄 뒤 고기잡이 나가는 시늉을 하고 있다가, 바다에 어둠이 내리면 부산의 기장 포구를 향해 직선으로 내달렸다. 바다가 잔잔한 날이면 쏜살같이 내달려 불과 5~6시간이면 기장포구에 닿았다. 대마도에서 저녁 9시께 출발하면 대개 새벽 3시경쯤에 도착했다.

이렇게 들여온 밀수품은 생필품이 대부분이었다. 여성용 액세서리와 화장품과 같은 사치품도 적지 않았다. 사치품의 경우 평균 20배의 폭리를 남겼다.

한데도 세관은 단속 인원과 장비가 부족하다는 타령이었다. 범람하고 있는 밀수선을 강 건너 불구경하고 있을 따름이었다. 당시 상공부 장관 이교선의 회고다.

…서울 수복을 전후해 고철 수출 붐이 일었다. 철도 레일과 선반기계, 일본군이 버려두고 간 잠수함과 군함을 비롯해서, 가정집 문고리까지 뜯어다 고철로 팔아먹었다. 얼마나 심했던 지 일본 신문에는 한국에서 수입한 고철 속에서 군함이 나왔다고 대서특필할 정도였다. 고철 수출을 전면 금지시키자 이번에는 장사꾼들이 재주를 부리기 시작했다. 거액의 뇌물 공세도 폈다. …당시 고철과 놋쇠 수출에 가담한 자들은 단순 밀수꾼뿐 아니라 이름 있는 무역업자들도 다수 있었다. … 고철 금수령은 1951년 하반기에 풀렸다. 이에 따라 다시 탄피 및 고철 수집에 열을 올렸는데, 오늘날 내로라는 재벌 중 상당수가 이 틈에 기반을 다졌다.

어쨌든 전쟁이 한창이던 1952년에 가장 화려하게 성장한 기업은 단연 이병철의 삼성물산이었다. 그는 전쟁 전에 서울에서 무역업으로 상당한 자산을 축적했으나 전쟁으로 모든 걸 잃었다. 피난길에 대구에 들렀다가 자신이 인수한 조선양조에서 받은 이익금 3억 원으로 삼성물산을 재건한 것이 1951년 정월이었다. 신설 형식으로 삼성물산을 설립했는데, 불과 1년 만에 17배로 도약하는 놀라운 기적을 이뤘다는 건 앞서 살펴본 그대로다.

그 다음으로 크게 성공한 기업은 구인회의 럭키화학이었다. 그는 화장품 '동동구리무'를 제조하여 번 돈으로 플라스틱 제조업에(1952) 뛰어들었다. 머리빗, 비눗갑, 세숫대야, 화장품 뚜껑 등을 생산해서 시쳇말로 대박을 터뜨렸다. 구인회의 럭키화학이 1955년 기준 국내 10대 기업 중 일약 4위로 급부상하는 기염을 토했다[8].

구인회의 럭키화학 부산공장 전경. 화장품 '동동구리미'를 성공시킨데 이어 플라스틱 제조업까지 시
쳇말로 대박을 터뜨리면서 일약 상계 4위 기업으로 급부상하게 된다.

그럼에도 물자 부족은 여전했다. 정부가 백방으로 나섰으나 좀처럼
해소될 기미가 보이지 않았다. 다급한 나머지 잇달아 당근을 제시하며
무역업자들 독려했다. 특별 외화 대출, 외환 선대, 외환 증서대출과 같은
제도를 내놓으면서 수입을 적극 권장했다.

우선 특별 외환 대출은 전시 인플레를 잡기 위한 원화 회수와 긴급 물
자 도입이 목적이었다. 외화선대는 수입을 촉진키 위해 외화를 먼저 공
급하는 장치였다. 예컨대 외화로 상환하는 것을 원칙으로 하되, 수출신
용장을 담보로 해서 신용장 금액의 70%까지 대출해주었다. 마지막으로
외환증서대출이란 정부 보유 달러 혹은 중석을 수출해서 획득한 달러를
정부의 개별적인 지시에 따라 증서대출의 형식으로 빌려주는 외화 대출

이었다.

어떻든 전시 인플레라는 특수 상황에서 자고 나면 물가가 치솟는 바람에 무역회사라면 누구랄 것도 없이 전에 경험치 못한 호경기를 톡톡히 누렸다.

무역을 하든 밀수를 해오든지 간에 어떻게든 물자만 들여오면 쥐도 새도 모르게 팔려나갔다.

자금도 내 돈이 아니었다. 6,000대 1의 공정 환율로 대출받거나 불하받은 정부 자금으로, 무려 50,000대 1까지 뻥튀기를 하는 장사였다. 연일 즐거운 비명이 아닐 수 없었다. 그야말로 땅 짚고 헤엄치기가 따로 없었다.

더구나 이 같은 무역의 호경기가 전후까지 한동안 지속되었다. 1950년대 수없이 탄생된 기적은 결코 우연이 아니었던 셈이다.

아무렇든 부산 피난 시절은 무역의 전성기였다. 해방 직후 잠시 열풍처럼 불었던 정크무역이나 마카오무역과는 비교조차 할 수 없는 황금광의 시대였다. 오늘날 한국 경제를 대표한다는 기업들이 대개 이 무렵 무역으로 자본을 긁어모아 기반을 다졌다. 내용이야 어떻든 결과적으로 보았을 때 한국 경제가 상업자본에서 산업자본으로 진화해나가는 자본주의의 발달 과정을 이때 비로소 밟아나가기 시작한 셈이었다.

"
새벽 전파를 타고 날아든 화폐개혁의 날벼락
"

6.25전쟁(1950) 중에 상계는 무엇보다 살인적인 인플레이션에 고전했다. 산업시설이 초토화되어 생산이 마비된 상태에서 물자 구하기가 어려워지면서 자고 나면 물가가 하늘 높은 줄 모르고 치솟았다. 해방 직후에 비해 불과 5년여 사이에 무려 18배나 폭등했다.

한데다 전쟁 비용이 무한정 투입되면서 통화량마저 폭발적으로 증가하고 있었다. 전쟁이 일어나기 전에(1950.6. 24. 기준) 559억 원에 불과하던 통화량이 1952년 말쯤에 간단히 1조 원을 돌파했다. 정부의 노력에도 수요와 공급, 통화량 등 모든 측면에서 악성 인플레가 불가피한 상황이었다. 시장에서 돈을 가마니로 싣고 다녀야 거래가 이루어질 정도라고 한국은행 총재 김유택은 한탄했다. 화폐 가치가 땅에 떨어질 대로 떨어져 있었다.

더구나 3년 넘게 치러진 전쟁은 38선을 사이에 둔 채 교착 상태였다. 그런 가운데 휴전회담이 진행 중이었다. 전쟁이 끝나는 건 시간 문제였다. 이제는 전후 복구와 산업 부흥 방안이 시급한 시점이었다.

부산 피난 시절 이승만의 집무실이었던 일본풍의 가정집으로 만들어진 임시수도 대통령 관저. 지금은 임시수도 기념관으로 관람객을 맞이하고 있다.

이런 분위기 속에서 재무장관 백두진과 한은 총재 김유택이(당시 수석 부총재) 머릴 맞댔다(1951). 전쟁으로 누적된 인플레를 청산하고 아울러 전쟁 복구와 산업 부흥에 필요한 자금을 조달할 수 있는 유일한 방법으로 통화개혁을 논의하기 시작했다[9].

한은 내부에서도 통화개혁에 따른 실무자가 낙점되었다. 일본 육군예비사관학교와 미국 클라크대학에서 경제학을 공부하고 돌아온 27살의 젊은 조사과장 김정렴(훗날 재무장관)이었다. 김정렴은 2차 세계대전 이후 세계 각국의 통화개혁 사례를 수집했다. 그 가운데 독일, 네덜란드, 일본 등의 성공 사례를 정리한 대외비 조사 자료를 만들었다.

여전히 부산 피난 시절이던 이듬해 9월, 김정렴은 난데없이 재무장관 백두진의 호출을 받았다. 장관실에는 이미 한은 총재 김유택과 부총재

송인상이 배석해 있었다. 백두진은 통화개혁이 불가피한데 해낼 수 있을지 김정렴에게 물었다. 김정렴은 자신있다고 대답했다. '비밀을 누설하면 총살한다'라는 서약서에 서명까지 했다.

김정렴은 함께 작업할 동료로 같은 과의 배수곤 대리를(훗날 상업은행장) 점찍었다. 두 사람은 부산 해운대와 송도의 가정집, 호텔 등지를 옮겨 다니며 극비리에 통화개혁안을 만들었다. 직속상관인 조사부장 신병현에게는 '두 사람을 특별히 쓸 데가 있으니 아무 간섭지 말라'라는 총재의 엄명만 내려졌을 따름이다.

작업이 어느 정도 진척을 보이자, 조사부장 신병현과 발권부장 김병옥도 비밀작업에 합류시켰다. 이때까지도 통화개혁이 추진되고 있다는 비밀을 아는 이는 극소수에 불과했다. 백두진과 김유택, 송인상, 신병현과 김병옥, 김정렴과 배수곤, 그리고 대통령 이승만 등 고작 8명이 전부였다.

마침내 그 이듬해 정월(1953), 통화개혁안이 최종 마무리되었다. 백두진과 김유택, 송인상 등이 확정된 안을 재가받기 위해 대통령의 임시 집무실이었던 경남도지사 관사로 향했다.

한데 세 사람을 맞이한 대통령 이승만의 심기가 어째 편치 않아 보였다. 전부터 백두진은 이승만에게 통화개혁의 필요성을 누차 역설했으나, 그때마다 왠지 달가워하지 않는 얼굴이었다. 더욱이 취지를 이해한다면서도 100대 1로 절하하겠다는 통화 단위에 대해선 왜 1대 1로 하면 안 되는지 반문했다. 또 일정 한도를 초과하는 금액에 한해서는 2~3년간 사용을 동결한다는 대목에 대해서도 납득할 수 없어 했다. 정부가 국민의 재산을 함부로 제한할 수 없다고 제동을 건 것이다.

재무장관과 한은 총재는 진땀을 뺐다. 통화개혁을 성공하려면 일정 액의 통화를 유통 과정에서 흡수해 통화량을 줄여야만 한다는 설득과 입씨름이 장시간 오간 끝에 이승만이 마지못해 입을 열었다.

"장관의 소신이 정 그렇다면 할 수 없습네다."

이승만은 재가 난에 '가만可晩'이라고 사인했다. 그동안 비밀리에 추진해오던 통화개혁이 무산될 위기를 가까스로 넘기는 순간이었다10).

3년 넘게 치러진 전쟁 속에 누적된 인플레를 청산하고 전후 복구와 산업 부흥에 필요한 자금을 조달할 수 있는 유일한 방법은 통화개혁이었다. 그러나 통화개혁은 무엇보다 보안 유지가 절실했다.

그렇대도 남은 문제가 한두 가지가 아니었다. 새로이 발행하게 될 지폐의 제조에서부터 보관, 운송 등 문제가 산적했다. 시간이며 비용은 그렇다 손치더라도 보안 유지가 어려웠다.

이런 문제들을 놓고 숙의한 결과 'US프린트'를 지폐종이로 활용하자는 아이디어가 나왔다. 그렇잖아도 해방 직후였던 미군정 시절 조선은행은 경제 혼란과 치솟는 인플레를 막기 위해 통화개혁을 실시할 작정이었었다. 하지만 충격적인 대형 정책은 새로 수립될 정부에 넘긴다는 입장으로 덮어두었었다.

그러나 만일에 대비했다. 미국에서 예비은행권인 US프린트까지 만들어 이미 들여다 놓은 터였다. 미군정청은 예비은행권이 도착하자 포장

전쟁이 한창이던 부산 피난 시절 화폐개혁을 실무 주도했던 한국은행 조사부 핵심 요원. 신병현 부장(왼쪽 두 번째), 송인상 부총재(네 번째), 김정렴 조사과장(오른쪽 끝) 등이다.

된 상태 그대로 봉인하여, 조선은행 지하 금고에 보관했다. 그러다 전쟁이 발발하자 부산으로 옮겨와 조선방직 창고 안에 보관 중이었었다.

송인상은 백두진의 전화를 받고 김병옥과 함께 급히 조방 창고로 달려갔다. 창고 안에는 US프린트가 산더미 같이 쌓여 있었다. 상자 하나를 열자 돈 다발이 가득했다. 두 사람은 액수를 확인한 뒤 이상이 없자, 다시금 봉인한 뒤 창고를 나섰다.

그러나 남은 문제는 또 있었다. 통화개혁에 따른 대통령의 담화문과 긴급 통화조치 포고문 등의 인쇄물을 과연 어떻게 보안을 유지하며 찍을 것인지 하는 거였다. 그때 김유택의 머리를 스쳐 지나가는 생각이 있었다. 조폐공사 동래공장 인쇄시설이었다.

김유택은 국방장관 신태영에게 부탁해 헌병 50명을 차출했다. 헌병들이 물 샐 틈 없이 동래공장을 에워쌌다. 헌병들에겐 '이 시간 이후 외출하는 자는 무조건 체포 구금하고, 찾아오는 이는 즉시 돌려보내라'라는 별도의 지시가 떨어졌다.

그런 다음에야 백두진과 김유택은 조폐공사 사장 나정호를 불러들였

새벽 전파를 타고 날아든 통화개혁 소식은 일반 국민들에게 날벼락이었다. 구권을 신권으로 교환하기 위해 이른 새벽부터 은행 지점마다 몰려든 인파로 장사진을 이뤘다.

다. 영문을 몰라하는 나정호에게 백두진은 주머니 속에서 돌연 권총을 꺼냈다. 나종호의 얼굴이 단박 하얗게 질렸다.

"나 사장, 지금부터 내가 하는 얘긴 곧 국가의 지상명령이요. 만일 누설되는 날엔 각오하시오."

그날 이후 동래공장 300여 명의 임직원들은 사흘 동안 완전히 구금 상태에 들어갔다. 전국에 배포할 예의 담화문이며, 포고문, 서식 등의 비밀 인쇄 작업에만 매달려야 했다.

마침내 공포 하루 전날 저녁(1953. 2. 14.), 김유택은 한은 임직원들에게 송도에 자리한 미진장호텔로 집결하라고 지시했다. 명목상으론 한은 총재가 마련한 음력 설날의 축하연이라고 둘러댔다. 김유택은 호텔에 모인 한은 임직원들에게 비로소 그동안 비밀리에 추진해온 통화개혁을 알리면서, 명예를 걸고 부여된 과업을 책임지고 완수하자고 다짐했다.

즉시 한은에 통화개혁대책본부가 설치되었다. 수송과 교환을 담당할 요원들이 한밤중에 새 지폐 다발을 싣고 전국 도처로 향했다.

불과 몇 시간 뒤인 자정을 기해 전격적으로 단행된 통화개혁이 새벽 라디오 전파를 타고 전 국민에게 비로소 알려졌다. 김유택은 아침 6시 KBS방송에 출연하여 통화개혁의 취지와 내용을 설명하고 협력을 당부했다. 이날 발표한 재무장관과 한은 총재의 공동 담화문은 다음과 같았다.

> …전쟁 피해로 인한 생산력의 저하와 전쟁 비용 증대로 인한 통화의 팽창 때문에 물가 사정은 악화되고, 일정한 화폐 소득자의 실질 소득은 다달이 저하되고, 부익부 빈익빈 징후는 농후해가고, 원재료와 제품은 사장되고, 생산 의욕은 떨어지고, 반면에 고리사채업자만 발호하며, 일면 돈의 가치를 제대로 한 장 한 장 세어보지도 않고 돈의 분량을 대충 달아서 주고받고 하는 따위의 천금賤金사상이 만연되고, 지폐의 홍수 속에서 거래의 단위만 터무니없이 불어나 유통과 결제상에 많은 불편만 끼치는 형편이었다….

따라서 정부는 화폐개혁을 단행하여 구권의 통용을 일체 금지시키고, 구권 100원에 신권 1환의 비율로 교환해주되, 일정 한도액을 초과하는 금액은 구권과 수표 등을 모두 금융기관에 2~3년간 강제 예입시킨 다음 생활비 조로 1인당 500환 한도 내에서 신권으로 교환해주도록 한다는 내용이었다.

이 같은 통화개혁은 일반 국민의 경제생활과 재산권에 엄청난 영향을 미치는 초헌법적인 조치였다. 일반 국민들은 어리둥절 할 따름이었다. 정부의 통화개혁을 불안과 불신의 눈으로 바라볼 수밖에 없었다.

제아무리 전쟁을 치르고 있는 도중이라 하더라도, 새벽에 날아든 뜬금없는 통화개혁 뉴스는 날벼락이 아닐 수 없었다. 통화개혁이라는 긴급 사태를 처음 겪어보는 일반 국민들은 이 같은 날벼락에 어떻게 해야 할지 몰라 혼란스러워했다. 때마침 음력 설날을 끼고 있는 바람에 이틀 동안의 공백은 일반 국민들을 더욱 조바심치게 만들었다.

이윽고 날이 밝자 곳곳에서 우왕좌왕하기 시작했다. 갖가지 루머가 난무하는 가운데 매점매석, 싹쓸이 사재기, 물자

정부 주도 1차 화폐개혁은 구권 100원을 신권 1환으로 교환해주되, 일정 한도 초과 금액에 한해서는 금융기관에 2~3년간 강제 예입시킨다는 초헌법적인 조치에 일반 국민들은 어리둥절했다.

은닉 등으로 시장은 혼란 속으로 곤두박질쳤다. '이건 공산당보다 더 악랄한 수법'이라고 목청을 돋우는 사람이 있는가 하면, '재무부와 한국은행 사람들은 서울에 미리 집을 사놨'더라 '모 고위층이 소금을 몇 십만 가마니나 사놨'더라 등등 별의별 소문이 돌았다.

이런 분위기 속에서 일정 한도를 초과하는 금액은 2~3년간 사용을 동결시켜, 유통 과정에서 흡수하여 통화량을 줄여나간다는 정부의 당초 목표는 처음부터 어긋나고 말았다. 거액을 쥔 구권 소지자들이 많은 신권을 확보하기 위해 동원한 교묘한 수법은 별 어려울 것도 없었다. 이런 저런 방법으로 구권을 농촌에 밀반출시켜 불법 교환을 일삼은 탓이다.

작가 홍성원은 대하소설 「남과 북」에서 정부의 갑작스런 통화개혁은 경제 전체를 일대 혼란 속으로 빠트리고 말았다고 날을 세웠다. 일반 국민에게 크나큰 고통을 안겨주었다고 비판의 정곡을 찔렀다.

작가 홍성원과 동아일보에 연재한 대하소설 「南과 北」. 홍성원은 이 소설에서 이승만 정부의 갑작스런 통화개혁은 경제 전체를 혼란에 빠트리고, 국민에게 고통만 안겨주었다고 비판했다.

…극심한 인플레를 경험해본 그들은 단순한 통화개혁만으로는 화폐 가치를 인정하려 들지 않는다. 화폐의 액면만 달라졌을 뿐 신화인 한화 역시 조만간 폭락할 것을 예측하고 있었다. 따라서 화폐개혁이 발표되자 나라 안은 전에 볼 수 없던 큰 혼란만 찾아왔을 뿐이다. 화폐 가치를 신용할 수 없는 국민은 현금을 쥐고 있다기보다는 다투어 물건을 사들였다. 구화를 신화로 바꾸기 위해서는 깊이 숨겨놓았던 비상금까지 모두 풀려나오기 마련이다. 가뜩이나 물자가 부족했던 시장에는 구화가 홍수처럼 쏟아져 나와 물건 값이 하루 사이에 4배에서 15배까지 미친 듯이 치솟았다. 여기에 부채질을 더한 것은 신화와 달러와의 환율이 60대 1로 절하된 데 있었다. 화폐의 홍수가 시장으로 밀어닥치자 상인들의 태도 역시 급속도로 달라졌다. 그들은 물건을 창고 속에 숨겨둔 채 어지간한 값으로는 물건을 팔려고도 하지 않았다. 어차피 바뀌어야 될 화폐이기 때문에 구화는 그들에게도 달갑지 않은 돈이었던 것이다…[11].

그러나 넘어야 할 산은 정작 따로 있었다. 긴급금융조치 법안에 대한 국회 심의에서 동의를 얻어야만 했다. 국회는 격론이 벌어졌다. 본회의에서 의원들은 통화개혁을 문제 삼았다. '국민의 재산권을 침해했다'고 목청을 높였다. 백두진과 김유택, 상공장관 이재형이 나서 의원들을 설득해보려 하였지만, 의원들은 예금 동결 비율을 한사코 완화하려 들었다. 정부에 힘을 실어주어야 할 여당조차 한 목소리를 내면서 정부를 난처하게 내몰았다.

당시 여권엔 이렇다 할 주도 세력이 없었다. 족청계, 비족청계, 신라회 및 친여 무소속 등의 파벌이 서로 힘을 겨루고 있었다. 한데 백두진은 과거 조선은행 이사 시절 민족청년단 재정 담당 이사를 맡은 적이 있어 족청계로 분류되었다. 비족청계의 중진 배은희 의원과 신라회 총수인 국회의장 장택상은 '정부 원안대로 해주면 백두진만 영웅이 된다'라며 자파 의원들의 투쟁을 독려했다.

결국 여권에서조차 협력을 이끌어내지 못한 정부는 울며 겨자 먹기로 예금 동결 비율을 75%나 삭감시켜주지 않으면 안 되었다. 사실상 백지화된 수정안이 통과된 셈이다. 통화개혁을 주도했던 백두진과 김유택은 훗날 '전쟁에서 참패를 당한 기분이었다'라고 술회했다. '십년 동안의 공든 탑이 한순간 와르르 무너지는 듯한 참담한 심정이었다'라고 밝혔다. 그러나 상공장관 이재형은 딴 목소리를 냈다. '이번 통화개혁은 금융인들만의 생각으로 입안했기 때문에 이런 결과를 초래한 것이다. 보다 광범위하게 실업인과 상공인들을 참여시켰더라면 다 좋은 안이 나왔을 것이다'라고 따끔한 일침을 가했다.

1960년대 상계의 주역, 철옹성의 10대 그룹

"
정치권력에 줄서기가 상계의 명운을 갈랐다
"

자고 나니 피난지 부산 바닥이 발칵 뒤집혔다. 신문 지면을 연일 점령했다. 이런저런 풍문이 좀처럼 그칠 줄 몰랐다. 이른바 '조방 낙면 사건'이 그것이다.

'조방'이란 일제 강점기 때 일본 미쓰이물산이 부산에 세운 조선방직의 줄임말이다. '낙면落綿'이란 품질이 좀 떨어지는 면을 뜻한다. 한데 꼬투리에 '사건'이란 고약한 글자가 붙었다. 이른바 문제가 되는 뜻밖의 일이 벌어졌다는 얘기다.

내용인즉슨 이렇다. 사건의 시점이 1951년 3월 14일에 일어났으니. 아직은 한창 전쟁 중이었다. 북한군의 탱크에 눌려 속절없이 부산까지 떠밀려 내려가야 했으나, 다행히 인천상륙작전이 성공하면서 '조방 낙면 사건'이 일어나기 바로 이틀 전쯤에 국군과 유엔군이 서울을 재탈환했다는 반가운 소식이 단비처럼 들려오던 무렵이었다[1].

한데 이날 피난지 부산에서 조방의 임직원 20여 명이 전격 구속되었다. 놀랍게도 그들의 혐의가 적군을 이롭게 하였다는 이적행위였다. 조

제15장　　**287**

방에서 군수용 광목을 만들었는데, 의도적으로 불량 면인 낙면을 혼합하여 제품의 품질을 떨어뜨렸다는 것이 그 이유였다. 다시 말해 불량 광목으로 군복을 만들면 품질이 떨어져 군사작전 수행에 차질을 빚게 되고, 그래서 결과적으로 적군을 이롭게 하였다는 말도 안 되는 해괴한 논리였다. 시쳇말로 김밥 먹다 옆구리 터지는 소리였다.

물론 종전과 함께 일본이 남기고 간 적산 기업이었던 조방의 이사이면서, 실질적인 경영주였던 김지태(MBC·부산일보 사장) 또한 전격 기소되었다. 김지태는 사실상 적산 기업 조방을 불하받기로 내정된 상태에서 날벼락을 맞은 사건이었다.

이것이 당시 세상을 떠들썩하게 했던 '조방 낙면 사건'이다. 여기까지가 겉으로 드러난 사건의 전말이다.

한데 사건의 전말을 좀 더 깊숙이 들여다보면 얘기가 금방 달라진다. 먼저 사건이 일어났을 땐 대통령 이승만이 재선을 위해 신당인 자유당을 창당하면서, 많은 정치자금이 필요하던 시기였다. 민주당은 그런 이승만의 재선을 막기 위해 개헌에 반대하고 나섰고, 당시 무소속 국회의원이었던 김지태는 민주당의 자금줄 역할을 하고 있었다. 대통령 이승만의 눈에 김지태가 곱게 보일 리 만무했다. 이쯤 되면 조방 낙면 사건이 얼마나 얼토당토 않는 억지였는지 어렵잖게 눈치챌 법도 하다.

재판 결과 역시 그렇게 나왔다. 대구고등법원에서 조방 낙면 사건을 무죄 판결했다.

하지만 사건은 이미 널리 퍼진 뒤였다. 김지태의 이미지는 한참 실추된 다음이었다. 결국 김지태에게 불하되려던 적산 조방의 계획은 취소될 수밖에 없었고, 대신 대통령 이승만의 양아들로 자처하고 다니던 강

공장 부지 8만평, 공장 건물 54동, 종업원 2천명, 자본금 약 1조2천억원의 국내 최대 규모로, 부산의
제조기업 시대를 이끌었던 조선방직. 부산 범일동 일대에 자리한 조방을 하늘에서 내려다 본 전경.

일매에게 조방이 돌아갔다.

　훗날 김지태는 조방을 노린 자들의 음해라고 회고했다. '김지태에게
조방이 넘어가면 야당의 정치자금 저수지가 될 것이다'라는 간언으로
말미암아 일어난 사건이라고 단정했다.

　조방은 공장용지 8만 평, 공장 건물 54동, 종업원 2,000여 명, 자본금
약1조2,000억 원의 국내 최대 규모였다. 부산의 제조기업 시대를 이끌
었던 조방이 그렇게 강일매의 손에 넘어갔다.

　그러나 강일매는 한마디로 역량 부족이었다. 조방은 이후 경영 부실
로 문을 닫아야 했고, 끝내 부산시가 매입하여(1968) 시민회관과 평화시
장 등지로 개발하면서 지금은 그 흔적조차 찾을 수 없게 되었다[2].

무소속 국회의원 김지태는 야당인 민주당의 정치 자금줄이었다. 여당 대통령 이승만의 눈에 곱게 보일 리 만무했다. 조방 낙면 사건이 불거진 배경이다. 사진은 김지태와 그가 소유했던 부산일보 옛 사옥.

　돈과 권력은 흔히 불가분의 관계라고 말한다. 기업가는 정치권력에 너무 가까이해서도, 그렇다고 너무 멀리해서 눈밖에 벗어나 밉보여서도 안 된다는 얘기다. 곧 구분九分은 모자라고 십분十分은 넘친다는, 알쏭달쏭한 이웃사촌이랄 수 있다.

　이 이야긴 상업자본을 넘어 산업자본화 되기 시작한 일제강점기 때부터 상계에 널리 유통되던 불문율이었다. 일제강점기 때부터 이미 정치권력에 줄을 대지 않고 성공하기란 요원했다는 얘기다. 일제의 눈밖에 벗어나는 순간 말짱 끝장이었다는 설명이다.

　이 같은 학습 효과 때문일까? 해방이 되자 상계는 너도나도 정치권력에 줄을 대느라 여념이 없었다. 일제에 짓눌려 오랫동안 오금을 펴지 못하던 기업인들이 해방과 더불어 압박에서 벗어나자마자, 정치권력이라

혼돈과 선택의 시기에 축재를 하는 길이란 정치권력만한 투자도 또 없다. 해방 직후 이 같은 정치권력의 헤게모니는 (왼쪽부터)김구, 이승만, 여운형, 김성수와 미군정청으로 분류되었다.

는 알쏭달쏭한 이웃사촌부터 찾아 나섰다. 가진 자는 가진 재산을 지키기 위해서, 가지지 못한 자는 축재의 기회를 마련코자 저마다 혈안이었다. 조방의 예에서 볼 수 있듯 강일매는 되지 못할지언정, 적어도 김지태의 꼴은 되지 않아야겠다며 백방으로 동분서주했다.

하기는 제아무리 경제 활동이 국가 통제에 얽매이지 않고 경제 단위의 경쟁에 맡겨지는 자유경제라 하다지만, 혼돈과 선택의 시기에 축재를 하는 길이란 정치권력만한 투자도 또 없었다. 사회가 혼란한 때일수록 정치권력의 비호만한 지름길도 없었던 것이다.

더구나 해방과 더불어 지금까지 불어오던 풍향이 정반대로 바뀌었다. 일제강점기 때 일본인들과 경쟁해서 성공했던 사람, 재산을 모았던 사람들은 무조건 배척받는 사회 분위기였다.

황금광의 노다지 꿈을 이뤄 조선 3대 재벌이 된 금광왕 최창학과 그가 인수한 서울의 오산중고교. 김구의 정치권력에 줄을 섰다가 이승만 정권 때 혹독한 세무조사에 시달리다 결국 생을 마쳤다.

그런 가운데 정치권력은 사분오열이었다. 해방 직후 정치권력의 주도권은 임시정부의 김구, 미주에서 독립운동을 한 이승만, 국내에서 활약해온 여운형, 동아일보와 고려대를 이끌어온 한국민주당의 김성수, 여기에 미군정청 등으로 분류되었다.

따라서 정치권력에 줄을 서는 것 역시 도박이었다. 제각기 손에 쥔 패가 다 달랐다. 금광왕 최창학은 김구, 태창재벌 백낙승은 이승만, 광산재벌 이종만은 여운형, 경성방직의 김연수는 맏형 김성수를 따라갈 수밖에 없었다. 화신백화점의 박흥식, 동일은행의 민규식, 자동차왕 방의석 등도 모두가 당대 정치권력에 줄을 대었음은 물론이다.

이 밖에도 중소기업가나 상계의 신입생들은 빈자리가 보이지 않는 거물 정치권력 대신 실리를 선택했다. 미군정청의 요인이나, 거기에 줄이 닿을만한 실력자를 찾았다.

사실 해방 직후 일제가 남긴 적산 기업을 불하받기 위해서도 그랬으나, 그 이전에도 정크무역을 하기 위해선 반드시 미군정청과 줄이 닿아야만 했다.

미군정청 재무국장 골든 중령이나, 군정의 요직을 맡고 있던 정 아무개, 장 아무개, 조 아무개의 끗발이면 누구나 한 몫 잡을 수 있는 그런 분위기였다.

때문에 해방 직후 상계에 부는 정치바람이 퍽이나 거셌다. 또 그처럼 서로 다른 동향에 따라 상계의 희비가 나뉘었다. 무상한 정치권력에 따라 상계의 명운 또한 크게 엇갈렸던 것이다.

우선 정치바람에 성공한 기업가는 백낙승 등을 꼽을 수 있었다. 앞서 제2장 '종로 육의전의 마지막 후예 대창무역'에서 살펴본 것처럼, 이승만에게 막대한 정치자금을 대어주면서 일약 태창재벌로 몸집을 불리는 남다른 수완을 발휘했다.

이렇듯 성공한 자가 있으면 으레 실패한 자도 있기 마련. 대표적인 이가 금광왕 최창학이었다. 금광을 찾아 무작정 집을 떠난 지 10여 년 만에 드디어 노다지의 꿈을 이뤄 현금으로만 800만 원(약 8,000억 원)을 손에 거머쥐면서 일약 조선의 3대 재벌이 된 그는, 당시 경성에서 가장 호화로운 죽첨정(지금의 강북 삼성병원)을 짓고 '자선사업이고, 육영사업이고, 영리사업이고, 아즉 아무 데도 손을 대인 곳이 업이' 오로지 사치와 향락에 매진했다.

물론 해방 이후에도 최창학만큼 막대한 현금을 쥔 자는 없었다. 또 여전히 영리사업 따윈 따로 벌이지 않은 채 한창 무역업자들을 상대로 고리사채업을 하며 살았다. 해방 직후 한동안 상계를 뜨겁게 달군 정크무역에 뛰어들었던 사람치고 최창학의 돈줄에 기대지 않은 이가 거의 없었다고 전한다.

그런 그가 해방 이후 살아남기 위해 정치권력에 줄을 댄 건 '임정'이었다. 상하이에서 귀국한 김구에게 자신이 살던 저택 죽첨정을 헌납하면서 재빨리 '임정'에 줄을 섰다.

하지만 그의 이런 줄서기는 결과적으로 패착이었다. 5년 후 김구는 암살을 당했고, 숙적이었던 이승만이 초대 대통령으로 취임했다. 최창학은 모든 정책 사업이나 혜택에서 제외되었음은 물론 집요한 세무조사에 시달려야 했다.

시련은 거기서 끝나지 않았다. 해방 이후 사회 혼란이 거듭되는 가운데 살인적인 인플레가 가중되면서, 최창학이 가진 현금의 가치는 낙엽처럼 우수수 곤두박질쳤다. 더욱이 전쟁 이후 경제재건 과정에서 상업자본을 산업자본으로 갈아타는 마지막 기회마저 따라가지 못했다. 이승만의 자유당 정권에 줄을 대고 미국의 원조자금으로 몸집을 불려나간 신흥재벌에 그만 한참 뒤질 수밖에 없었다.

급기야 집요한 세무조사 끝에 탈세 재판이 한창 진행 중이던 1957년, 마치 그는 암담한 현실에서 도망치기라도 하듯 뜬금없이 오산중·고를 인수하며 재단이사장에 취임했다. 하지만 재단과 학교장 사이에 갈등이 빚어지면서 '학생 동맹 휴학'이라는 초유의 사건으로 비화되고, 그 사건을 수습해 나가던 도중 그만 심장마비로 타계하고 말았다[3].

반면에 불운한 기업가도 없지 않았다. 어쩔 수 없이 정치권력에 줄서기를 해야 했던 경방의 김연수가 바로 그런 경우였다.

앞서 제8장 '김연수, 산업의 아버지가 되다'에서 이들 형제에 대해 살펴본 것처럼, 김성수는 동아일보와 고려대 운영에 전념키 위해 경방 초기부터 경영을 동생 김연수에게 넘기며 사실상 손을 뗐다. 또 해방 이후에도 자신의 평소 신념 대로 줄곧 언론과 교육사 업에만 전념할 생각이었다. 하지만 조병옥(민주당 대통령 후보)의 끈질긴 간청 과 해방 공간의 혼란 속에서 민족 진영의 정당이 필요하다는 인식 아래, 한국 민주당을 결성하고 당수에 피선되었다. 1951년에는 국회에서 제2대 부통령으로 선출된다.

서울운동장에서 치러진 인촌 김성수 국민장. 전국 각지에서 100만명이 넘는 인파가 몰려들어 그의 서거를 애도했다. 인촌은 고려대 뒷산에 안장됐다 훗날 경기도 남양주로 이장되었다.

이쯤 되자 김연수 또한 당연히 한민당 쪽 사람으로 분류될 수밖에 없었다.일제 강점기에 경방을 이끌었다는 이유만으로 친일문제가 불거지자, 해방 이후에는 아예 기업 일선에서 물러나 칩거에 들어간 상태였음에도 한사코 그쪽으로 몰아붙였다. 세간의 입방아는 당연히 한민당 쪽으로 분류시켰다.

한데 그만 변수가 발생했다. 한민당의 김성수가 절대 권력에 반기를 드는 사태가 발생한 것. 재선에 눈이 먼 대통령 이승만의 전횡과 반민주적 처사를 고발하기 위해 김성수는 끝내 부통령직을 사임한 뒤, 본래의 언론과 교육사업으로 돌아가고 말았다. 그러다 전쟁이 끝난 직후인 1955년 이른 봄 65세를 일기로 타계한다.

이제 남은 건 김연수였다. 순전히 자의가 아닌 타의에 의해 그는 이미 자유당 정권과 소원해질 대로 소원해진 관계였다. 또 그런 연유로 인해 상업자본에서 산업자본의 시대를 열며 반세기 가까이 지켜온 상계 정상의 자리를 내놓지 않으면 안 되었다.

그뿐 아니라 새로운 사업 기회조차 번번이 잃지 않으면 안 되었다. 저마다 적산 기업을 줍다시피 불하받아 몸집을 키워나가는 '절호의 기회'로 마냥 들떠있을 때에도, 김연수의 이름은 그 어디에도 없었다. 뒤이어진 전쟁의 잿더미 속에서 파괴된 기간시설의 복구 또한 상계엔 다시없는 '황금빛 절호의 기회'였다. 기간시설의 복구 사업에 원조자금이 쏟아진데 이어, 정부로부터 배정받은 기업들은 갖가지 금융 특혜와 특별 환율 적용까지 얹어 받는 행운가지 누렸다. 하지만 김연수의 이름은 번번이 찾아볼 수 없었다[4].

이 밖에도 대기업화의 가능성을 제시해준 군납사업과 관납사업 역시 그의 이름은 빠졌다. 같은 시기 자유당의 '건설 5인조'로 불리던 대동공업, 조흥토건, 극동건설, 현대건설, 삼부토건 등이 정부 발주 공사를 거의 독점하다시피 하고 있을 때에도 김연수의 이름은 일체 배제되었다.

화신백화점의 박흥식, 광산 재벌인 이종만, 자동차왕 방의석, 동일은행의 민규식 또한 저마다 유력 정치인에 부단히 줄을 대었으나, 역시 모두 패착으로 귀결되었다. 이들에게 정치권력은 투자도 지름길도 아닌, 곧바로 종말을 재촉하는 블랙홀이 되고 말았던 것이다.

"

적산 기업과 원조 자금, 두 번의 황금빛 기회

"

8·15해방(1945)의 감격이 채 가시기도 전에 곧바로 뒤따라 이어진 6·25전쟁(1950)은 상계의 거의 모든 것을 파괴시켰다. 폐허와 공허의 잿더미만이 눈앞에 남은 전부였다.

그러나 이 같은 전환기의 혼란은 또다시 상계에 찾아온 '절호의 기회'이기도 했다. 한때 전국을 황금빛 열풍으로 물들였던(1930년대), 바로 그 황금광 노다지의 꿈과 조금도 다를 게 없었다. 굳이 다른 걸 꼽는다면 노다지의 꿈을 찾아 아무나 무작정 뛰어든 건 아니라는 점이다. 일제강점기 혹은 해방 이후에 창업을 했거나, 그즈음에 창업한 젊고 새로운 기업들이 그 역할을 대신하고 있었을 따름이다.

일제강점기에 전성기를 구가했던 상계의 유력 기업들이 해방 이후 반민특위의 숙청 작업으로 비틀거리고 있을 때, 젊고 새로운 기업들이 혜성처럼 등장해서 그 자리를 재빨리 메워나갔다. 일본인들이 빠져나가면서 무주공산이 된 적산敵産 기업에 손쉽게 입성할 수 있었다. 일찍이 춘원 이광수가 감지하고 예언했던 바로 그 '대군大軍'이 몰려온 것이다.

기업명	창업자	불하 기업명	참고
한진	조중훈	조선화재보험	현 동양화재보험
선경	최종건	수원 선경직물	현 SK
동일방직	서정익	동양방적	
한화	김종희	조선유지	인천공장
두산	박두병	소화기린맥주	최근에 매각
쌍룡	김성곤	안양 동경방직, 조선 직물	
삼호	정재호	부산 조선방직	
해태	민후식 등	서울 영강제과	현 해태제과
태창	백낙승	고려방직	
백화양조	강정준	조선양조 군산공장	
대한	설경동	군시공업	
동양	이양구	소야전시멘트 삼척공장	현 동양시멘트
한국생사	김지태	욱견직, 삼화호모, 동방제사, 대한생사	
일신방직	김형남	전남방직	
해운공사	김용주	조선우선	
벽산	김인득	천야시멘트 경성공장	
삼성	이병철	미쓰코시백화점 조선생명	현 신세계백화점 현 삼성화재보험
현대	정주영	조선이연금속 인천공장	현 인천제철
락희	구인회	조선제련	현 LG금속
대성	김수근	조선연료, 삼국석탄, 문경탄광	현 대성산업
동국제강	장경호	삼화제철	
효성	조홍제	한국타이어, 대전피혁	
대농	박용학	조지야백화점	미도파백화점
신동아	최성모	조선제분	
대우	김우중		'76년에 인수[5]

해방의 감격이 채 가시기도 전에 뒤따라 곧바로 이어진 전쟁은 상계의 거의 모든 것을 파괴시켰다. 사진은 폐허와 공허의 잿더미만이 앙상히 남은 경방 영등포공장.

이처럼 해방 이후 혜성처럼 등장한 젊고 새로운 기업들에겐 저마다 두 번씩의 행운이 주어졌다. 일본인들이 버리고 간 적산 기업을 거저 줍다시피 불하받아 기업의 몸집을 단숨에 키워낸데 이어, 곧이어 터진 6·25전쟁은 또다시 찾아온 황금 파이였다. 전쟁 이후 잿더미로 변한 폐허와 공허를 복구하기 위한 원조자금이 미국 등지에서 쏟아져 들어왔고, 그런 각축장에서 오로지 젊고 새로운 그들만이 주인공이었다.

특히 전쟁으로 파괴된 기간시설의 복구는 '황금빛 절호의 기회'가 아닐 수 없었다. 비료, 시멘트, 유리, 면방적기, 염색가공, 자전거 부품, 동력기계, 제지공장 등의 자본재산업에 원조자금이 집중적으로 이뤄졌다. 제분, 제당, 시멘트 등 삼분산업三粉産業을 비롯하여 미국에서 대량으로 제공된 원면을 가공하는 섬유 면방업과 같은 소비재산업에도 시설재 원

소화기린맥주 영등포공장. 영등포 인근의 한강물이 수질이 좋고 수량이 풍부해 이 자리에 세워졌다. 두산 창업주 박승직이 소액 주주로 참여했던 인연이 되어 해방 직후 영등포공장을 인수하게 된다.

조가 집중되었다. 그뿐 아니라 원조자금을 배정받은 기업은 정부로부터 낮은 금리의 금융 특혜와 특별 환율적용까지 얹어 받는 행운까지 누렸다.

그 밖에도 대기업화의 가능성을 제시해준 사업 분야 중 하나가 군납軍納사업이었다. 전쟁 이후 군납사업은 그야말로 군침이 꿀꺽 넘어가는 사업이었다. 식품, 타이어, 피혁, 페인트, 비누산업, 운수업 등의 기업들이 군납을 바탕으로 날로 몸집을 불려나갈 수 있었다[6].

관납사업 또한 빼놓을 수 없는 황금 파이 가운데 하나였다. 이 시기 관납사업으로 급성장한 기업은 다름 아닌 몇몇 건설업체들이었다.

　　…이들 가운데 대동공업, 조흥토건, 극동건설, 현대건설, 삼부토건
　　등은 업자들 간에 자유당 '건설 5인조'로 불릴 만큼 정부 발주 공사를

서울 잠실 지구 공유 수면을 매립하여 잠실 아파트 단지를 건설하고 있는 삼부토건의 공사 현장. 삼부토건은 극동건설 등과 함께 자유당의 '건설 5인조'로 불리면서 정부 발주 공사를 독점하다시피 했다.

이들 5대 건설업체가 거의 독점하다시피 하였다…. 자유당의 정치자금원 중 비중이 큰 것이 건설업이었는데, 당시 건설업계의 관행을 보면 다음과 같았다. 예를 들어 특정 건설업체가 덩치가 큰 정부 발주 공사를 수주할 경우 공사 가격의 30%는 미리 공제되어 자유당의 정치자금으로 납부되고, 20%는 (건설업체들 끼리)이익금으로 분배한 후, 나머지 50%만 가지고 공사를 했다는 말이, 건설업자들 간에 회자될 정도로 건설업계의 성패 여부는 '정경 고리의 견고성'에 있었다[7].

이같이 해방 직후 거저 줍다시피 적산 기업들을 불하받은데 이어, 전쟁 이후 해외 원조자금으로 이루어진 군납과 관납을 비롯한 수입대체산업 중심의 공업화는 그들에게 또 다시없는 황금광의 노다지가 아닐 수 없었다. 그런 절호의 기회를 통해서 지금껏 들어보지 못한 낯선 이름의 벼락 부호들이, 새로운 기업집단이 돌연 상계에 등장케 되었다.

" 재벌로 가는 마지막 열차는 전후 복구 "

8.15해방(1945) 직후 미군정과의 알력으로 전쟁을 치른 격동기 속에서 한국자본주의가 상업자본에서 산업자본으로 전환되어 갈 때, 다시 말해 경제적 원리보다는 시대 상황에 따른 그 바깥의 요인이 지배적이었을 때, 대기업 집단 곧 그룹(이땐 재벌이라 일컬음)으로 몸집을 키워가는 마지막 열차는 건설이었다. 미국의 원조자금으로 시작된 전후 복구사업이었다.

여기에 뛰어든 대표적인 기업이 조흥토건, 대동공업, 삼부토건, 극동건설, 홍아공작소, 대림건설, 현대건설 등이었다. 대부분 휴전(1953) 이후 전쟁 복구 건설경기의 붐을 타면서 그룹의 반열에 마지막으로 합류한 기업들이었다.

이들 가운데 정주영의 현대건설은 앞서 살펴본 것처럼 부산 피난 시절 미군 10만 명의 임시 숙소를 군사 작전을 하듯 한 달 만에 뚝딱 만들어낸 데 이어, 한겨울에 부산 UN군 묘지를 푸른 잔디로 단장하라는 난제를 청보리 싹으로 또다시 뚝딱 해치우며 신임을 얻었다. 줄곧 미군 군용 건설사업 주변에서 맴돌았다. 그러면서 휴전이 성립되었을 땐 이미

휴전 이후 다시 복구된 한강 철교의 준공일 날 한강변에 모여든 인파로 가득하다. 정주영의 현대건설은 이 북구공사를 수주 받으면서 비로소 1천여 건설업체 가운데 단연 선두 그룹에 이름을 올린다.

사업 기반을 쌓아 국내 유수의 건설업체로 부상한 터였다.

그러나 부산 피난 시절 미군 군용 건설사업으로 기반을 쌓았다면, 전쟁 이후 우리 정부가 폭파시킨 한강 철교 복구사업을 하면서 마침내 건설업계 선두그룹에 낄 수 있게 되었다. 그럴 만했던 게 한강 철교 복구사업비는 2억3,000만 환이었다. 단일 공사로는 전후 최대 규모였다. 건설업계가 깜짝 놀랐던 것도 무리가 아니었다.

애초 내부장관은 이 공사를 조흥토건에 주려했다. 공사 승인권을 가지고 있던 재무장관은 흥아공작소를 밀었다. 이때까지도 현대건설은 그저 아무 공사나 수주 경쟁에 뛰어들어 끝까지 용을 써보는 후보군에 불과했을 따름이다.

하지만 예산 집행이 1년이나 연기되도록 누구도 양보치 않고 끝내 타협점이 찾아지지 않자 결국에는 경쟁 입찰에 부쳐졌다. 아무 데나 머리를 들이밀고 보는 현대건설 또한 이때 다른 경쟁업체들 사이에 끼어 응찰했다.

그러나 홍아공작소가 단돈 1,000원에 응찰하며 기부 공사를 하겠다고 나섰다. 당시 1,000원은 한강 공사 현장에서 남대문까지 시발택시 왕복 요금에 불과한 액수였다.

경쟁업체들은 쓴웃음을 지었다. 어떻게든 공사를 따서 돈을 벌어보겠다고 나선 마당에 단돈 1,000원에 기부 공사를 하겠다는데야 할 말이 없었다.

한데 입찰서를 꼼꼼히 들여다본 주무 장관이 1,000원에 응찰한 홍아공작소는 입찰 의사가 없다고 판정했다. 정부는 기부 공사를 받을 수 없다는 공식 입장을 내놓았다.

아울러 응찰 가격 두 번째였던 현대건설에 한강 철교 복구공사가 자동 낙찰되었다. 이때부터 조흥토건, 대동공업, 삼부토건, 극동건설, 대림산업 등과 더불어 이른바 '건설 5인조'니 '건설 6인조'니 하며 세간의 입에 오르내리기 시작했다. 크고 작은 1천여 건설업체들 가운데 단연 선두 그룹에 이름을 올릴 수 있었다[8].

당시 건설업계 1, 2위를 다툰다는 이재준의 대림건설 또한 현대건설과 같은 노정을 걸었다. 다만 현대건설이 부산 피난 시절 미군 군용 건설사업 주변에서 맴돌았다면, 대림건설은 주로 정부가 발주한 관급공사를 도맡다시피했다. 사회부에서 발주한 피난민 집단 수용소를 비롯하여 국방부의 조병창, 진해 해군본부의 천막 병사 보수공사, 산업은행 제주

지점 사택 신축공사, 부산 금융조합 중앙지소 화재 복구 공사 등을 잇달아 시행하면서 나름 기반을 닦았다.

특히 대한금융조합연합회가 발주한 여수금융조합 건물 신축공사는 천운이었다. 가뜩이나 어려웠던 부산 피난 시절에 이 공사를 마치면서 받은 대금은, 서울 수복 이후 대림건설이 움직이는데 효자 노릇을 해주었다.

다시 서울로 복귀한 대림건설이 가장 먼저 한 일은 서울역 앞 동자동에 자리한 대림건설의 옛 사명인 부림상회 서울지점 자리에 당시 서울 시내에서 고층 빌딩에 속하는 6층짜리 사옥을 지어 입주하는 것이었다. 이 건물은 1937년에 신축된 화신백화점이 사옥이 아닌 사업장으로 분류했을 때 '상계의 역사'에서 최초의 사옥다운 사옥으로 기록되고 있다.

건물의 설계는 일찍이 경성고등공업학교를 나와 서울의대 병동 등을 설계한 원로 건축가 장연채가 맡았는데, 당시로서는 모던하다는 평판을 듣기에 모자람이 없었다. 자유당 시절 대통령 이승만이 그 앞을 지나다 '누가 저렇게 크고 멋진 건물을 지었느냐'라며 감탄했다는 일화조차 전한다.

이처럼 대림건설은 당시 상계에선 보기 드물게 번듯한 사옥까지 지어 입주하면서 전후 복구공사에 본격적으로 뛰어들 만반의 채비를 마쳤다. 실제로 국가 기간시설물과 공공건물 등 전재 복구 공사를 통해서 어느 정도 체제 정비와 경영의 발판을 마련한 것도 사실이다.

더구나 전후 건설업계는 자고나면 영웅이 탄생하는 춘추전국 시대였다. 먹잇감인 토건 현장도 해마다 큰 폭으로 증가했을 뿐더러, 공사의 유형도 단순한 토목건축에서 플랜트건설 등 기간산업 건설로 점차 대형

남영동에 자리한 옛 대림산업 본사 전경. 당시 대통령 이승만이 서울역 인근 동자동 거리를 지나다 대림건설 본사 건물을 보고 '누가 저렇게 크고 멋진 건물을 지었느냐'라며 감탄했다는 일화가 전한다.

화되어 가는 추세였다.

한데 이 시기 대림건설은 시련에 처하게 된다. 현대건설이 전후 한강 철교 복구공사를 낙찰받으면서 순조로운 출발을 보인 데 반해 한 차례 된통 홍역을 치러야 했다. 이른바 '미도파백화점 강탈사건'이 그것이다.

정부는 피난지 부산에서 서울로 다시 환도하여(1953) '도시 건물 복구령'이라는 각령을 내렸다. 민간인이 자기 자금으로 서울 시내의 대형 건물을 복구 수리하는 사람에게 얼마 동안 점유권을 인정해주는 법령이다. 전쟁이 끝나면서 재정 상태가 파탄지경에 이른 정부로서는 전재 복구를 위한 궁여지책이었다.

대림건설은 정부의 이 같은 방침에 따랐다. 환도 이듬해 자본금 50만

환으로 서울부동산을 설립하고, 명동 입구에 자리한 조지야丁子屋백화점을 관재청으로부터 임대받았다. 이 건물은 일제강점기 일본인이 설립한 백화점으로 해방 후 민간인에게 불하되어 관리되어 오던 중에, 전쟁으로 불타고 무너져 내려 흉측한 몰골로 뼈대만 앙상한 채였다. 대림건설은 전국 도처에서 최고급 자재들을 구해다 내·외부를 말끔히 수리 단장한 뒤, 미도파란 이름으로 다시 백화점을 개업했다.

미도파백화점을 방문한 대통령 이승만. 일제강점기의 조지야백화점을 대림건설이 임대받아 내·외부를 단장한 뒤 미도파백화점으로 개점했으나, 정권의 입김으로 무역협회에 넘기며 백화점사업을 포기해야 했다.

미도파美都波란 '전쟁으로 폐허가 된 시내의 중심지를 아름답게 가꾸고 꾸며 도시미를 되살려 냈으며, 또 이런 백화점에 화려하게 성장한 신사숙녀들이 마치 물결을 치듯이 몰려든다'는 뜻이었다. 당시 거액의 현상금을 내걸고 응모한 결과 당선된 상호였다. 실제로 미도파를 그냥 한글로 표기해도 받침이 따로 없어 읽고 쓰기에 편할 뿐더러 기억하기도 쉬워, 세련미를 갖춘 상호라는 평판이 자자했다.

한데 그렇게 다시 개업한 지 얼마 되지 않은 어느 날 엉뚱한 데서 그만사건이 불거졌다. 당시 국회 부의장을 역임한 자유당의 최 아무개가 무역협회 회장으로 취임하면서, 역시 자유당의 2인자였던 이기붕을 움직여 대통령 이승만에게 이렇게 간청했다. '미도파백화점은 외국의 사치품만 전시하고 판매함으로써 국민의 위화감을 부채질하고 사치 풍조를 조성하고 있는 만큼 국산품 장려를 위해서라도 무역협회에 이관해 달라'고 한 것이다. 지금의 상식으로 본다면 어림 반 푼어치도 없는 소리였다.

더구나 당시의 시장경제를 지배하고 있는 건 외국의 구호물자와 밀수품이 전부였다 하여도 과언이 아니었다. 국산품이라야 어디 내놓을 만한 게 전무하던 시절이다. 더군다나 다른 기관도 아닌 무역협회에서 국산품 애용 운운하는 것도 이치에 맞지 않는 억지였다[9].

하지만 이승만은 귀가 얇았다. 엄연히 '도시 건물 복구령'이라는 법률에 따라 대림건설이 합법적으로 임대한 건물의 운영권을 무역협회에 넘기도록 하는 어처구니없는 지시를 내렸다. 이에 따라 서울부동산의 미도파백화점은 개업한 지 불과 1년여 만에 운영권을 무역협회에 강탈당하면서, 대림건설은 백화점사업을 포기하지 않으면 안 되었다.

역사에 가정이란 있을 수 없다. 그러나 이때 만일 미도파백화점을 대림건설이 계속해서 경영하였더라면 그 결과는 과연 어떻게 되었을까? 이후 대림건설의 체질은 많이 바꾸어지지 않았을까? 또 그렇게 바꾸어진 체질을 부단히 학습 단련하고 진화시켜 나가는 가운데, 오늘날 대림건설의 모습은 크게 달라져있지는 않을까?

그리하여 주력 기업이 건설 부문이 아닌 유통으로 옮겨가면서, 어쩌면 지금쯤 롯데나 신세계와 양보할 수 없는 치열한 각축전을 벌이고 있

지는 않을지. 또 그렇
게 되었을 땐 오늘날
대림건설의 위치가 어
디쯤 서 있을 것인지
궁금하다.

이 밖에도 전후 대
기업 집단, 곧 그룹으
로 탄생케 되는 마지
막 열차는 운송사업이
었다. 그 가운데 조중
훈의 한진상사는 단연
눈부신 성장을 보여주었다.

해방 전 이연공업사가 강제 병합되면서 받은 돈과 은행 대출
을 합쳐 트럭 몇 대를 장만하며 시작한 한진상사. 사진은 인천
에 자리한 한진상사 창고.

조중훈 역시 전쟁 통에 부산으로 피난을 떠났다가 휴전 이후 인천으
로 돌아왔으나 이미 잿더미였다. 남은 거라곤 폐허로 변한 한진상사의
부지와 은행 부채 뿐이었다. 재기를 위해선 자금의 융통이 문제였는데,
다행히도 전쟁 전의 신용을 인정받아 무담보 대출을 받을 수 있었다. 해
방 전 자동차 엔진 수리공장 이연공업사 단골들의 도움도 기꺼이 이끌
어내게 되었다.

이 시기 경인지역에는 한진상사와 엇비슷한 규모의 운수업체가 어림
잡아 50개 군데가 있었다. 특히 인천에는 전후 복구를 위한 물자 하역과
운송으로 생각보다 흥청대는 분위기였다. 그 중에서도 미군이 인천항으
로 직접 반입하여 전국 각처로 운송하는 보급물자 수송이 운송업자라면
누구에게나 탐이 나는 일거리였다. 운송의 금맥이었던 셈이다.

하지만 조중훈에겐 그림의 떡이었다. 미군의 군수물자를 겨우 트럭 몇 대만을 보유한 민간인 업체가 해보겠다는 건 억지 발상 같았다.

게다가 미군은 한국 업체의 수송 능력은 고사하고, 한국 업체의 수송 자체를 신용하지 않았다. 유감스럽게 인천 부두에서부터 군수품 도난 사건이 심심찮게 발생하는 것은 물론 운송 중인 트럭에서조차 군수품이 사라지는 경우가 빈번했다. 그 놈의 가난이 죄였다.

조중훈은 굴하지 않았다. 스스로 기회를 만들어나갔다. 미군이 직접 수송하던 캔 맥주를 시험적으로 대리 수송해볼 기회를 만들어 가졌다. 본격적인 용역 형태의 계약이 아니라 부두에서 지정된 현장까지 옮기는 대리 수송에 불과했지만, 차량에 대한 사전 심사와 운전기사에 대한 신원보증까지 거친 뒤에야 성사된 까다로운 대리 시험수송이었다.

미군의 우려와 달리 대리 시험수송은 깔끔했다. 한사코 경계의 눈빛으로 바라보던 그들도 점차 신뢰를 갖는 듯했다. 교류도 깊어져 갔다.

또 다른 한편으론 자본주의적 합리성에 준하여 처리하는 그들의 심리까지 헤아렸다. 한진상사가 믿을만한 계약 당사자임을 깨닫게 하는 일이 무엇보다 중요했다. 미군을 대할 때면 우리 특유의 인간적 면모와 동등한 계약 당사자로서의 의연함을 지켰다. 미군과의 계약은 일방적이 아니라 쌍무계약이었기 때문에 업자 측의 입장도 상당 부분 존중되었다. 그들은 땀 흘려 정당하게 재산을 형성한 부자를 오히려 존경했다. 따라서 불필요한 저자세로 굽실거리기보다는 원하는 바를 반드시 생산할 수 있는 기업이라는 걸 보여줄 필요성이 있었다.

조중훈은 그런 생각으로 지프차를 타지 않았다. 내놓으라는 기업가들이 다투어 지프차를 이용했지만, 대개 그 출처가 불분명해 오해받기 쉬

1950년대 전후 복구를 위해 미군이 인천항으로 직접 반입하여 전국 각처로 운반하는 보급물자 수송은 운송의 금맥이었다. 한진상사의 미군 군수품 수송 현장에서 흰 중절모를 쓴 이가 조중훈이다.

웠다. 대신 당시 구경하기조차 힘들다던 벤츠 승용차를 타고 다녔다. 기업인으로서 확실한 신뢰를 심어가며 교류의 폭도 넓혀 나갔다.

특히 미군 담당자가 임기를 끝내고 돌아갈 적에 집으로 초대하여 송별연을 베풀어주곤 했다. 미국에서도 쉽지 않다는 풀코스의 식사를 정성을 다해 대접하면서, 인간적으로 신뢰할 수 있는 관계를 맺고자 애썼다. 그러면서도 접대 석상에서 업무에 관한 사항은 일체 입 밖에 꺼내는 법이 없었다.

그같이 끈질긴 노력 끝에 미군의 구매계약 담당관이 비로소 움직였다. 한진상사의 차고를 비롯해서 정비시설 등 현장 조사를 실시했다. 당시 인천 지역 수송업체로는 유일하게 자체 정비공장을 운영하고 있었던 점이 미군 담당관의 마음을 얻는 결정타였다.

마침내 1956년 가을, 미8군 군수참모 부장실에서 첫 계약이 이뤄졌다. 6개월 잠정계약이었다. 수송 도중의 사고로 인한 손해는 전액 한진 상사가 배상하되, 수송에 따른 유류는 미군이 별도로 현물 지급하는 것을 골자로 하는 계약 내용이었다. 기름 구하기가 무척 어렵던 시절에 이런 조건은 다른 운송업체들보다 원가를 줄이는 데 도움이 되었다[10]. 당시 1인당 국민소득 100달러도 안 되던 시절에 7만 달러에 달하는 계약서에 서명을 하면서, 조중훈의 한진상사 역시 재벌로 가는 마지막 열차에 합류할 수 있게 된 것이다.

첫 국산차 '시발' 서울 거리를 내달리다

거듭 말하지만 8·15해방과 더불어 상계에 부는 풍향이 정반대로 바뀌게 된다. 일제강점기 때 일본인들과 경쟁해서 성공했던 사람, 재산을 모았던 사람들은 무조건 배척받았다. 새로 등장한 정치권력의 줄서기에 따라 상계의 명운이 요동쳤다. 또한 그런 줄서기를 통해서 지금껏 들어보지 못한 낯선 이름들이 등장하며 그 자리를 재빨리 메워나갔다. 그렇게 1950년대를 열어나갔다.

그렇대도 역사는 결코 그들만의 것일 수 없었다. 깊은 산속 바위너설 사이의 물방울이 하나둘 모여 골짜기에 시내를 이루어 마침내 역사의 강물이 도저히 흘러가듯, 해방 이후 상계는 비단 정치권력에 줄서기를 했던 몇몇 그들만의 전부는 아니었다. 비록 소수의 선택된 회사들만이 살아남긴 하였으나, 그 이후에도 다른 이들에 의해 숱한 도전이 부단히 이어졌다.

자동차 역시 그 숱한 도전 가운데 하나였다. 우리 손으로 자동차를 만들어 비로소 내달릴 수 있게 된 것이다.

이미 살펴본 것처럼 최초로 자동차가 등장한 건 구한말(1903)이었다. 고종 황제 즉위 40주년을 맞아, 미국 공사 알렌이 선물로 들여온 포드 오픈카였다. 당시 국내에서 운전기사를 구할 길이 없어 일본인이 이 자동차를 운전했다. 하지만 이듬해 벌어진 러일전쟁(1904) 이후 이 최초의 자동차는 감쪽같이 사라지고 말았다.

그러나 자동차 도입이 이보다 이른 1901년이라는 설도 존재한다. 버튼과 홈즈라는 두 미국인이 최초로 자동차를 들여왔다는 것. 버튼과 홈즈는 자신들의 여행기를 뉴욕에서 출간했는데(1906), 여행기 마지막 편에 조선의 한성이 기록되어 있다. 한성을 여행하던 중에 자신들의 자동차와 소달구지가 충돌한 사진을 싣고 있다.

이어 1911년 영국산 다임러 1대와 미국산 GM 캐딜락 1대가 들어왔다. 고종과 순종이 궁궐 안에서 타고 다니기 위한 황실 의전용 리무진이었다. 지금도 경복궁의 고궁박물관에 가보면 그때 그 자동차를 직접 만나볼 수 있다.

일반 백성들이 자동차를 처음으로 볼 수 있었던 건 1908년이었다. 같은 해 프랑스 공사가 들여온 빨간색 르노였다. 민간인으로 자동차를 가장 먼저 소유한 이는 천도교 제3대 교주 손병희이다.

최초의 시내버스는 1928년 운행을 시작한 경성의 부영버스였다. 진하면서도 산뜻한 남색 버스 10대였는데, 노선은 경성역을 기점으로 남대문→조선은행→경성부청→총독부→창덕궁→초동→필동→남학동→저동→황금정(을지로)→조선은행→경성역으로 돌아오는 단일 노선이었다. 버스 요금은 7전(약7,000원)으로 싸지 않은 편이었으나, 늘 많은 승객들로 북적였다.

택시사업은 그보
다 이른 1913년부터
였다. 이봉래가 일본
인과 동업으로 승용
차 2대를 들여와, 시
간제 임대형식으로
영업을 시작했다. 요
금이 워낙 비싸 주요
고객은 고관이거나
기생이었다.

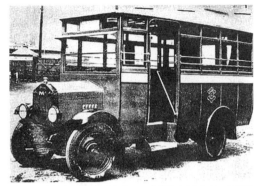

최초로 경성의 거리를 시내버스로 내달렸던 부영버스. 산뜻한
남색 버스 10대가 경성역을 기점으로 시내 도심을 한 바퀴 돌아
오는 단일 노선이었다. 요금은 지금 돈 약 7,000원 정도였다.

최초의 택시회사는 노무라 겐조의 경성택시였다(1919). 이때 택시는
미터기가 없이 시간당 요금제로 1시간에 6원(약 60만 원)을 받거나, 경성
시내를 한 바퀴 도는데 3원(약 30만 원)을 받았다.

이때쯤 경성 시내를 누비는 자동차 대수가 50대 안팎을 헤아렸다.
1930년대 중반에 이르면 500대까지 늘어난다.

그러다 1950년대 중엽에 이르면 서울 시내에 5,000여 대가 굴러다니
게 된다. 전쟁 이후 급격하게 팽창한 도시화와 인구 이동이 가속화되면
서 무엇보다 운송 수단에 대한 수요가 시급해진 것이다.

그러면서 전쟁이 휩쓸고 지나간 잿더미 속에서 이제 막 전후 복구가
한창이던 1955년 9월 처음으로 국산 자동차가 생산되어 나온다. 첫 출
발한다는 뜻으로 이름 붙여진 '시발始發' 자동차였다[11].

물론 공장이 따로 있을 리 없었다. 맨 땅 위에 천막을 둘러친 채 사람
들이 한데 모여 드럼통을 망치로 두들겨 펴고, 부품을 껴 맞춰 제작하는

처음으로 출발한다는 뜻으로 이름 붙여진 첫 국산 자동차 '시발'. 전후 복구가 한창일 때 공장도 따로 없이 맨 땅에서 드럼통을 망치로 두들겨 편 뒤 부품을 껴 맞춰 제작하는 수준이었다.

수준이었다. 자동차 한 대를 만드는데 무려 4개월이 걸렸다고 한다. 지구촌에서도 몇 대 안 되는 수제 차였던 셈이다.

하기는 전쟁이 휩쓸고 지나간 폐허와 공허 위에 무엇 하나 변변한 것이 있을 리 만무했다. 해방 이후 미국에서 들어온 거라면 무엇이든 가져다 일상에 필요한 물건으로 대체해 쓰던 시절이었다. 물건을 담았던 골판지나 나무 박스는 판잣집의 벽체나 지붕으로 활용되었다.

통조림 깡통은 쓰임새가 더 많았다. 밥그릇에서부터 냄비, 등잔, 단추와 필통 등과 같은 다양한 물건으로 재생되어 쓰였다.

한데 뜻하지 않은 전쟁이 발발했다. 전쟁 수행에 필요한 무기와 탄약, 식량 등의 물자를 수송하는 2.5톤 GMC 트럭과 함께 석유를 싣고 온 드럼통이 넘치도록 들어왔다.

그런 2.5톤 GMC 트럭 한 대의 차대는 우리의 손을 거치면서 감쪽같이 버스로 만들어져 나왔다. 3/4톤 무기 수송 차량의 차대는 승합차로, 군용 드럼통은 승용차의 차체로 변신했다. 첫 국산차 시발 또한 이런 '깡통 문화'로 대변되는, 전후에 남겨진 군수물자를 활용하여 탄생된 것이었다.

24세 청년 하동환은 미군이 버리고 간 폐차를 수집해, 망치로 두들겨 펴고 부품을 꺼 맞춰 자동차를 만들어냈다. 브루나이로 수출하기 위해 하동환 버스가 부산항에서 선적되고 있다(1966).

물론 군용차량의 엔진과 차축만 가지면 드럼통을 망치로 두들겨 펴고 부품을 꺼 맞춰 버스와 같은 차량으로 만들어내는 건 우리만의 기술(?) 이었다. 일제강점기인 1940년대부터 꾸준히 쌓아온 눈썰미, 손재주, 어림짐작의 지각이 총 동원된 숨은 노하우였다.

그렇듯 한두 대씩 맨손으로 차량을 만드는 작업을 '생산'이라 하지 않고 흔히 '꾸민다'고 일컬었다. 자동차 수리 공장이라면 자동차를 한두 대씩 꾸며보는 작업은 그때 누구나 경험해본 일이었다. 지금의 현대자동차로 성장한 정주영의 현대자동차공업사 역시 자동차 수리 공장을 하면서 트럭을 몇 대씩이나 꾸며내면서 길을 개척해 나갔던 셈이다.

때문에 자동차 수리보다는 꾸미는 일에 재미를 붙인 전문업체도 생겨났다. 기존 부품을 재생하여 다른 차종으로 변형한 차량들이 부쩍 늘기

형제는 용감했다. 국제차량공업사의 최무성, 최혜성, 최순성 3형제가 힘을 모아 지프를 재생해 산업박람회에서 수상하며 단연 눈길을 끌었다.

시작했다.

그런 업체 중에 국제차량공업사, 신진공업사, 하동환자동차(지금의 쌍룡자동차)가 유명했다. 전쟁을 치른 직후라서 아직은 기계공업도 변변하지 못한 상태였지만, 재생자동차 제작이 활발하게 이루어질 수 있었던 건 순전히 미군이 가져온 차량들 때문이었다. 미군 차량들을 수리할 때 버려진 폐품들이 다수 쏟아져 나온 데다, 미군 창고에서 흘러나오는 부품도 결코 적지 않았다. 재생자동차 제작은 이 같은 부품들을 하나도 버리지 아니하고 알뜰히 활용하면서 가능했다.

그중에서도 국제차량공업사의 최무성, 최혜성, 최순성 3형제가 단연 눈길을 끌었다. 3형제는 지난 산업박람회(1954)에서 재생 지프로 장려상을 받을 만큼 당시로서는 최고의 재생 자동차 기술을 보유하고 있었다.

그렇대도 당시 형편으로 자동차를 만들어낸다는 건 정녕 꿈만 같은 얘기였다. 당장 필요한 부품만 해도 1만여 개를 헤아렸다. 달걀로 바위를 치는 무모한 도전 같았다.

그럼에도 국제차량공업사의 3형제는 용감했다. 미군 부대에서 흘러나온 부품을 알뜰히 활용하고, 없는 부품은 비슷하게 모방하여 직접 만들어가면서 해결점을 찾아나갔다.

미군 부대에서 흘러나온 드럼통을 망치로 두들겨 펴고 부품을 꺼 맞춰 제작한 첫 국산자동차 시발
(1955). 국제차량공업사 대표 최무성은 산업박람회에서 시발자동차로 영광의 대통령을 수상했다.

당시 미군정청은 운행이 가능한 차량일지라도 고장이 잦거나 하자가
발생했을 땐 폐기시켜 고철로 불하했다. 고철로 불하한다는 건 재생하
지 못하도록 차대는 절단하고, 엔진 등의 부품은 재생이 불가능하도록
해체해버린 쇳덩이에 불과했다.

때문에 차량 제작에서 가장 기본이 되는 차대부터 다시 처음부터 손
을 봐야 했다. 미군정청에서 불하받은 고철을 가져다 용접해서 붙이고,
망치로 두들겨 펴 새로이 맞춰나가지 않으면 안 되었다.

그래도 엔진만은 결코 단순치 않았다. 부분적으로 깡그리 파손되어 있
어 재생이 어려운데다, 수량 확보도 여의치 않아 가장 어려운 난제였다.

따라서 재생이 가능한 부품은 최대한 살려 쓰되, 일부 부품의 자체 제작을 시도해 조립시켜 나가야 했다. 말하자면 엔진의 국산화(?)에 돌입해야 했는데, 문제를 해결하기 위해 당시 업계에서 '함경도 아바이'라 불렸던 기술자를 정중히 모셔왔다.

함경도 아바이라 불렸던 기술자는 정규 교육도 받지 않은 이였다. 엔진 전문가도 아니었다. 일찍이 원산에서 선박 수리와 정비 일을 해오면서 기계 부품을 해체하고 수리해온 경험이 전부였다. 오직 자신의 경험과 직감만을 가지고서 자동차 엔진의 국산화에 뛰어든 것이다.

처음부터 쉽지 않았다. 엔진 부품의 형틀을 만들고, 쇳물을 부어 주조하고, 또 가공하는 과정을 수많이 되풀이하면서 적잖은 시행착오를 겪었다. 그런 시련 끝에 마침내 만들어져 나온 엔진은, 미군 지프의 망가진 엔진을 들어내고 그 자리에 얹어 실시한 시험 주행에서 다행히 시동이 걸렸다. 앞으로 쭉쭉 내달려주었다. 미군 지프의 4기통 엔진을 모델로 한 순수 국산 엔진의 국산 자동차가 내달리는 감격스런 순간이었다.

국제차량공업사의 3형제는 그렇게 만든 시발자동차를 광복 10주년 기념 산업박람회(1955)에 출품했고, 최고 영예의 대통령상을 받았다. 이른바 망치 산업 시대라고 불렸던 열악한 공업 환경에서 오로지 수작업으로 만들어낸 자동차였다. 우리나라에서 만든 최초의 자동차로 한국자동차공업의 탄생을 알리는 시작점이었다.

시발자동차의 의미는 비단 거기서 그치지 않았다. 아직 어떤 기계공업도 구축되지 않은 척박한 토양 위에서, 우리가 동원할 수 있는 모든 재료와 형태의 가공법을 찾아내어 만든 순수 한국 자동차였다는 점에서 의미가 컸다.

예를 들어 재료 면에서 철판을 따로 공급해 줄 제철소가 없던 시절에 미군 부대에서 흘러 나온 군용 드럼통은 가장 손쉽고 저렴하게 구할 수 있는 철판이었다. 드럼통 철판은 두꺼워 운전 사고에도 안전했을 뿐더러, 고치기도 쉬운 최적의 재료였다.

산업박람회 수상 이후 수요가 크게 늘자 드럼통을 망치로 두들겨 펴야 하는 철판 가공 공정을 획기적으로 줄이기 위한 기발한 아이디어란 다른 게 아니었다. 한밤중에 을지로 공장 앞 길거리에 내다놓으면 밤새 육중한 미군의 GMC 트럭들이 그 위를 지나다니면서 반듯이 편 듯 납작하게 만들어주었다.

한데 시발자동차의 3형제는 드럼통을 잘라 망치로 두들겨 펴는 수공 작업을 보다 효율적인 공정으로 당장 계발해내지 않으면 안 되었다. 모든 직원들이 달라붙어도 시발자동차 한 대를 만들어 내는데 꼬박 이틀이 소요되자 문제가 불거졌다. 산업박람회 최고의 영예를 얻은 이후 본격적인 양산 체제에 들어가면서 밀려드는 주문을 도저히 따라잡을 수 없었다. 제작 분량이 많아지면서 드럼통을 일일이 망치로 두들겨 펴는 것조차 어려워진 것이다.

궁여지책으로 생각해낸 것이 철판의 가공 공정을 줄이기 위한 그들만의 기발한 아이디어였다. 원형의 드럼통을 절반으로 잘라내어 대충 편 다음, 한밤중이 되면 공장 앞 을지로 길거리에다 내다놓았다. 그러면 밤새 육중한 미군의 GMC 트럭들이 그 위를 지나다니면서 반듯이 편 듯 납작하게 만들어 주었다.

미군부대에서 흘러나온 군용 드럼통을 망치로 두들겨 펴고 부품을 껴 맞춰 완성한 시발 자동차. 군용 지프에 하드 탑의 지붕을 얹어 객실을 만들고, 도로 주행에 적합하도록 장식적 미감을 반영했다.

그렇듯 반듯하게 펴진 철판을 손으로 정교하게 다듬었다. 보다 세련되게 다듬어 나갔다.

미적 감각도 더했다. 전쟁 때 쏟아져 들어오기 시작한 미군 지프는 모두 군용이었다. 자동차에 필요한 최소한의 기계 부품만으로 구성되어 있었다. 전쟁 임무를 수행할 수 있는 기능만을 반영한 디자인이었기에 아무래도 승용차로는 어울리지 않았다.

시발자동차는 그런 지프에서 태어났지만 결코 답습하지는 않았다. 다소 어려운 문제였음에도 불구하고 승용차로서의 기능과 미감을 고려해 다시 디자인되었다. 하드 탑의 지붕을 얹어 객실을 만들고, 도로 주행에 적합하도록 세부 형태를 계획하고 장식적 미감을 반영시켰다. 시발의 라디에이터 그릴을 지프의 평평한 모양에서 V형으로 돌출시켰다.

국내에서 처음으로 만든 시발 자동차는 상류 계층의 부인들 사이에 인기가 높았다. 시발 자동차 한 대 가격이 30만원이었는데, 예치한 계약금만 1억원에 달했다.

이런 모양은 꽤 세련되어 보였다. 반응이 좋았다. 지프의 차대와 부품을 이용하여 시발 자동차가 만들어지긴 하였으나, 결과적으로 다른 차종이었다. 소비자의 요구와 함께 미감을 반영하려는 노력이 덧붙여지면서 자연스레 시발 자동차의 디자인은 지프와 다른 형태로 꾸며질 수 있었다.

이렇듯 시발은 자동차를 생산할 수 있는 어떤 토양도 마련되지 않은 척박한 환경 속에서, 오직 주어진 조건을 최대치로 활용한 결과물이었다. 국제차량공업사 3형제의 경험적 지식과 시대의 감수성을 바탕으로 한 의지의 실현이었다. 당대의 삶과 밀착된 디자인이었다. 시발자동차는 그처럼 최초의 자동차 디자인마저 입혀졌던 것이다.

그러면서 가히 폭발적인 인기를 얻었다. 자가용과 택시 수요에 대응하면서 을지로 공장에서 생산되어 나오자마자 불티나게 팔려나갔다. 상류 계층의 부인들 사이에선 시발 계契가 생겨날 만큼 인기를 독차지했다. 시발 자동차의 한 대 가격이 30만 원이었는데, 너도나도 구입하겠다고 예치한 계약금만 1억 원에 달했다.

이런 수요에 힘입어 시발자동차는 지속적으로 기술력을 계발하면서 생산을 늘려나갔다. 한 달에 겨우 1대 제작하기도 어려웠던 초기 설비와 제작 과정·인력을 체계화하면서, 이듬해부터는 한 달 평균 15대까지 생산해냈다. 이후에도 폭증하는 주문량에 맞추어 설비와 인력을 대폭 늘려, 월 100대 생산까지 늘려가며 승승장구했다.

그러던 중 그만 날벼락을 맞고 만다(1957). 전쟁 이후 자동차가 많아지면서 휘발유 수요가 증가하자, 정부가 나서 자동차 구입에 제동을 걸고 나섰다. 자동차 한 대를 폐차하면 노란 스티커 한 장을 발부하고, 자동차회사는 노란 스티커를 보유한 사람에게만 스티커 숫자만큼 자동차를 판매할 수 있게 하는 제도였다.

게다가 5·16군사쿠데타(1961) 이후 강력한 새 경쟁자가 등장했다. 일본 닛산자동차의 부품을 수입해서 조립하는 새나라자동차(이후 대우자동차→지금의 쉐보레)가 새로운 사업자로 전격 선정되면서, 시발의 판매량은 거의 멈추다시피 했다. 가격 경쟁에서 살아남기 위해 30만 원 하던 찻값을 12만 원, 나중에는 5만 원까지 대폭 낮추어보았지만 역부족이었다. 결국 1963년 시발 자동차의 생산이 중단되면서 명맥이 끊기고 말았다
12)
.

구경도 못한 참치 잡으러 첫 원양어업에 나서다

1950년대 상계의 도전은 바다에서도 이뤄졌다. 그것도 연근해가 아닌 아직 한 번도 나가보지 못한 망망대해였다.

전쟁이 휩쓸고 지나간 잿더미 속에서 바다의 개척 또한 시급한 과제 중의 하나였다. 하지만 당시 어선의 보유량이나 어업 기술은 초라하기 짝이 없었다. 국토의 3면이 바다로 둘러싸여 있으면서도 어업의 경쟁력은 일본에 한참이나 뒤져있었다.

이런 바다 개척에 맨 처음 주목을 한 이는 화신백화점의 박흥식이었다. 전쟁 때 일본으로 피난을 떠나 잠시 체류하고 있을 때에 다각도로 검토하고 짜낸 그의 신규 사업 계획안이기도 했다.

내용을 잠깐 들여다보면, 일본에서 대규모 선단을 들여와 근해 어업을 크게 벌인다는 거였다. 전쟁이 휩쓸고 지나간 잿더미 속이지만 어업은 비교적 손쉽게 벌일 수 있다는 판단 아래, 일본에서 이미 중고 선박 600여 척을 들여오는 수순을 밟던 중이었다.

박흥식의 이런 꿈은 끝내 이뤄지지 않았다. "일본이 박 아무개를 통해

해방 이후 원조 자금으로 미국에서 도입한 250톤급 지남호. 제동산업이 해무청에서 인수하여 첫 원양어업에 나섰다.

서 경제침략을 하고자 하는 숨은 뜻이 있슴네다" 하는 대통령 이승만의 말 한마디로 물거품이 되고 말았다.

결국 첫 바다 개척은 그보다 한참 지난 1957년 지남指南호에 의해서였다. 그것도 근해가 아닌 원양어업이었다. 해방 이후 원조 자금 32만6천 달러를 주고 미국에서 들여온 지남호는, 냉장실은 물론 방향과 수심·어군 탐지기 등 각종 장비를 두루 탑재한 250톤급 철선이었다. 지남호의 선박명은 '남쪽으로 뱃머리를 돌려 거기서 부를 건져 오라'는 뜻으로 이승만이 직접 명명했다고 전한다.

도입 직후 지남호는 해무청의 관리 아래 주로 연근해 시험 조업에 이

지남호 선상에서 열린 첫 원양어업 출어식. 해경 악대의 주악이 울려 퍼지는 가운데 상공부 장관 등이 참석해 '수산한국의 미래를 여는 첫 걸음'이라며 장도를 축하했다.

용되었다. 그러다 이후 설립된 제동산업으로 넘어갔다. 제동산업의 심상준 사장은 처음부터 원양어업을 염두에 두고 인수했다.

심 사장은 곧바로 미 국무성에 줄을 댔다. 파트너는 윕스였다. 해방 이후 미 군정청장관 더치의 특별보좌관을 역임할 때부터 알고 지내던 사이였다.

심 사장의 연락을 받은 윕스는 사모아의 밴캠프 회사에 한국 어선이 잡은 참치를 사줄 수 있느냐고 문의했다. 반응은 신통치 못했다. 한국이 그동안 참치를 어획한 경험과 실적이 없는데다, 이미 계약을 맺고 있는 일본 어선들의 어획만으로도 안정적인 통조림 생산이 가능하다는 답변이었다.

심 사장은 단념하지 않았다. 웜스에게 재차 전문을 띄웠다. '전후 일본 경제는 매우 빠른 속도로 성장하고 있다. 따라서 인건비의 상승 폭도 하루가 다르게 높아간다. 또 경제 성장에 따른 국민소득의 증대는 젊은 이들로 하여금 힘든 작업을 기피하게 만든다. 이렇게 될 때 과연 일본이 앞으로도 밴캠프 회사가 원하는 대로 어로 활동을 계속할 것으로 보는가?'였다.

웜스는 이 전문을 듣고 밴캠프 회사에 다시 문의했다. 밴캠프 회사의 안정적이고 지속적인 가동을 위해선 '제2의 일본'이 필요하다고 설득했다. 결국 한국 어선에 기회를 줘보겠는 대답을 이끌어냈다. 역사적인 인도양 시험 조업에 나설 수 있게 되는 순간이었다.

마침내 1957년 6월 26일, 부산항 제1부두 해양경찰대 강당에서 해경 악대의 주악이 은은히 울려 퍼지는 가운데 성대한 출어식이 열렸다. 이날 출어식에는 상공부 장관 김일환, 해무청장 홍진기, 수산업중앙회장 이한창 등이 참석하여 '이번 출어가 수산한국의 미래를 여는 첫걸음이 될 것'이라며 장도를 축하해주었다.

사흘 뒤, 지남호는 마침내 뱃고동을 울렸다. 두 달여 동안의 조업 기간 중에 223M/T의 참치(다랑어)를 어획하여, 15만 달러어치를 수출한다는 부푼 꿈을 안고 부산항을 출항했다. 인도양까지 항해하여 참치연승(긴 낚시 줄에 여러 개의 낚시를 달아 바다 속에 늘어뜨려 물고기를 잡는 방식)의 첫 시험 조업을 위해 거친 파도를 헤쳐 나갔다.

물론 아직 한 번도 나가본 적이라곤 없는 대양이었다. 잡겠다는 참치가 어떻게 생겼는지조차 알지 못한 상태에서 망망대해로 뛰어든 머나먼 항해였다. 지남호에 승선한 윤정구(훗날 오양수산 사장) 선장과 김재철(동

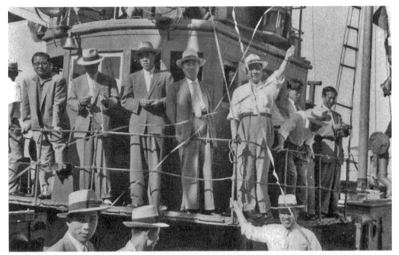

첫 출항을 알리는 뱃고동 소리가 길게 울려 퍼지는 가운데 지남호 선상에는 오색 테이프가 뿌려졌다. 27명의 선원들은 콜럼버스가 신대륙을 찾아 파로스를 떠났을 때처럼 비장했다.

원그룹 회장, 무역협회장) 보조 항해사를 비롯한 27명의 선원들은 비장했다. 일찍이 신대륙을 찾아 스페인 항구 파로스를 떠났던 크리스토퍼 콜럼버스의 심정과 조금도 다르지 않았다.

부산항을 출항한 지남호는 이튿날 일본 시모노세키에 입항했다. 10여 일 동안 급유 및 보급과 수리를 마친 뒤 다음날 다시 출항했다. 7월 17일, 첫 어업 기지인 대만에 닻을 내렸다.

이튿날 대만 동쪽 먼 해역에서 어장 탐색을 위한 첫 투망을 실시했다. 선원들은 혹시나 하는 기대에 부풀었다. 참치는 아니더라도 상어라도 잡혔으면 하는 심정으로 그물을 끌어올렸다. 결과는 실망스럽게도 말짱 허탕이었다. 우여곡절 끝에 필리핀 근해와 싱가포르 근해로 조업 장소를 옮겨가며 시험 투망을 계속했으나 결과는 역시 참담했다.

1957년 8월 15일, 인도양의 망망대해에서 처음으로 어획한 참치 0.5톤은 한국원양어업사를 여는 첫 쾌거였다. 이 소식은 제동산업과 휴일 당직 근무 중이던 해무청에도 무전으로 전해졌다.

연료마저 바닥나고 있었다. 이제는 참치를 잡으러 인도양으로 나갈 수도, 그렇다고 부산항으로 귀항할 수도 없었다. 참으로 난감한 처지였다.

다행히 싱가포르에 한국인이 살고 있었다. 천연고무를 수입하던 한국무역진흥회사 주재원이었다. 지남호는 그에게 2,500달러를 빌렸다. 급유를 하고 선원들의 식량과 함께 선수품을 보충한 뒤, 8월 11일 최종 목적지인 인도양을 향해 다시 거친 파도 속으로 나아갔다.

사흘 뒤인 8월 14일, 마침내 인도양 니코발아일랜드 해역에 도착했다. 광복절이기도 한 이튿날 새벽 5시에 역사적인 첫 투승을 시작했다. 선원들은 선장의 지시에 따라 일제히 낚시를 던졌다. 경험이 있는 자는 없었다. 몇몇은 상어 연승조업이나마 경험을 했다지만, 대개는 연승의 원리조차 모른 채 배를 탄 초보자들이기 일쑤였다.

조업은 서투르고 어설펐다. 선원들은 일일이 참고자료를 들여다보며 거기에 적혀있는 그대로 투승을 따라했으나, 그야말로 흉내를 내는 수준일 따름이었다.

이윽고 투승 이후 4~5시간이 지나자 조바심 속에 낚시를 조심스레 건져올리기 시작했다.

하지만 빈 낚시 줄만 하염없이 끌려올라왔다. 선원들의 실망감은 이만저만 아니었다.

그렇게 저마다 말을 잃어가고 있을 즈음 어디선가 와, 하는 함성이 터져 나왔다. 함성소리에 선원들은 일제히 시선을 빼앗겼다. 누군가는 잡고 있

해양항만청의 전신인 당시 해무청. 유명한 건축가 김중업의 초기 작품으로 인천역 남쪽 부둣가에 서있었다. 지남호로부터 해무청에 날아든 낭보는 곧 한국원양어업의 시작점이기도 했다.

던 줄을 내팽개친 채 소리 나는 쪽으로 냅다 뛰어갔다.

다음 순간, 낚시 줄을 따라 수면 위로 펄떡거리며 올라오고 있는 거대한 물고기를 발견하고 또다시 함성이 진동했다. 누군가는 두 팔을 번쩍 들어 올려 만세를 부르기도 했다. 그동안 말로만 들어왔던 거대한 어체였다. 흑백 사진 속에서 보아왔던 바로 그 참치였다(실제 참치가 아닌 새치였다).

선원들은 자신의 키만 한 참치를 보고 벌어진 입을 다물지 못했다. 놀랍고 신기해서 한동안 눈길을 떼지 못할 정도였다. 서둘러 손질한 다음 냉동실에 보관해야 하는데도 다음 작업을 어떻게 할지 몰라 모두 우왕좌왕하기만 했다.

선원들의 함성 속에 진행된 이날의 첫 조업은 날이 어두워지면서 마무리 지었다. 어획량은 0.5톤으로 그리 많진 않았으나, 순수 우리 기술

첫 출항한 인도양에서 지남호가 잡
아 올린 참치 어획량은 총 50여 톤
이었다. 이 참치는 노스웨스트 항
공 편으로 전량 미국으로 수출되었
다. 참치의 대미 수출길이 처음 열
린 것이다.

과 우리 선원들에 의해 얻어진 첫 결실이라는데 의미가 남달랐다.

그럭저럭 첫날 조업이 모두 끝난 직후 지남호 선장은 본국으로 무전
연락을 취했다. 광복절인 이날 한국원양어업사의 첫 장을 연 뜻 깊은 낭
보를 어서 고국에 전하고 싶었다. 소식을 접한 제동산업은 말할 나위도
없었다. 휴일 당직근무 중이던 해무청에서도 쾌재를 불렀다.

지남호는 이후에도 인도양에서 보름여 동안이나 조업을 계속했다. 어
획량은 하루 평균 0.5톤 안팎으로 꾸준히 잡아 올렸으나, 점차 시간이
흘러가면서 마실 물이 문제였다.

선장은 하루라도 더 조업할 요량으로 마실 물을 제한시켰다. 양치질
과 식용 이외에는 식수 사용을 금했다. 선원들의 고통은 말이 아니었다.
목이 말라붙고 얼굴마다 흰 소금꽃이 피어올랐다.

8월 30일, 이제는 밥 지을 물밖엔 남지 않았다. 싱가포르로 귀항을 서
둘러야 했다. 결국 지남호는 싱가포르에서 급유와 함께 식료품을 보충
한 뒤 부산항으로 돌아왔다. 뱃고동을 길게 올리며 대양으로 출항한 지
108일 만이었다.

지남호가 인도양에서 잡아 올린 참치 어획량은 총 50여 톤 남짓이었다. 전체 어획량의 80% 이상이 고가로 수출할 수 있는 황다랑어였으며, 일부 눈다랑어와 새치도 섞여 있었다. 이 참치들은 노스웨스트 항공편으로 전량 미국으로 보내졌다. 참치의 대미 수출길이 처음으로 열린 것이다.

지남호의 성공적인 첫 시험 조업은 먼저 외신으로 국내에 전해졌다. 대통령 이승만도 싱가포르에서 발행되고 있는 영자신문을 통해 알았다.

이 영자신문은 한국의 지남호가 처음으로 인도양까지 출어하여 참치를 잡아 올린 뒤, 본국으로 귀항하는 길에 급유를 받기 위해 싱가포르에 잠시 입항했다가 떠났다고 전했다. 영자신문은 또 지남호의 성공적인 시험 조업으로 한국도 이제는 본격적인 원양어업에 진출케 되었다며, 지남호의 사진까지 곁들여 실었다.

영자신문을 본 이 대통령은 비서관 박찬일을 불렀다. 자세한 경위를 알아보라고 지시했다. 지남호가 부산항에 도착한 이틀 뒤였다.

박 비서관은 해무청 수산국장 지철근과 시험 조업단장으로 지남호에 승선했던 어로과장 남상규를 경무대(지금의 청와대)로 불러들였다. 이 대통령은 이들로부터 출어 경위를 보고받은 뒤 제동산업의 심 사장을 만나보겠다고 했다.

연락을 받은 심 사장은 좌불안석이었다. 전쟁을 치른 지 얼마 되지 않아 아직은 어려운 형편에서 헤어나지 못하고 있던 터라, 금싸라기 같은 외화를 내던져 무모하게 먼 인도양까지 나갔다 자칫 선원 사고라도 발생했으면 어떡할 셈이었느냐고 당장 불호령이 떨어질 것만 같았기 때문이다.

1948년 정부 수립과 함께 출범한 첫 항공사 대한국민항공사 KNA. 프로펠러 기종인 DC-4기 앞에서 스튜어디스들이 포즈를 취하고 있다.

궁리 끝에 심 사장은 참치를 직접 선보이면 이 대통령의 심경도 달라질 거라고 믿었다. 급히 부산에 연락을 취해 잡아온 참치 가운데 가장 큰 놈을 골라 공수케 했다. 연락을 받은 지남호는 넓은 의미로 볼 때 새치도 곧 참치라고 통칭했기 때문에 가장 큰 새치를 골랐다. 심 사장은 대한항공의 전신인 KNA편으로 공수해온 참치(새치)를 냉동차에 싣고 경무대로 들어갔다. 한데 자신을 대하는 이 대통령의 태도가 예상과 다르다는 것을 느꼈다.

"심 사장, 자네가 정말로 인도양에 나가 참치를 잡아 미국에 수출했나?"

심 사장은 그렇다고 대답한 뒤 자초지종을 설명했다. 설명을 듣고 난 이 대통령은 흡족한 표정을 지었다.

"잘 했어, 아주 잘 했어. 그렇지만 너무 알려지지 않도록 주의해야 될 거야. 특히 일본이 알면 훼방을 놓으려 할 테니까."

미국에서 망명생활을 하며 '바다의 닭고기'라는 참치를 익히 알고 있었던 이 대통령은, 우리의 힘으로 대양에 나가 참치를 잡았다는데 만족해하면서도 한편으론 일본의 방해로 일을 그르칠까 염려했다. 힐책 대신 격려하는 소리에 배석했던 사람들 또한 비로소 안도했다.

경무대 뒤뜰에 선보인 참치. 대통령, 재무장관, 복흥장관, 주미 대사, 제동산업 심상준 사장 등이 참석해 기념 촬영까지 했다. 이 참치는 주한 외교관들에게 골고루 나누어 선물했다.

"언제쯤이나 우리 손으로 참치를 잡아보나 했는데 드디어 해냈구먼. 그러나 일을 조용조용히 추진하라구."

이 대통령의 심신당부에 따라 참치 시험조업의 결과는 한동안 신문 보도가 통제에 묶여야 했다. 국내에서는 일체 기사화되지 않는 뒷얘기를 남겼다.

한편 이날 경무대 뒤뜰에는 KNA를 타고 부산에서 상경한 참치 한 마리가 선보였다. 180cm에 이르는 거대한 어체를 보자 참석자들은 입이 벌어졌다.

이 자리에는 이 대통령을 비롯해서 재무부장관 김현철, 복흥부장관 송인상, 주한 미국 대사 다우링, 해무청 수산국장 지철근, 제동산업 심 사장 등이 참석해 참치를 배경으로 기념촬영까지 했다.

이 대통령은 참치를 보고 또 보면서 손으로 만져보기조차 했다. 그러다 대견스러운 듯 심 사장에게 이렇게 부탁한다.

"이 튜나(참치) 나줄 수 없나? 토막 내서 친구들에게 줘야겠어. 우리나라 사람이 잡은 것이라고 하면서 말이야."

이튿날 영부인 프란체스카 여사는 토막 낸 참치를 주한 외교관들에게 골고루 선물했다. 이 대통령은 며칠 뒤에 있은 국무회의 석상에서 우리의 힘으로 참치를 잡았다고 비로소 털어놨다[13].

그러나 한국원양어업사의 첫 시작점은, 엄밀히 말해 본격적인 상업조업으로 원양어업이 이뤄진 건 이듬해 이뤄진 남태평양의 사모아에서였다. 인도양에서 돌아온 지 두 달여 뒤인 1958년 1월 지남호의 윤정구 선장과 김재철 보조 항해사 등은 다시금 부산항을 출항하여, 남태평양 사모아 근해에서 1년 3개월여 동안 조업했다. 이 첫 출어에서 날개다랑어와 눈다랑어, 황다랑어 등 100톤 가량의 어획고를 올렸다. 자신감을 얻어 제2지남호와 제3지남호가 잇달아 대양으로 조업에 나서면서 본격적인 원양어업이 시작되었다. 지금의 미국·일본과 어깨를 나란히 하는 3대 원양어업 국가로 지평을 넓히는 도전이자 모험의 첫 장을 열어간 것이다.

> ""

10대 그룹 삼성, 삼호, 개풍, 대한, 락희, 동양, 극동,
한국유리, 동립산업, 태창방직

> ""

기업의 사옥이란 기업의 조직원들이 들어가 일만 하는 곳일까? 틀에 박힌 한정된 공간 안에서 단순히 성과를 내기 위해 일만 장려하는 곳일까? 그도 아니면 사옥은 기업의 역사와 철학, 아이덴티티에서부터 조직 문화까지를 고스란히 담고 있는 그런 존재일까?

한국을 대표하는 기업 삼성그룹의 본사 사옥은 서울 강남에 자리하고 있다. 서초동 1320번지 일대 7만5,000여 평의 대지 위에 지상 34층 높이의 A동, 지상 32층 높이의 B동, 그룹의 주력사인 삼성전자가 입주해 있는 지상 44층 높이의 C동으로 구성되어 있는 눈부신 유리 건물이 퍽이나 인상적이다. 1976년 이래 삼성의 역사를 써나갔던 태평로 본사 사옥을 청산하고, 지난 2008년부터 강남 사옥의 새 시대를 열어나가고 있다.

그렇대도 삼성그룹을 오늘날 세계 초일류 기업으로 성장시킨 오랜 둥지이자 실질적인 사령부로 오랫동안 각인해온 탓일까? 옛 삼성그룹의

상아색 외관이 돋보이는 정사각 입방체의 태평로 옛 삼성 본사 사옥과 지금의 삼성 강남 본사 사옥. 지금의 삼성 강남 본사 사옥은 각기 다른 모양을 한 3동의 건물로 이루어져 있는데, 조선시대 고가구의 목재 맞춤 양식으로 설계되어 보는 각도에 따라 건물의 표정이 각기 달라 보인다.

태평로 본사 사옥을 먼저 떠올리는 이가 아직도 많다.

창업주 이병철 회장이 건물의 입지 선정에서부터 설계와 외벽의 색상에 이르기까지 일일이 관여한 것으로 알려져 있는 태평로 본사 사옥은, 상아색 외관이 돋보이는 정사각 입방체의 안정감을 주는 건물이다. 무엇보다 삼성제국의 돈(재무)과 사람(인사)과 두뇌(기획)를 장악한 구조조정본부가 이 본사 사옥의 맨 꼭대기인 26층~28층에서 막한 파워를 구축했었다.

그런가 하면 오늘날 그룹의 주력사가 된 삼성전자가 후발주자로 이 본사 사옥에서 처음 태동하여 지구촌으로 경제영토를 확장시켜 나갔으며, 그 모든 것을 이끌었던 창업 회장 이병철의 집무실이 5층 505호실에 자리했었다. 삼성그룹의 반세기 역사가 그대로 간직되어 있는 26층 높이의 건물이다.

그럼 26~28층에 구조조정본부가 어떻게 자리할 수 있었을까? 27~ 28층은 무슨 신기루라도 되었단 말인가?

이 본사 사옥의 엘리베이터 층수 버튼은 모두 28층까지 되어 있다. 동양사상에 심취한 창업 회장 이병철이 동서양에서 꺼리는 4자와 13자가 들어간 건물의 4층과 13층을 아예 지워버린 탓이다[14].

태평로 옛 삼성 본사 사옥과 마찬가지로 추억으로 남을 역사적인 본사 사옥이 하나가 더 있다. 서울 지하철 3, 4호선의 충무로역 사거리로 나오다보면 매일경제신문사 맞은편 오래 된 건물이 눈에 띤다. 주변의 고층 빌딩 숲에 둘러싸여 볼품이라곤 없는 5층짜리 낡은 건물 동화빌딩 이 그것이다.

필자 역시 이곳에 나갈 때면 이 건물 1층 카페에 종종 들리곤 했다. 하지만 이 건물이 지난 1950~60년대 삼성그룹에 이어 상계 순위 2위의 삼호그룹(이땐 재벌이라 일컬음) 본사 사옥이었다는 사실을 아는 이는 많지 않다. 덧없이 흘러간 세월 앞에 그날의 영광이나 시끌벅적함이란 지금 어디에서도 찾아볼 수 없기 때문이다.

그러나 1950~60년대 상계를 호령하며 일세를 풍미했던 제국은 다름 아닌 이들 삼성과 삼호였다. 앞서 시중 은행의 민영화 쟁탈전에서도 볼 수 있었듯 누구도 넘볼 수 없는 철옹성을 쌓아올리며 상계를 양분한 터였다.

지난 백여 년 동안의 고난과 시련을 넘어 학습과 단련을 거듭한 끝에, 다시 말해 상업자본에서 산업자본으로의 진화를 거듭하면서 상계의 구

서울 지하철 충무로역 매일경제신문사 맞은편에 서있는 상계 순위 2위의 옛 삼호그룹의 본사 사옥.
최근까지 반세기 넘도록 버티고 있었으나, 얼마 전에 헐리면서 지금은 새 빌딩을 한창 짓고 있다.

도 역시 이제 서서히 윤곽을 드러내던 참이었다. 1950년대 중반에 이르
면 그동안 엎치락뒤치락 하던 상계의 순위도 어느 정도 고정될 만큼 안
정되어 갔다.

때문에 4.19혁명(1960) 이후 부정축재자 처리 문제가 연일 신문 지상
에 오르내릴 때 사법 당국이 23명의 명단을 발표한 일이 있다. 삼성물산
이병철, 삼호 정재호, 개풍 이정림, 대한전선 설경동, 락희 구인회, 동양
시멘트 이양구, 극동해운 남궁련, 한국유리 최태섭, 동립산업 함창희, 태
창방직 백남일 등이다. 이들이 곧 당시 국내 10대 그룹의 순위이기도 했
던 것이다.

조선상계 육의전의 마지막 후예이자 「상계의 역사」 100년에서 맨 처
음 그룹의 반열에 올라 1950년대의 정상이었던, 태창그룹 백낙승의 후
계자 백남일이 가까스로 순위 10위에 랭크하고 있음을 볼 수 있다. 또한
부산 피난 시절 미군의 건설 수주를 독점하면서 일약 태풍의 눈으로 떠

오른 현대의 정주영이 아직은 10위권 안에는 들지 못하고 있는 건 눈여겨볼 대목이 아닐 수 없다.

어쨌든 1950~60년대 10대 그룹 가운데 상계의 순위 1위는 단연 이병철의 삼성이었다. 앞서 살펴본 것처럼 그는 부산 피난 시절 물자가 절대 부족하다는데 착안하여 국내에서 고철 따위를 수집하여 일본에 수출하는 대신, 홍콩으로부터 설탕과 비료를 수입하면서 상업자본에서 산업자본으로의 기틀을 마련하는데 성공했다.

그러나 이병철은 거기에 머물지 않았다. 다시금 변화를 꾀했다. 사업의 다각화였다.

6.25전쟁(1950) 이후 정부는 원조 자금과 물자 확보를 민생 안정과 전후 복구에 우선적으로 배정했다. 이병철은 이 점을 놓치지 않았다. 시기상조라는 주위의 반대에도 제조를 결정케 된다.

우선 공장 설립에 필요한 외화 18만 달러를 정부 협조로 특별 대출받았다. 나머지 2천만환도 상공은행으로부터 대출을 받아 사업 자금을 간단히 확보하면서, 첫 번째 제조 공장인 제일제당을(1953) 창업할 수 있었다.

이후 식품 중심으로 영역을 확대하여 동성물산의 통조림공장을 인수한데 이어, 제분공장을 건설하고 제분업에도 새로이 진입했다(1957). 그뿐 아니라 전쟁 이후 긴급한 의류 수요를 충족시키기 위해 정부와 원조 당국의 지원을 받아 제일모직까지 창업하면서(1954), 기존의 삼성물산·제일제당·제일모직의 트로이카 체제를 구축하여 향후 도약을 위한 기반을 다졌다.

더욱이 시중은행의 민영화 쟁탈전에서 거둔 승전은 컸다. 이른바 금

정재호의 삼호방직 공장 내부 전경. 초등학교를 마친 이후 봇짐장수를 시작으로, 전쟁 직전에는 대구에 3,600추 규모의 중소기업 삼호방직 창업할 수 있게 된 그에게 전쟁은 뜻밖의 행운을 가져다준다.

융 콘체른을 완결 지으면서 단연 상계 정상에 올라설 수 있었다. 조흥은행, 흥업은행, 상업은행 등 3개 시중은행의 최대 주주가 됨으로서 은행의 자금을 활용하여 본격적인 사업을 다각화할 수 있게 된 것이다.

상계의 순위 2위는 정재호의 삼호그룹이었다. 일찍이 초등학교를 마치자마자 대구 시내로 나가 봇짐장수를 시작으로, 전쟁 직전에는 3,600추 규모의 중소기업 삼호방직을 창업할 수 있었다.

전쟁은 그에게 뜻밖의 행운을 가져다주었다. 전쟁의 참화 속에 대부분의 방직공장이 파괴되고 말았으나, 대구에 있던 그의 삼호방직만은 무사했다. 다른 방직공장들이 가동할 수 없게 되었을 때 삼호방직은 때 아닌 호황을 누릴 수 있었다.

더구나 정계의 실력자들이 대구로, 부산으로 줄줄이 피난을 내려왔다. 정재호는 알게 모르게 군력과 가까워졌고, 마침내 자유당의 2인자 이기붕에게 줄이 닿았다.

이때부터 정재호에게 거칠 것이란 없었다. 삼호방직에 이어 삼호무역을 창업하면서 떼돈을 벌었다. 기세를 몰아 김연수의 경성방직과 더불어 양대 산맥을 이루고 있던 부산의 조선방직을 인수한데 이어, 대전방직을 복구하고 삼호방직을 크게 확장시켰다. 짧은 기간에 방직왕으로까지 등극케 된다.

그뿐 아니라 전후 시중은행 민영화 때 조선저축은행(지금의 SC제일은행)까지 손에 넣는데 성공하기도 했다. 이른바 금융 콘체른까지 완성지음으로써 삼성그룹에 이은 상계 2위의 삼호그룹을 완성케 된 것이다.

상계의 순위 3위는 이정림의 개풍그룹이었다. 마지막 개성상인으로 일컬어지는 그는, 전라도 여수에서 천일고무를 경영하던 김영준의 대리인이었다. 한데 여순반란사건(1948) 때 김영준이 학살되어 죽자 동향 후배인 이회림과 합자하여 같은 해 개풍상사를 창업하고 무역업에 뛰어들었다. 중석(텅스텐 광석)의 부산물인 창연을 일본에 수출하고, 생필품 따위를 수입하면서 자본을 축적할 수 있었다.

서울 수복 이후에는 제빙공장인 호양산업과 대한탄광을 창업한데 이어, 전후 원조자금으로 건설하던 문경 시멘트공장을 인수하여 대한양회를 설립했다. 그뿐 아니라 대한유리의 최태섭, 동양시멘트의 이양구, 동양맥주의 박두병, 건설실업의 김광균 등의 지원을 얻어 서울은행을 창업하면서 자력으로 금융 콘체른까지 완결 지었다.

상계의 순위 4위 그룹은 설경동의 대한전선이었다. 설경동은 부산 피난 시절 서울에서 벌이던 사업을 그대로 지속했다. 대한산업과 원동홍업을 경영하면서 일본에 중석 따위를 수출하고, 밀가루와 비료와 같은 부족한 생필품을 들여와 재미를 톡톡히 보았다.

그러다 전후 원조 자금이 기업에 쏟아질 때 설경동은 재빨리 상업자본에서 산업자본으로 진화를 꾀하는데 성공한다. 대한방직(1953) 창업을

일본이 남기고 간 적산 기업 조선전선을 인수하여 대한전선으로 재출범시키면서 단숨에 상계 순위 4위에 이름을 올린 창업주 설경동.

시작으로, 경영 위기에 처한 적산기업 조선방직 대구공장을 인수하여 대단위 공장으로 확장시켰다. 또한 대동증권을 창업하면서 금융업에 진출하는가 하면, 역시 적산기업이었던 조선전선을 인수하여 대한전선으로(1955) 재출범시킨데 이어, 대동제당까지 창업하면서 단숨에 상계 순위 4위에 이름을 올렸다.

상계의 순위 5위는 구인회의 락희그룹이었다. 구인회는 락희樂喜(럭키의 한문 표기)라는 사명에서도 알 수 있듯 누구보다 행운이 따른 기업가였다. 경상도 진주에서 비단 상점을 시작으로 상계에 투신하여, 해방이 되자 서울이 아닌 부산으로 무대를 옮겼다. 부산에서 수산업과 목탄 수입 등을 하였으나, 별 재미를 보지 못했다. 그러다 우연히 화장품에 손을

플라스틱사업으로 큰 성공을 거둔 구인회는 뒤이어 럭키치약, 럭키비누까지 공전의 히트를 치면서
상계 최초로 전자산업에까지 진출하게 된다.

댄 것은 럭키였다. 이어 화장품 용기를 만들기 위해 다시 손을 댄 플라
스틱사업 역시 럭키였다.

　서울로 무대를 옮겨 사업을 하던 숱한 기업들이 갑작스런 전쟁으로
하루아침에 모든 것을 잃은 채 빈털터리로 피난을 내려와 그저 하루 동
안의 호구지책을 마련하기 위해 국제시장의 골목길을 기웃거리고 있을
때, 그는 플라스틱 사출기 2대를 들여놓고 한창 성업 중이었다. 그만큼
구인회에게는 시간과 공간의 행운이 한꺼번에 따라주고 있었다. 구인회
의 락희그룹이 탄생되는 순간이었다.

　구인회는 플라스틱 사출기로 화장품 용기에서부터 머리빗, 비누곽,
바가지 등 각종 생활용품을 만들어내면서 눈 깜짝할 사이에 돈방석에
앉았다. 떼돈을 벌어들이자 전쟁으로 물자가 부족해진 틈을 타 이번에

부산 연지동에 세워진 금성사 공장과 금성사에서 만들어낸 라디오 광고. 금성사는 '골드스타' 브랜드로 미국 아이젠버그사에 처음으로 라디오 62대를 수출하면서 최초의 역사를 써나간다(1962).

는 반도상사를 창업하여 무역으로 영역을 확장해나갔다. 다른 기업가들이 저마다 무역업으로 자본을 축적하여 제조업에 손을 댄 것과 달리, 그는 거꾸로 제조업에서 자본을 축적하여 무역업으로 진출한 케이스였다.

그러나 구인회의 럭키는 거기서 그치지 않았다. 플라스틱으로 큰 성공을 거둔 락희화학이 뒤이어 치약 제조에 나섰는데, 치약사업 역시 공전의 히트였다. 락희화학의 치약사업은 기존의 경쟁자들은 물론 외제까지 깡그리 몰아내는 기념비적인 성과를 거두면서 단숨에 그룹을 구축하는 기염을 토했다.

이처럼 플라스틱과 럭키치약으로 이미 광범위한 내수시장을 석권한 구인회는, 이런 성공을 발판삼아 손쉽게 영역을 넓혀나간다. 다시 비누 메이커인 락희유지를 설립한데 이어, 상계 최초로 전자산업에(1959) 까지 손을 뻗쳤다. 금성사에서 '골드스타' 브랜드로 라디오를 만들어내기 시작하였을 때 구인회의 락희그룹은 어느새 상계에서 다섯 손가락 안에 드는 강자로 성큼 발돋음해 있었다.

상계의 순위 6위는 이양구의 동양그룹이었다. 그가 대기업의 반석 위에 오르기까지는 그야말로 난세를 헤쳐 온 파란만장의 연속이었다.

해방 이후 이양구는 홀로 단신 월남했다. 갖은 고생 끝에 서울에서 수입 설탕과 밀가루 도매업을 전문으로 취급하는 동양식품으로 가까스로 기반을 잡는가 싶었다.

한데 뜻하지 않은 전쟁이 발발하고 말았다. 모든 것을 잃은 채 속절없이 피난길에 올라야 했다.

하지만 서울에서의 경험은 더할 나위 없는 밑천이었다. 다시금 피난지 부산에서 억척스레

단신 월남해 갖은 고생 끝에 수입 설탕과 밀가루 도매업으로 시작해 이병철의 제일제당과 손을 잡게 된 이양구. 그는 동양시멘트 삼척공장을 인수하면서 마침내 동양그룹을 완성 짓게 된다.

사업을 벌이기 시작했다. 동양식품에서 삼양물산을 간판을 바꾸어 단 뒤, 국제시장을 무대로 역시 수입 설탕과 밀가루 도매에 나섰다.

장벽이 없을 리 없었다. 전국에서 둘째가라면 서러워할 지역의 텃세부터 맞서 눌러야만 했다.

그러나 뚝심 있고 배짱 좋은 함경도 지방의 억척으로 소문난 지역의 텃세를 이겨나갔다. 국제시장의 설탕 상권을 장악할 수 있게 되었다.

태평양을 건너 미국 항로를 처음으로 항해한 극동해운의 고려호. 원래 이 선박은 일제 강점기 부산항에서 기뢰에 부딪혀 침몰된 것을 인양하여 수리한 것으로, 미국 항해 때 선장을 구하지 못해 남궁련 사장은 현역 해군 제독을 선장으로 선발하기도 했다.

그때 마침 이병철이 제일제당을 창업하고 나섰다. 범람하는 외제 수입 설탕과 대결하려면 국제시장의 설탕 상권을 장악하고 있는 이양구의 도움이 당장 필요할 수밖에 없었다.

결국 두 사람은 서로의 필요에 따라 의기투합했다. 제일제당과 삼양물산의 합작으로 판매회사 동양제당을 설립했다. 설탕의 판매를 이양구가 맡으면서 공존의 기틀을 마련한 것이다.

하지만 홀로 단신 월남하여 억척으로 난세를 헤쳐 온 그가, 누구 밑에 고분고분하고 있을 성향이 아니었다. 스스로 또 다른 길을 열어가기 시작했다.

전쟁이 끝나자 제일제당이 인수한 판매권을 이용하여 동양제과를 인수하고 나섰다. 동양제과가 어느 정도 정상화되자 이번에는 제일실업을 창업하여 무역업으로 영역을 확장했다. 제일실업마저 자리를 잡아나가자 다시금 동양시멘트(1957)마저 인수하면서 몸집을 자꾸만 불려나갔다.

동양시멘트는 원래 일본의 소노다시멘트 삼척공장으로 건립되었던 것으로, 해방 이후 체신부 차관을 지낸 강직순의 소유였다. 한데 경영이 부실했다. 동양제당의 이름으로 이병철·이양구·배동항 등이 합자 인수했으나, 이양구가 제일실업을 정리하면서 단독으로 인수할 수 있었다.

동양시멘트를 손에 넣으면서 마침내 대기업 집단의 대열에 합류할 수 있게 된 것이다.

상계의 순위 7위는 남궁련의 극동그룹이었다. 남궁련은 해방 이후 불과 십여 년이라는 짧은 기간 안에 해운과 무역으로 급성장한 대기업 집단이었다.

상계의 순위 8위에 이름을 올린 최태섭은 한국유리와 동화산업을, 순위 9위에는 적산 기업을 불하받으면서 단숨에 몸집을 불린 함창희의 동립산업이 각기 이름을 올렸다. 10위에는 백남일의 태창방직이 차지했으나, 이미 내리막길을 걷고 있었다. 전쟁 이후 파괴된 공장을 복구할 때 다른 여타 기업과 달리 자유당 정권으로부터 지나친 특혜를 받은 '삼백 파동'이며, '연계자금 사건' 등과 같은 말썽을 일으키던 시절에 비하면 계열사도 크게 위축된 모양새다[15].

이처럼 1950~60년대 10대 그룹의 면면은 지금과 사뭇 다른 이름과 모습이었다. 대기업 집단의 계열사까지 살펴보면 다음과 같았다.

삼성그룹	이병철	삼성물산, 제일제당, 제일모직, 한국타이어, 안국화재, 근영물산, 한국기계, 풍국주정, 조선양조, 천일증권, 동양방직, 한일은행, 흥업은행, 조흥은행, 상업은행.
삼호그룹	정재호	삼호무역, 조선저축은행, 삼호방직, 조선방직, 대전방직, 삼양흥업, 제일화재.
개풍그룹	이정림	서울은행, 대한양회, 호양산업, 배아산업, 개풍상사, 대한탄광, 삼화제철, 동방화재, 대한철강.
대한전선	설경동	대한전선, 대한방직, 대동제당, 운동흥업, 대동증권.
락희그룹	구인회	금성사, 반도상사, 락희화학, 락희유지.
동양그룹	이양구	동양시멘트, 동양제과, 동양제당.

시계 방향으로 왼쪽부터 극동그룹의 남궁련, 최태섭의 한국유리, 함창희의 동립산업, 백남일의 태창방직. 이 가운데 동립산업의 구로동 공장은 옛 모습을 고스란히 간직하고 있으나 제일제당 공장으로 간판이 바뀌어 있고, 태창방직 문래동 공장은 방림방적으로 간판이 한 차례 바뀐 이래 그 자리에 7만평 규모의 복합타운으로 재개발되어 지금은 고층 아파트 대단지가 들어서 있다.

극동그룹	남궁련	극동해운, 극동통상, 한국정유, 한국흄관.
한국유리	최태섭	한국유리 동화산업.
동립산업	함창희	동립산업, 신진흥업, 동립염업.
태창방직	백남일	태창방직, 태창직물, 동서해상, 협동섬유.

그 밖에도 지금의 쌍룡그룹을 꿈꾸는 금성방직의 김성곤, 현대건설의 정주영, 동양맥주의 박두병, 한국생사의 김지태, 동신화학의 현수덕, 해성산업의 단사천 등이 뒤를 잇고 있었다.

사공일(사진 왼쪽)은 재경부 장관, 세계경제연구원 원장, 한국무역협회장 등을 지낸 전형적인 경제 관료이다. 조동성(오른쪽)은 서울대 경영대 교수, 서울대 경영대 학장, 한국경영학회 회장, 인천대 총장 등을 지낸 전형적인 경영학 학자이다.

그렇더라도 여기서 눈여겨 보아야할 대목은 있다. 상계 백년의 역사를 개척한 1세대이면서, 해방 전까지만 해도 국내 최대 기업 집단을 이끌었던 김연수의 경방과 박흥식의 화신백화점이 멀찌감치 뒷전으로 밀려나고 말았다는 사실이다. 반면에 일제 말기나 해방 이후 새로이 창업한 그 다음의 젊은 세대, 일찍이 춘원 이광수가 감지하고 예언했던 '…경성방직의 확장·발전은 한낱 사실만이 아니요, 뒤에 오는 대군大軍의 척후斥候임이 확실하다'라고 단언한 바로 그 대군大軍이 단연 두각을 나타내고 있다는 점이다[16].

그럼 이들은 과연 어떻게 그토록 짧은 기간 안에 대기업의 집단을 이룬 그룹으로의 발돋움이 가능할 수 있었을까? 이 점에 대해 경제 관료 사공일과 경영학자 조동성은 상당히 흥미로운 해석을 각기 덧붙이고 있다.

'···어떻게 해서 소수의 개인이 한국경제 전체보다 훨씬 더 빠른 속도로 부를 축적할 수 있었겠는가? 이런 질문에 대한 해답으로서 학계 및 언론계에서 광범위하게 일치되는 견해는 "정치적 유대political connection"라는 것이다. 이 같은 견해의 대표적인 예로서 김경동 교수에 의하면 그룹 총수는 "주로 투기, 가격 조작, 탈세 및 누적된 인플레이션의 이용 등과 같은 비합리적 과정을 통하여 자본을 축적한 '정치적 자본가political capitalists'이며, 이러한 과정에서 더욱 중요한 것은 그들이 정치적 기부의 대가로 경제적 특혜를 얻기 위해 정치적 유대를 이용했다"라고 보고 있다[17].'

'···이 무렵에 급부상한 그룹들은 기업환경의 변화에 능동적으로 대처하여 정권의 힘을 적절히 이용함으로써 도약의 계기를 마련하였다. 따라서 이들은 기업의 내부적인 자본 축적을 통한 성장이라기보다는 외부 의존적이고, 상업자본주의적인 유통상의 이익을 통해서 자본 축적이 이루어졌다. 또한 기업의 경영 관리 풍토가 혁신이나 기술개발보다는 경영의 외적인 능력에 좌우된다고 생각하는 경영 풍토가 조성되었다. 정치와 유착된 상태에서 기업이 운영됨으로써 폐쇄적인 가족경영 체제가 확립되어 배타성을 띠게 되었고, 기업의 사회적 책임 수행이나 국민 경제적 기능은 도외시 되었다[18].'

두 분의 지적은 핵심을 찌른다. 더 이상 설명이 필요치 않다고 보여진다.

그럼에도 불구하고 과연 이것이 전부라고 잘라 말할 수 있을지는 의문이 든다. 소수의 선택된 사실만이 살아남은 100년 동안의 개척, '상계의 역사'를 통해 광범위하게 일치되는 견해라고 단언할 수 있을지 되묻고 싶다.

거듭 말한다. 하늘은 스스로 돕는 자는 돕는 것과 같이 천우의 기회 또한 미리 준비되어 역량을 갖추고 있으며 또한 간절히 몸부림칠 때만이 보이는 세계가 아닐는지.

예컨대 해방 이후 거저 줍다시피한 적산 기업의 불하로 하루아침에 몸집을 키우고 나자, 곧바로 이어진 전쟁 이후 외국의 원조자금으로 건설한 수입대체 산업 중심의 공업화로 다시 몸집을 크게 불린데 이어, 또 다시 몸집을 거대하게 불려나갈 수 있는 절호의 기회가 목전에 기다리고 있었다. 이승만의 자유당 정권이 4.19혁명(1960)으로 무너지고 장면 정권이 들어섰으나, 곧바로 이듬해 5.16쿠데타가 일어나 육군 소장 박정희가 정권을 잡게 되면서 또 다른 격변기를 맞이하게 된다. 그렇잖아도 상당 수준의 '정치적 유대'와 '상업주의적 유통 이윤에 주력'했던 자신들의 상공적 경험을 바탕으로 의기투합하여, 이제는 본격적인 고공으로 비상할 수 있는 도약의 그날을 저마다 준비하고 있었다. 모두가 그 같은 풍운의 시대를 통과해온 것이라고 두 분 지적의 말미에 덧붙이고 싶다. 요컨대 '60년대 이후 새로운 시대 곧 본격적인 경제개발의 시대를 어기차게 열어나가기에 이른 것이다.

에필로그

선택된 소수의 사실들만이 살아남은
100년의 도전과 응전, '상계의 역사'

　「상계商界의 역사」는 껍질의 바깥이었다. 아직 누구도 건너가보지 않은 출렁이는 바다였다. 5백여 년을 이어온 종로 육의전이 허망하게 붕괴되고 만 이래 생게망게 등이 떠밀려 나간 낯선 미지였다. 그 시끌벅적한 풍경 안으로 비로소 배를 띄운 첫 항해였다. 훗날 이 땅에 만개할 자본주의의 시원을 찾아 기꺼이 돛을 올리고 노를 저어 나아갔던 도전과 응전의 연속이었다.

　그러나 이 항해는 우리들의 기억에서 스러져갔다. 달빛에 젖고 햇빛에 바래지고 말았다. 왕조의 종말에 이은 잔혹했던 일제강점기, 8.15해방과 6.25전쟁으로 숨 가빴던 격동의 세월 속에 묻혀들어 그만 발굴되지 않은 동굴 속의 숨은 벽화가 되었다. 상계의 역사, 그 '잃어버린 반세기 동안의 기록'은 역사의 선사시대라는 미명으로 남아있어야만 했다.

　그렇더라도 개항(1876)은 일찍이 겪어보지 못한 물질문명의 쓰나미

tsunami였다. 개항장을 통하여 쏟아져 들어오기 시작한 개화 상품들은, 이제껏 유교적 정신주의 생활 풍조 속에서 호흡해 왔던 이 땅의 뭇 눈동자에겐 경이의 세계였다. 하루가 다르게 밀려드는 근대화의 물결을 신기롭게 바라보아야만 했던 것이다.

그와 함께 우리의 전통적인 상계는 지배력을 상실하고 말았다. 그렇다고 새로운 주도 세력이 만들어진 것도 아니었다. 뒤늦게야 실력양성론을 부르짖고 나서보았으나, 이미 막대한 자본력을 축적한 바다 건너 일본의 적수가 되진 못했다. 급기야 한일병합(1910)으로 나라마저 빼앗기면서 우리의 전통적 상계는 일제강점기 종주국으로 신음해야 했다. 가슴을 무겁게 짓누르는 후회만이 남겨졌을 따름이다.

하지만 후회만이 남겨졌다 할지라도 그 후회는 절실했다. 절실한 것이었으므로 가슴에 불씨가 되었다. 앞서나간 일본의 문명을 따라잡으려는catch-up 근대화의 이념이 도처에서 불씨로 되살아났다. 자두보다 붉은 벌건 불씨가 되살아나 5백 년 전통의 종로 육의전이 썰물처럼 빠져나가 황량하기만 했던 종로거리로 다시 되돌아왔다. 다시 되돌아와 저마다 물기어린 검은 눈동자가 되었다. 그들이 곧 상계의 역사였다.

그럼에도 상계의 역사는 보잘것없는 '한줌의 출범'이었다. 한낱 좌판에서부터 시작하여 상점으로, 상점에서 중소 업체로, 중소 업체에서 마침내 일본의 거대 자본과 견줄만한 근대기업으로 몸을 키워냈다. 비록 미완으로 그치고 말았다지만, 그 같은 과정이야말로 기업적 훈련과 단련의 과정이나 다름 아니었다. 아직은 누구도 건너가보지 않은 시장경제와 근대공업에 대한 적응과 학습을 어기차게 유영해나갔다.

또 그와 같은 훈련과 단련은, 적응과 학습은, 곧 상계의 역사를 마감하고 새 마당을 열어나간 20세기 중반 이후 본격적으로 시작된 경제 성장의 밑돌이었다. 오늘날 역사와 경제 점쟁이의 제자들마저 놀라게 한 이 땅의 기적을 낳은 씨앗이었다. 일찍이 춘원春園 이광수가 감지하고 예언했던 바로 그 '뒤에 오는 대군'들, 예컨대 오늘날의 삼성전자, LG전자, 현대자동차 등과 같은 글로벌기업이 그때 이미 움트기 시작했던 것이다.

「상계商界의 역사」는 이처럼 지난 일에 대한 일회적 기록만으로 머물 수 없었다. 되풀이해서 새롭게 쓰일 수 있고, 한 시대가 다른 시대 속에서 주목할 만한 것을 발견하는 통로가 될 수 있으며, 나아가 과거를 오늘에 비추어 이해할 수 있고 오늘을 과거에 비추어 이해하기 위한 대서사 이다.

그런 만큼 「상계商界의 역사」는 과거를 위한 작업이라기보다는 오늘을 위한 작업이어야 했다. 지난 과거를 이해하는 작업인 동시에 오늘을 위한 과거와의 대화를 찾아 나선 꽤나 시끌벅적한 시간여행이었음을 고백하지 않을 수 없다.

제9장. 육의전의 영광을 간직한 종로통으로 진출하다

1) <和信五十年史>, 1977.

2) <和信五十年史>, 위의 책

3) 三千里 신년호, <半島 最大의 百貨店>, 1932.

4) 조선일보, <晩秋風景-古物商 洋服>, 1933.

5) <和信五十年史>, 위의 책

6) 三千里 5월호, <百貨店 美人市場>, 1934.

제10장. 종로 화신백화점 vs 혼마치 미쓰코시백화점

1) <和信五十年史>, 위의 책

2) 三千里 8월호, <東亞, 和信百貨店合同內容>, 1932.

3) 하야시 히로시게, 김성호 번역, <미나카이백화점>, 2007.

4) 하야시 히로시게, 김성호 번역, 위의 책

5) 하쓰다 도오루, 이태문 번역, <백화점>, 2005.

6) 하쓰다 도오루, 이태문 번역, 위의 책

7) 三千里 2월호, <백화점의 자본전>, 1935.

8) 하야시 히로시게, 김성호 번역, 위의 책

9) 하야시 히로시게 , 김성호 번역, 위의 책

10) 오진석,<일제의 식민지배와 일상생활>, 2004.

11) 하야시 히로시게, 김성호 번역, 위의 책

12) 三千里 3월호, <詩人課長의 武勇傳>, 1935.

13) 三千里 10월호, <새로 落成된 5層樓 和信百貨店 求景記>, 1935.

14) 三千里 2월호, <京城 鐘路 商街 大觀>, 1936.

제11장. 상업자본에서 산업자본으로의 진화

1) 삼성문화사 편집부, <韓國財閥>, 삼성문화사, 1992.

2) <韓國財閥>, 위의 책.

3) 이한구, <한국재벌사>, 대명출판사, 2004.

4) 김태훈, <신격호는 어떻게 거인 롯데가 되었나>, 성안북스, 2014.

5) 박상하, <한국기업성장 100년史> 경영자료사, 2013.

6) <한국기업성장 100년史>, 위의 책.

7) <한국재벌사>, 위의 책.

8) 박종윤, <유리처럼 맑은 기업을 꿈꾸다>, 여우고개, 2009.

9) 고승제, <한국경영사연구>, 한국능률협회. 1987.

10) 수당 김연수 전기 편찬위원회, <한국근대기업의 선구자>, 삼양사

11) 박상하, <경성 상계>, 생각의나무, 2008.

12) <경성방직 50년>, 경방, 1969.

13) <한국근대기업의 선구자>, 위의 책.

14) <경성방직 50년>, 위의 책.

제12장. 걸음마를 시작한 10대 기업의 풍경

1) 조선일보, <실업과 정신수양>, 1935.

2) 이병철, <湖巖自傳>, 중앙일보사, 1986.

3) 박상하, <이기는 정주영, 지지 않는 이병철>, 무한, 2009.

4) 정주영, <이 땅에 태어나서>, 솔, 1998.

5) <LG 50년사>, LG그룹, 1997.

6) 유영수, <최종건>, 홍익출판사, 2009.

7) 조중훈, <내가 걸어온 길>, 나남출판사, 1996.

8) 이창동, <집념>, 책만드는집, 2008.

9) 신상진, <김종희, 불꽃으로 살다>, 새녘, 2019.

10) 강준만, <한국현대사산책 1950년대편>, 인물과사상사, 2004.

11) <한국무역사>, 한국무역협회, 2006.

12) 박상하, <한국기업성장 100년史>, 경영자료사, 2013.

13) 김두겸, <대한민국 기업사>, 중앙북스, 2008.

14) 김두겸, 위의 책

제13장. 8·15해방, 상계의 새로운 응전과 황금빛 기회

1) 林鍾國, <밤의 일제 침략사>, 2004.

2) 林鍾國, 위의 책

3) 인촌기념회, <仁村 金性洙傳>, 인촌기념회, 1976.

4) 이광수, <半島民衆의 愛國運動>, 매일신보, 1941.

5) 전봉관,<황금광시대>, 살림, 2005.

6) 조선일보, 1959.10.13. 기사.

7) 송건호 외, <해방전후사의 인식>, 한길사, 1989.

8) 가람기획 편집부, <반민특위>, 가람기획, 1995

9) <和信五十年史>, 1977.

10) <전경련 40년사>, 2001.

11) 한국일보 출판부, <財界回顧>, 한국일보, 1981.

12) <대한통운 80년사>, 대한통운, 2010.

13) <경방百年史>, 2019.

제14장. 새벽 전파를 타고 날아든 화폐개혁의 날벼락

1) 이병철, <湖巖自傳>, 중앙일보사, 1986.

2) 정주영, <이 땅에 태어나서>, 솔, 1998.

3) 박상하, <이기는 정주영, 지지 않는 이병철>, 무한, 2009.

4) 송건호 외, <해방전후사의 인식>, 한길사, 1989.

5) <수당 김연수 선생 일대기>, 삼양사, 1996.

6) 이병철, <湖巖自傳>, 중앙일보사, 1986.

7) 강준만, <한국현대사산책 1950년대편>, 인물과사상사, 2004.

8) <LG 50년사>, LG그룹, 1997.

9) 서광운, <한국금융백년>, 창조사, 1972.

10) 고승제, <한국금융사연구>, 일조각, 1970.

11) 홍성원, <南과北>, 대학사상사, 1987.

제15장. 1960년대 상계의 주역, 철옹성의 10대 그룹

1) 김두겸, <대한민국 기업사>, 중앙북스, 2008.

2) 박상하, <한국기업성장 100년史>, 경영자료사, 2013.

3) 李鏞善, <巨富實錄>, 양우당, 1983.

4) <수당 김연수 선생 일대기>, 삼양사, 1996.

5) 이한구, <한국재벌사>, 대명출판사, 2004.

6) 李鍾宰, <財閥履歷書>, 한국일보, 1993.

7) 李鍾宰, 위의 책.

8) 정주영, <이 땅에 태어나서>, 솔, 1998.

9) 이재준, <대림 60년사>, 대림그룹, 1999.

10) 조중훈, <내가 걸어온 길>, 나남출판사, 1996.

11) 전영선, <고종, 캐딜락을 타다>, 인문과사상사,

12) 한국자동차공업협회, <한국자동차산업 50년사>, 한국자동차공업
협회, 2005

13) 한국원양어업협회, <한국원양어업 30년사>, 한국원양어업협회,
1997.

14) 박상하, <이기는 정주영, 지지 않는 이병철>, 무한, 2009.

15) 한국일보 경제부, <한국의 50대 재벌>, 경영능률연구소, 1983.

16) 조선일보, <실업과 정신수양>, 1935.

17) 사공일 외, <경제개발과 정부 및 기업가의 역할>, 한국개발연구
원, 1981.

18) 조동성, <한국재벌연구>, 매일경제신문사, 1990.

사진 출처

- 공공누리, 한국문화정보원 www.kojl.or.kr/open/index.do
- 문화콘텐츠닷컴 www.culturecontent.com/main.do
- 사진 게재를 허락해주신 여러분께 진심으로 감사드립니다. 저작권자와의 연락이 닿지 않아 미처 허락을 구하지 못한 일부 사진에 대해서는 확인이 되는대로 정해진 절차에 따라 처리할 것입니다.

지은이 | 박상하

펴낸이 | 최병식

펴낸날 | 2024년 1월 23일

펴낸곳 | 주류성출판사

주소 | 서울특별시 서초구 강남대로 435 주류성빌딩 15층

전화 | 02-3481-1024(대표전화) 팩스 | 02-3482-0656

홈페이지 | www.juluesung.co.kr

값 20,000원

잘못된 책은 교환해 드립니다.

ISBN 978-89-6246-521-1 03910